AF493081

La crisis de la Iglesia en Chile | Mirar las heridas

EDICIONES UNIVERSIDAD CATÓLICA DE CHILE
Vicerrectoría de Comunicaciones y Extensión Cultural
Av. Libertador Bernardo O'Higgins 390, Santiago, Chile

editorialedicionesuc@uc.cl
www.ediciones.uc.cl

**La crisis de la Iglesia en Chile
Mirar las heridas**

Sofía Brahm, Eduardo Valenzuela (editores)

© Inscripción N° 2021-A-10517
Derechos reservados
Noviembre 2021
ISBN N° 978-956-14-2902-4
ISBN digital N° 978-956-14-2903-1

Diseño: Francisca Galilea R.

CIP-Pontificia Universidad Católica de Chile
La crisis de la iglesia en Chile: mirar las heridas / Sofía Brahm,
Eduardo Valenzuela (editores).
Incluye notas bibliográficas.
1.   Abuso sexual infantil por el clero – Chile – Iglesia Católica.
2.   Iglesia Católica – Clero – Conducta sexual.
I.   Brahm, Sofía, editor.
II.   Valenzuela Carvallo, Eduardo, editor.
2021   261.83272 + DDC   23RDA

La crisis de la Iglesia en Chile | Mirar las heridas

SOFÍA BRAHM
EDUARDO VALENZUELA
(EDITORES)

EDICIONES UC

Índice

Los estudios presentados en esta publicación de Ediciones UC están dedicados a profundizar en distintos aspectos relacionados con la crisis de abusos de la Iglesia en Chile.

Estos textos se insertan en el trabajo de la Comisión UC para el análisis de la crisis de la Iglesia católica, comisión multidisciplinaria de dieciséis académicos convocados por el rector Ignacio Sánchez a fines de 2018, que tuvo la finalidad de analizar la crisis de la Iglesia. Este comité entregó los resultados de su trabajo en un informe final en septiembre del año 2020, donde se abordaron tres aspectos: la naturaleza y alcance del abuso sexual de personas menores de edad por parte de sacerdotes católicos que ejercieron su ministerio en Chile; las deficiencias que presentó la respuesta institucional a estos abusos; y el daño e impacto que ha provocado esta crisis en las víctimas, comunidades eclesiales y sociedad chilena en general.

El presente libro se enmarca en este contexto, aunque reúne investigaciones realizadas con posterioridad y que han resultado de un esfuerzo de profundización que distintos miembros de la Comisión realizaron sobre temáticas de su particular interés disciplinario.

El primer capítulo (Eduardo Valenzuela) ofrece un panorama general de los principales estudios que se han elaborado para conocer la realidad del abuso sexual de menores en la Iglesia católica en el mundo. Estos informes —entre los que se encuentran uno preparado para los obispos norteamericanos por académicos del John Jay College of Criminal Justice; otro encargado por los obispos alemanes a un consorcio de expertos de las Universidades de Mannheim, Heidelberg y Gieben conocido por esto como *MHG-Studie;* el informe irlandés de la Commission to Inquire into Child Abuse y el australiano preparado por la Royal Commission into Institutional Response to Child Sexual Abuse— han establecido los parámetros para comprender adecuadamente el problema de abusos de menores en contexto eclesial. Entre los aspectos que se abordan se encuentra la estimación de la magnitud y alcance, y el contexto en que se produjo la crisis de los abusos sexuales en los distintos países. Asimismo, se mencionan las causas del problema por las que se inclina cada informe, contraponiendo distintas hipótesis que se han planteado para explicarlo. Finalmente, se da cuenta de la respuesta institucional que tuvo lugar en cada uno de los países estudiados y de las causas que motivaron muchas de las dificultades que presentó esta respuesta.

El segundo capítulo (Cristián Villalonga) explora cómo una equívoca comprensión del dilema de castigar o no al ofensor —que se ha difundido entre muchos miembros de la Iglesia católica—, podría constituir una de las causas de la deficiente respuesta institucional a los casos de abuso sexual en contextos eclesiásticos. La interpretación propuesta por el autor difiere de las tradicionales hipótesis, las que han estado centradas en la tesis de la manzana podrida o en causas macro-contextuales referidas a la estructura de la Iglesia católica. El capítulo analiza distintos factores que han contribuido a estructurar el derecho canónico moderno, en particular el proceso que convirtió a los obispos simultáneamente en jueces y pastores, en cuya posición se dejó sin resolver el problema del confort moral del que sanciona. Una cierta manera de entender algunos asuntos de teología moral, sumada a los incentivos propios de una compleja posición jurisdiccional de los obispos, conduciría a que estos últimos tiendan a resolver los casos evitando el castigo penal de estos delitos, privilegiando una respuesta construida desde la misericordia pastoral hacia el ofensor.

El tercer capítulo (Daniela Bolívar y Claudia Leal) se centra en el abuso sexual contra mujeres adultas en contexto eclesiástico, planteando que se trata de una realidad subestimada por diversas razones, que van desde la menor atención que ellas reciben en contextos religiosos y educativos en general, hasta la normalización de la violencia de género que pesa sobre la mayor parte de las instituciones y comunidades. La temática es abordada simultáneamente desde las ciencias victimológicas y desde la teología, ofreciendo una mirada multidisciplinaria al abuso sexual hacia la mujer en el contexto religioso, considerando factores de riesgo individuales, organizacionales y culturales.

El cuarto capítulo (Pamela Chávez) profundiza en torno al daño espiritual padecido por las víctimas de abuso sexual intraeclesial, descrito como un verdadero *asesinato del alma*, tomando la expresión de Thomas Doyle. El texto busca caracterizar la dimensión del daño espiritual con apoyo en la antropología filosófica-teológica de Edith Stein, base para la reflexión sobre las vías de reparación espiritual. Respecto de esta exigencia de reparación, se examina su posibilidad y su dificultad, y se muestra que se trata de un arduo camino, tanto individual como colectivo, en el que las iglesias y comunidades deben comprometerse.

El quinto capítulo (Cristián Emilfork y Pilar Larroulet) describe las principales estrategias desplegadas por los agresores para propiciar el abuso sexual, vinculándolas con la idea de oportunidad enmarcada en una institución y función determinada como es la del sacerdote. Para ello, se desarrolla un análisis de textos de carácter iterativo e inductivo de veinte sentencias de sacerdotes y religiosos condenados por abuso sexual infantil en Chile entre 2001 y 2018. Los resultados de esta investigación permiten plantear que serían las estrategias de oportunidad que emergen en las rutinas del sistema eclesial las que facilitarían el abuso sexual de menores de edad.

El sexto capítulo (Enrique Muñoz y Larry Yévenes) busca ahondar en las nociones de "elitismo" y "clericalismo", ambos conceptos mencionados por el Santo Padre en su Meditación para los obispos de Chile de mayo de 2018, como perversiones del ser eclesial que influyeron en la crisis del abuso sexual clerical en Chile. El texto, a la vez que profundiza conceptualmente en ambos términos, los contrasta con la realidad eclesial chilena y con la eclesiología propuesta por el Concilio Vaticano II.

El séptimo capítulo (María Elena Santibáñez y Alejandro Reinoso) realiza un análisis tanto jurídico como psicológico de la Ley Nº 21.160 que declara imprescriptibles los delitos sexuales cometidos contra menores de edad. Desde el punto de vista jurídico el texto se hace cargo de la novedad que representa la imprescriptibilidad de la acción penal de algunos delitos en nuestro ordenamiento y también de las particulares características de los delitos sexuales contra menores de edad que justifican, precisamente, esta notoria excepción a la regla. Desde la psicología se aborda la imprescriptibilidad como un aporte en favor de los derechos de las víctimas a la reparación simbólica, que ofrece la posibilidad real de la desaparición de la impunidad socio-jurídica que ha perpetuado la vergüenza de lo indecible, al tiempo que constituye una contribución de la ley a la generación de una cultura no abusiva.

El octavo capítulo (Rodrigo Mardones) aborda la pérdida progresiva de influencia política de la Iglesia católica en Chile desde el retorno a la democracia en 1990. El trabajo de Mardones utiliza una revisión exhaustiva de prensa y cifras de diversas encuestas, y observa la crisis de abuso sexual no como causa de la pérdida de influencia de la Iglesia, sino como un proceso que se inserta en cambios institucionales más amplios y que se originan con anterioridad al tema de los abusos.

El noveno capítulo (Eduardo Valenzuela) se centra en el impacto religioso de la crisis de los abusos sexuales en la Iglesia chilena, desglosando este efecto en tres variables clave de la experiencia religiosa: creer, pertenecer y practicar la fe. Para el análisis utiliza resultados de encuestas que han medido el fenómeno a través del tiempo y explica estas manifestaciones con ayuda de bibliografía especializada y evidencia internacional. A pesar de las dificultades que existen para desentrañar los efectos netos de la crisis sobre la experiencia religiosa que se confunden con efectos concomitantes —como la secularización o la desafección institucional— el autor observa impactos significativos que se pueden atribuir —aunque en montos difíciles de estimar— a la reciente crisis de los abusos.

El último capítulo (Sofía Brahm) indaga en el impacto de esta situación en la vida ministerial de los sacerdotes no ofensores, a través de un análisis de los resultados de trece entrevistas realizadas a clérigos, religiosos y religiosas el 2019, año de plena vigencia de la crisis, en el marco del proceso de trabajo de la Comisión UC para el análisis de la crisis de la Iglesia. Los sacerdotes no ofensores aparecen como un grupo seriamente afectado, y deben contarse entre aquellos que —aparte de las víctimas directas desde luego— han sido más seriamente afectados en su vocación e identidad personal.

Reflexiones en torno al drama de los abusos al interior de la Iglesia

Es de felicitar y agradecer el esfuerzo desplegado por un grupo de profesores de la Pontificia Universidad Católica de Chile, bajo el alero del profesor Eduardo Valenzuela Carvallo, por sacar adelante un libro acerca de la crisis de la Iglesia en Chile. Se trata de un libro que, sumado a otros que se han escrito en varias partes del mundo, puede darnos más elementos de juicio para comprender de mejor manera por qué y de qué manera el flagelo de los abusos se instaló al interior de la Iglesia. Agradezco que me hayan solicitado este artículo a modo de reflexión para incluirlo en el texto. Espero que hechos los diagnósticos nos pongamos todos en movimiento para que nunca más haya abusos al interior de la Iglesia. Quisiera además que este clamor y el actuar que le sigue, sea escuchado por todos aquellos sectores de la sociedad donde el abuso está presente.

El asunto tratado, que revierte la máxima gravedad, responde a que una de las características de nuestros tiempos es la creciente conciencia compartida de la dignidad del ser humano y el conocimiento de la gran cantidad de abusos cometidos hacia la persona, particularmente los relacionados a menores de edad en el ámbito de la sexualidad.

También en la esfera eclesial este mal está presente. Si bien es cierto que siempre los efectos de estos males y delitos son gravísimos, en el caso del daño causado por los ministros de la Iglesia que han abusado de niños, jóvenes y adultos es inconmensurable y reviste una especial gravedad.

El abuso sexual es ante todo un delito y de la máxima gravedad, que no puede quedar en la esfera de lo privado, como puede ser un pecado, sino que en la esfera de lo penal y, por lo tanto, tratado como tal. Ello exige un cambio de conciencia de toda la sociedad.

Las secuelas físicas, familiares, sociales, sicológicas y también espirituales, acompañan a las víctimas por años, sino por el resto de sus días. Con dolor he constatado que muchos sobrevivientes han perdido la fe y la esperanza. El daño infligido se extiende a sus familias, la comunidad eclesial, la sociedad entera y a los miles de ministros y agentes pastorales que de manera íntegra y abnegada realizan su labor eclesial movidos por un genuino y generoso amor a Dios y al prójimo.

En el caso del abuso por parte de clérigos y consagrados, se traiciona el bien esencial de la confianza al existir un claro aprovechamiento de la condición clerical, y un inexcusable abuso de la buena fe de quienes iban en busca de un encuentro con Dios en un lugar que, por su naturaleza, implica acogida, fraternidad y seguridad.

Estos hechos no admiten excusa alguna. Siempre y bajo toda circunstancia, deben ser rechazados y ejemplarmente castigados. Debemos decir con claridad y sin ambigüedades que en la Iglesia, el sacerdocio y la vida consagrada no hay espacio para quienes abusen. Este ha de ser siempre el principio rector al interior de la Iglesia, pero también de toda la sociedad.

Para lograr que no hayan más abusos al interior de la Iglesia se debe conocer en toda su extensión lo que ha pasado, analizar, con espíritu crítico, sus causas y las falencias que hubo en el ámbito de la prevención, así como las negligencias que cometieron los llamados a velar por la integridad de la vida ministerial, y, frente al delito, aquello que impidió una investigación adecuada y un castigo oportuno. Nadie duda que tras este doloroso proceso hay elementos antropológicos, sicológicos, sociológicos, teológicos, morales y pastorales que no fueron bien comprendidos, seriamente abordados y analizados y, obviamente, adecuadamente atendidos.

Es de mucho interés también conocer qué fue sucediendo a lo largo de la historia de quienes dijeron tener vocación para servir y dedicar su vida al servicio de otros en nombre de Dios y se comprometieron públicamente a vivir celibatariamente, en pobreza y obediencia, y al final o durante el transcurso de su vida ministerial no solo no cumplieron lo prometido sino que también delinquieron y provocaron gravísimos males a inocentes, a la comunidad eclesial y a la sociedad en su conjunto.

Junto con seguir investigando la extensión de los abusos al interior de la Iglesia para, una vez conocida la verdad hacer justicia y reparar, también es menester seguir profundizando acerca de los procesos de selección, de los procesos formativos y del acompañamiento de los ministros por parte de sus superiores y de la comunidad.

Claramente se ha ido mejorando la selección de los candidatos a los seminarios. Para ingresar no basta con querer ser sacerdote, también hay que poder serlo. Ello exige un verdadero discernimiento de la existencia de vocación, cualidades humanas y espirituales adecuadas, salud mental compatible con una vida célibe correctamente asumida, y el manejo de la autoridad comprendida como servicio y no como poder. Estas condiciones no se deben improvisar y exigen diagnósticos adecuados y constantes en el tiempo de la formación inicial y posteriormente, así como una apertura a la gracia divina de la llamada, de la cual muy frecuentemente nos olvidamos.

Ha quedado demostrado —por la experiencia vivida— que muchos de aquellos que ingresaron al Seminario o a alguna Congregación ya mostraban cierta tendencia a relacionarse de manera impropia con personas dependientes afectivamente, o con carencias de diversa índole, para luego pasar lisa y llanamente a abusar de ellos. Todo lo que se haga para evitar que pederastas ingresen para formarse como sacerdotes contribuirá a terminar con este flagelo y es una obligación de la Iglesia y de los obispos adecuar todos los medios de los que se dispone para que no suceda. Este ejercicio humilde de reflexión y de revisión de los procesos de selección y formación es también un acto de reparación a las víctimas.

Es por ello que hemos tomado mayor conciencia de este mal y una nueva disposición para combatirlo. Se han establecido varias medidas que nos dan mayores garantías de que hechos repudiables como los abusos no se volverán a repetir. Cito algunas de ellas: a. renovadas normas y exigencias en los procesos de ingreso en los seminarios y lugares de formación; b. el adecuado y profundo tratamiento de estos temas durante la etapa formativa; c. el uso de las herramientas que nos brinda la sicología y la siquiatría para la detección de parafilias; d. normas actualizadas acerca de la conveniencia de continuar en el Seminario en los que cabe alguna duda respecto de su idoneidad; e. las recientes disposiciones penales, que prontamente entrarán a regir, con un tratamiento más adecuado de estos delitos.

Es menester reconocer que durante los procesos formativos también hubo deficiencias. En efecto, una formación demasiado logocéntrica y espiritualizada, y a veces, muy encerrada en sí misma, no permitió conocer las actitudes de los candidatos al sacerdocio en la vida real. Obviamente que a ello hay que sumar la poca transparencia y falta de honestidad de aquellos que teniendo esta tendencia no lo dijeron en su momento. Omitir tendencias que claramente son incompatibles con la vida sacerdotal es gravísimo. Esa máxima en la que creen algunos que "en el camino se arregla la carga", en estos casos no resulta. Pareciera ser que dichas tendencias están muy arraigadas, que casi forman parte del ser de quien las posee, y que tarde o temprano afloran. Creo que una vocación sacerdotal cimentada en la poca transparencia de los candidatos sumado a la escasa experiencia de los formadores para detectar tendencias incompatibles con el sacerdocio y la deficiente compañía profesional en el ámbito psiquiátrico han llevado a este fenómeno, lamentablemente tan extendido en el mundo anglosajón y en Chile.

En relación al acompañamiento durante el ministerio, se ha podido percibir que los sacerdotes que han sido denunciados por abuso sexual, muchos, en grados distintos y formas diversas, solían tener una tendencia al aislamiento de la vida eclesial ordinaria, estar acompañados regularmente de niños y jóvenes, y presentar —en algunos casos— un carisma muy marcado y atrayente. Creo que hubo superficialidad en el tratamiento de este fenómeno por parte de la Iglesia, tanto de los pastores como de los laicos cercanos a ellos. Absolutamente ninguna obra social —por más extraordinaria que sea—, ningún carisma especial, —por ejemplo, para generar vocaciones al sacerdocio—, ninguna causa en nombre de la justicia y de los pobres, compensa el enorme daño que produce un abuso sexual. En eso hemos de tener claridad meridiana. Más aún cuando es justamente ese carisma —que se realizaba en nombre de Dios— el que era fuente de atracción de quienes los buscaban en la parroquia, el movimiento, el colegio, o en una obra social. El bien, por muy grande que sea, jamás puede ser fuente para justificar o hacer caso omiso del mal. Pienso que, como lo dijo el Papa Francisco, esta mentalidad elitista que rodea a algunos sacerdotes y la pastoral de elite —cerrada por naturaleza— pueden dar espacio a ambientes susceptibles de cometerse estos delitos.

En este contexto, la Conferencia Episcopal de Chile ha desplegado un acucioso trabajo en la formación de nuestros agentes pastorales, desde las Líneas Guías *Cuidado y esperanza* del año 2015[1], para abordar adecuadamente estos asuntos, hasta documentos como el de las *Buenas Prácticas para ambientes sanos y seguros en la Iglesia*, del año 2018[2], así como el importante documento sobre la *Integridad en el Servicio Eclesial* (ISE)[3]. A ello se suma la creación, el año 2011, del Consejo Nacional de Prevención de Abusos y el 2018 del Departamento de Prevención, para abordar de manera más sistemática y profesional esta dolorosa temática.

Este esfuerzo desplegado, con la mirada puesta en lo que nos ha dicho el Santo Padre, Francisco, seguirá con el documento sobre reparación de los daños causados.

Pero siempre será insuficiente, necesitamos saber más de la sicología del ser humano y de sus complejos procesos síquicos para detectar a tiempo a estas personas que tanto daño han hecho a las víctimas,

---

[1] Conferencia Episcopal de Chile; "Cuidado y Esperanza. Líneas guía de la Conferencia Episcopal de Chile para tratar los casos de abusos sexuales a menores de edad". 2015.

[2] Consejo Nacional de Prevención de Abusos y Acompañamiento a Víctimas, Conferencia Episcopal de Chile; "Buenas Prácticas para ambientes sanos y seguros en la Iglesia". Documento Ad experimentum 2018-2021. 2018.

[3] Conferencia Episcopal de Chile. "ISE. Integridad en el ervicio Eclesial. Orientaciones al Pueblo de Dios para el ejercicio del servicio en la Iglesia".

a nuestra Iglesia y a la sociedad. Necesitamos una mayor apertura a la gracia de Dios que actúa en nuestras vidas, valorar más el ser que el hacer y promover más la vida espiritual que la del mero actuar que puede ser fuente de hondos vacíos, que mal asumidos pueden terminar en abusos. Pareciera que un auténtico espíritu de oración, poniendo al centro a Jesucristo, no siempre estuvo en el corazón de quienes abusaron de otros.

Terminar con los abusos de toda índole es una tarea que todos debemos emprender y perseverar en ella, porque es de largo aliento en virtud de que vivimos en una sociedad donde el abuso —lamentablemente— forma parte de la cultura. Los datos entregados por la autoridad a nivel nacional en materia de abuso son alarmantes, ya sea al interior de las familias, los barrios, y comunidades cerradas por su naturaleza. Hemos de emprender una gran misión educativa de respeto a la dignidad del ser humano y a estar muy atentos a lo que acontece al interior de los espacios donde por su estructura puedan enquistarse estas personas que tanto daño hacen.

He tenido la oportunidad de conversar con varias personas abusadas por sacerdotes. Es muy difícil no emocionarse hasta las lágrimas, ni conmoverse. Debo reconocer que no tengo las capacidades que se requieren para acoger de manera adecuada tanto dolor, tanta ira, tanta rabia contenida —y con razón—. Si bien hay mujeres que han denunciado abuso de poder y de conciencia, en general la mayoría de los procesos que conozco se trata de abusos a niños y jóvenes. Solo me cabe agradecer a quienes después de años de sufrimiento se atrevieron a contar situaciones dramáticas que les estropearon sus vidas. Un acto de valentía digno de destacar y valorar.

El contexto de los abusos suele ser similar. Se da en una lógica en que la autoridad religiosa tiene poder —abusivo por cierto— sobre la víctima. En muchos de los casos que he visto, el dinero o los bienes materiales están de por medio, así como el sentirse elegido —falsamente por supuesto—. Ha sido un aprendizaje doloroso pero necesario, porque nos quedó claro que en casos de denuncias siempre hay que actuar y de manera diligente. Aprovecho de agradecer públicamente la ayuda de un grupo de sacerdotes y laicos muy comprometidos y profesionalmente competentes para llevar adelante estos procesos. Tomar muy en serio cada denuncia es una forma concreta de decir que llegó la hora de un rotundo y radical nunca más.

Con todo, no pierdo la esperanza en un futuro más promisorio. El mal no puede vencer al bien porque Jesucristo dijo que estará con nosotros hasta el fin de los tiempos y que nada nos separará del amor de Dios manifestado en Cristo Jesús. Esta nueva primavera que el Pueblo de Dios espera con ansias y que esperamos los obispos promover con fuerza, se dará, pero no tanto en virtud de nuestras capacidades sino en virtud de la belleza del mensaje de Jesucristo, la extraordinaria labor pastoral, educativa y social de la Iglesia católica que, ampliamente conocida y valorada, no puede detenerse y menos ser opacada por quienes, al final de cuentas, no creían en nada ni en nadie, solo en sus demoníacas perversiones que malograron la vida de tantas personas inocentes.

+Fernando Chomalí G.
Arzobispo de la Santísima Concepción
Vicepresidente de la Conferencia Episcopal de Chile
Septiembre 2021

Lecciones y aprendizajes de los principales informes mundiales sobre abuso sexual de menores de edad en la Iglesia católica

Por Eduardo Valenzuela

El propósito de este capítulo es conocer el resultado de los principales informes que se han elaborado para mostar la realidad del abuso sexual de menores en la Iglesia católica en el mundo. Se han considerado como investigaciones principales aquellas que contienen algunas de estas características: abarcan al conjunto de la instituciones religiosas (incluyendo institutos religiosos, residencias, seminarios y escuelas); establecen sistemáticamente el número y condición de las víctimas; proporcionan información en escala nacional y abarcan períodos largos de tiempo; analizan causas y contexto en que se produjeron los abusos, y describen el alcance y limitaciones de la respuesta institucional que ha ofrecido la Iglesia en este problema. Dos de estos informes principales han sido encargados por la Conferencia Episcopal de sus respectivos países. El más conocido ha sido el estudio preparado para los obispos norteamericanos por académicos del John Jay College of Criminal Justice (una universidad pública con foco en estudios criminales con asiento en Nueva York) coordinados por la profesora Karen Terry que consta de dos reportes: el primero presentado en 2004 sobre el alcance y naturaleza del abuso clerical, y el segundo en 2011 sobre el contexto y las causas en que se produjeron estos abusos[1]. Ambos reportes se han constituido en referencia obligada

---

[1] *The Nature and Scope of Sexual Abuse of Minors by catholic Priests and Deacons in the United States 1950-2002.* A research Study conducted by The John Jay College of Criminal Justice,

para la comprensión del problema. Recién en 2018 se ha publicado un informe similar encargado por los obispos alemanes a un consorcio de expertos de las Universidades de Mannheim, Heidelberg y Gieben, conocido por esto como *MHG-Studie* y coordinados por el profesor Harald Dressing[2]. En todos estos casos, la Iglesia ha puesto ampliamente a disposición de los investigadores todos sus archivos pertinentes y ha permitido el acceso a los antecedentes de los clérigos con acusaciones de abuso, al tiempo que ha financiado un conjunto de actividades complementarias.

Otros informes de gran resonancia han sido mandatados por ley por el Estado respectivo entre los cuales destaca el informe irlandés de la Commission to Inquire into Child Abuse de 2009, conocida como Irish Ryan Commission[3], y el informe australiano preparado por la Royal Commission into Institutional Response to Child Sexual Abuse (2014)[4]. A diferencia de los trabajos preparados por universidades, estos reportes utilizaron la tradición de la *public*

The City University of New York, 2004 (*John Jay Report*, 2004). *The Causes and Context of Sexual Abuse of Minors by Catholic Priests in the United States, 1950-2010. A Report Presented to the United States Conference of Catholic Bishops by the John Jay College Research Team*, 2011 (*John Jay Report*, 2011). Para una vision de conjunto del reporte de 2004 véase: Terry, K., "The Nature and Scope of Child Sexual Abuse in the Catholic Church". *Criminal Justice and Behavior*, Vol. 35, 5:549-569, 2008.

[2] *Sexueller Missbrauch an Minderjährigen durch katholische Priester, Diakone und männlich Ordensangehörige im Bereich der Deutschen Bischofskonferenz (MHG-Studie)*, 2018. Se encuentra disponible en inglés solo el informe de principales resultados bajo el nombre de *Sexual abuse of Minors by catholic priests, deacons and male members of orders in the domain of the German Bishops' Conference*. Para una vision de conjunto de este informe se puede ver el artículo de Dressing, H., Dolling, D., Hermann,D., Kruse, A., Shmitt, E., Bannenberg, B., Whittaker, K., Hoell, A., Voss, E. & Salize, H.J., "Child Sexual Abuse by Catholic Priests, Deacons, and Male Members of Religious Orders in the Authority of the German Bishops' Conference 1946-2014". *Sexual Abuse*, 2021, Vol. 33(3) 274-294.

[3] *The Commission to Inquire into Child Abuse (CICA), Report*. Ireland, 2009 conocida como Ryan Commission por el juez Sean Ryan que la presidió. The Irish Ryan Commission es distinta de la Comisión presidida por la jueza Ivonne Murphy que elaboró el *Report into the Catholic Archdiocese de Dublin*, también en 2009. Este informe está circunscrito al análisis de la respuesta que ofrecieron las autoridades de la Iglesia y del Estado irlandés ante las denuncias de abuso sexual clerical, tomando como referencia una muestra representativa de un cierto número de sacerdotes denunciados en la diócesis de Dublín. Ver *Murphy Report* (Dublin Archdiocese Commission of Investigation, 2009).

[4] *Commission into Institutional Response to Child Sexual Abuse, Commonwealth of Australia* 2017. En este informe se debe consultar sobre todo Vol. 16, Book 2 dedicado a Religious Institutions. Para una visión de conjunto de este informe se puede ver Wright, K., Swain, S.

inquiry, característica de países con tradición parlamentaria que forman comisiones no tanto para establecer responsabilidades públicas en problemas sensibles (como las comisiones parlamentarias de los regímenes presidenciales), sino para conocer un determinado problema y entregar las recomendaciones necesarias para resolverlo. Estas indagaciones convierten a estas comisiones en una forma particular de sensibilizar, educar y construir políticas públicas en problemáticas que han alcanzado especial preocupación en la sociedad. En estos casos, la indagación está ordenada por ley de modo que se puede obligar la comparecencia de personas y la desclasificación de documentos, y opera a través de audiencias públicas (y solo audiencias privadas en caso que haya que mantener reserva en determinados declaraciones), sin perjuicio de alimentarse de reportes e investigación especializada. Las comisiones irlandesa y australiana tuvieron como foco el abuso institucional de menores de edad, entre los cuales se cuenta —aunque, no exclusivamente— el abuso en instituciones religiosas. Un caso adicional de informe público fue el que produjo el Gran Jurado del Estado de Pennsylvania en 2018 que investigó abusos sexuales en seis diócesis sufragáneas de la Arquidiócesis de Pennsylvania en Estados Unidos[5]. Este trabajo utiliza la modalidad del Gran Jurado que mandata por ley a ciertos ciudadanos para investigar legalmente determinadas conductas criminales y establecer cargos cuando corresponda, de manera que está enfocado en la investigación penal a la manera de un tribunal aunque actúa con independencia de la judicatura ordinaria. En el caso francés se ha constituido la Commission Indépendante sur les Abus Sexueles dans l'Église coordinada por el Vicepresidente Honorario del Consejo de Estado Jean Marc Sauvé (cuyo informe no ha sido publicado aún) que tiene la fisonomía de una comisión de indagación pública, pero que ha sido comisionada por la Conferencia Episcopal francesa. En el caso británico se cuenta

---

McPhillips, K. "The Australian Royal Commission into Institutional Responses to Child Sexual Abuse", *Child Abuse Neglect*, 2017, 74: 1-9.

[5]   *Report I of the 40th Statewide investigating Grand Jury, by order of Pennsylvania Supreme Court*, 2018. Este Informe del Gran Jurado ha sido el examen más amplio realizado por una agencia gubernamental en Estados Unidos sobre el abuso sexual infantil en la Iglesia católica.

con el *Nolan Report* de 2001, revisado en 2007 en el *Cumberlege Report*, aunque se trata de informes solicitados por el Arzobispo de Westminster a una comisión independiente que analiza las medidas de prevención y control del abuso sacerdotal en la Iglesia católica de Inglaterra y Gales[6].

Ninguno de estos informes han estado exento de críticas y reproches. Los reportes académicos se esfuerzan en recoger la mejor evidencia posible y se apoyan más resueltamente en resultados de la investigación científica, pero mucha de esta indagación se encuentra todavía en pañales, sobre todo a la hora de establecer causas y determinaciones que permitan implementar políticas de prevención eficaces. El esfuerzo por establecer un número preciso de ofensores que logran realizar justamente los informes norteamericano y alemán puede ocultar la cifra negra y dejar la impresión de que se trata de una estimación más precisa de lo que realmente es. Estos estudios recogen su mejor evidencia entre perpetradores, y analizan con mayor detalle las características de los ofensores, pero están poco basados en información relevante acerca de las víctimas[7]. Los reportes gubernamentales tienen un propósito más decidido de sensibilización, alerta y enmienda pública, pero han recibido reproches en este campo sea porque han puesto un foco exclusivamente en el abuso sexual —lo que ha ocultado o desviado la mirada hacia diversas formas de abuso de autoridad que no conllevan molestia sexual— o porque las recomendaciones que se han establecido no son exigibles y, por consiguiente, se implementan de modo indicativo y se auditan de manera insuficiente.

---

[6]   *The Nolan Report* (2001). The Catholic Bishop Conference of England and Wales encargó recientemente un estudio sistemáticos sobre el alcance de las denuncias de abuso sexual de menores dentro de la Iglesia. Ver el reporte de Stephen Bullivant, "Allegations of Child Sexual Abuse in the Catholic Church in England and Wales between 1970 and 2015: A Statistical Summary". *Open Research Archive*, 2019.

[7]   Para algunas de estas críticas se puede ver Mary Gail Frawley-O'Dea. *The John Jay Study: What it is and what it isn't*. The National Catholic Reporter, 19 july 2011. Respecto de la obra de esta destacada psicóloga clínica, experta en abuso sexual clerical, sobre todo *Perversion of Power: Sexual Abuse in the Catholic Church*, Vanderbilt University Press, 2007, y el volumen del cual es editora, *Predatory Victims, Silenced Victims*, Routledge, 2014.

Estimaciones de magnitud y alcance del problema

La estimación de referencia fue producida por *John Jay Report* (2004) para sacerdotes, religiosos y diáconos en un período de cincuenta años (1950-2000). En el numerador se incluye a todos los que han recibido una acusación verosímil de abuso sexual de menores de edad, y en el denominador a todos los que han ejercido el ministerio sacerdotal o diaconal en el período considerado (lo que comprende a quienes han dejado ese ministerio por fallecimiento, renuncia u otra causa). La estimación para el caso norteamericano es de 4%[8]. El informe alemán utiliza la misma metodología (considera sacerdotes, diáconos y religiosos hombres que han ejercido su ministerio bajo la jurisdicción de algún obispo alemán) para alcanzar un resultado muy similar de 4,4%. La estimación australiana de 7% calcula un promedio ponderado según el número de años de ministerio en el período 1950-2010 para sacerdotes católicos. Esta metodología vuelve incomparable el resultado australiano respecto de los anteriores que no ponderaron de esta manera. Ningún otro informe ofrece una estimación semejante aparte de los tres indicados[9].

Todos los trabajos advierten que las cifras pueden estar subestimadas sea porque los reportes de denuncias provienen de las propias diócesis o institutos religiosos que pueden haber ocultado información o porque pueden haber casos de abuso no denunciados considerando que el abuso sexual de menores adolece de suyo de mucha cifra negra o demora en ser develado. Aún cuando no se puede establecer con seguridad el monto de la subestimación, tampoco se espera resultados demasiado diferentes tomando en cuenta el aumento en la disposición a denunciar estos delitos y el declive en la prevalencia de abuso clerical en las últimas décadas (entre otras razones, por la inhabilitación de muchos clérigos abusadores). Existe un

---

[8] El informe norteamericano utiliza una segunda base de cálculo que proviene del Center for Applied Research in the Apostolate (CARA) que reporta el número de sacerdotes activos en el período 1960-2002. Considerando este denominador la proporción de sacerdotes con acusaciones de abuso de menores se eleva a 4,3%.

[9] La estimación realizada por la Comisión UC para el análisis de la crisis de la Iglesia católica en Chile de 3,6% para el período 1970-2020. Para los detalles de este cálculo véase *Comprendiendo la crisis de la Iglesia católica en Chile,* Comisión UC para el análisis de la crisis de la Iglesia católica en Chile, 2020.

amplio consenso en que la mayor parte de los sacerdotes no está comprometido en estos abusos aunque ningún informe resta gravedad al problema que proviene no solo de la extensión, sino de la enormidad de la falta. *John Jay Report* reporta una gran estabilidad en las cifras obtenidas, las diócesis varían entre 3% y 6% lo que es un indicio de la seguridad de la estimación norteamericana. Ningún informe ofrece comparabilidad con otras instituciones religiosas, solamente el australiano analiza otras confesiones religiosas, y concluye que las denuncias contra miembros de la Iglesia católica fueron más numerosas que las de cualquiera otra denominación, pero no ofrece una estimación precisa y comparable de esta diferencia. Con todo, es un hecho que el problema de los abusos no afecta solamente a la Iglesia católica y en el ámbito institucional está más extendido de lo que se admite.

Es un dato bien establecido que las denuncias contra sacerdotes diocesanos han sido proporcionalmente mayores que las que se emprenden contra religiosos. La principal diferencia se obtiene en el informe alemán con 5,1% para diocesanos y 2,1% para religiosos (D/R=2,42) y luego en el informe norteamericano una diferencia de 4,3% para diocesanos frente a 2,5% para religiosos (D/R=1,72 y considerando la base CARA la diferencia D/R=1,85). El informe preparado por Stephen Bullivant para la Conferencia Episcopal inglesa obtiene una diferencia en el número que ha recibido denuncias de abuso de 469 frente a 299 (D/R=1,56). Esta disparidad puede atribuirse a condiciones del ejercicio ministerial entre unos y otros, sobre todo la vida en común que es más frecuente en las órdenes religiosas, o también a la existencia de un clero vocacional más significativo en las congregaciones que se contrapone al clero estatutario que accede más fácilmente a posiciones de poder en el lado diocesano y que recluta por consiguiente un clero con una vocación y calificación religiosa, eventualmente, más débil. En ninguna parte, sin embargo, se explica esta diferencia por un manejo más eficaz de los abusos en las órdenes religiosas que, en términos generales, han recibido el mismo reproche que los obispos en la gestión de la crisis. También se ha establecido una diferencia respecto de diáconos permanentes que tendrían una tasa más baja de denuncias de abuso. El informe alemán calcula 1% sobre diáconos que sirven jornada completa en una medida comparable con el ministerio sacerdotal. Algunas diferencias como la gradiente de confianza que suscitan sacerdotes respecto de los diáconos, la probabilidad de contacto con niños y las diferencias en la edad de ordenación podrían explicar esta disparidad, pero ningún informe profundiza sobre este aspecto. Aunque nadie considera al celibato como una causa directa del abuso, el estudio alemán señala que la disparidad en la prevalencia de abuso de unos y otros "sugiere que se debe abordar la cuestión de hasta qué punto el celibato puede ser un potencial factor de riesgo de abuso sexual para grupos específicos en individuos en condiciones específicas"[10].

El número promedio de víctimas por perpetrador es 2,5 en el informe alemán y 2,4 en el norteamericano, los únicos que tienen una estimación precisa de este parámetro. Ambas investigaciones coinciden, además, en la proporción de acusados con una sola víctima, 54% y 56%, respectivamente. *John Jay Report* estima en alrededor de 3,5% la proporción con diez o más acusaciones dentro de los cuales se cuentan los casos más bullados de abusadores seriales, como el de Gilbert Gauthe (Luissiana), considerado el caso índice del abuso clerical conocido a mediados de los ochenta, y el de John Geoghan (Boston) que motivó la dimisión del cardenal Bernard Law a comienzos de los dos mil[11]. Como ha demostrado ampliamente la investigación criminológica, muy pocos delincuentes son responsables de muchos delitos (26% de las acusaciones según *John Jay Report* provienen de este pequeño grupo de abusadores seriales).

Nadie ha podido estimar la proporción de niños que pudo haber sido sexualmente abusado dentro de instituciones religiosas. Solo han habido estimaciones numéricas: 4.029 personas comparecieron como víctimas de instituciones religiosas en las audiencias privadas de la comisión australiana (de las cuales 2.489 provenían de instituciones católicas), mientras que el informe norteamericano identifica a 10.677 y el alemán, 3.677 víctimas.

---

10   Traducción del editor. *MHD Studie,* 2018, Summary.

11   Estos casos fueron intensamente mediatizados y modelaron la opinión pública norteamericana e internacional respecto del problema. del abuso clerical. Gauthe (Loussiana, mediados de los ochenta) fijó el modelo del abusador serial y pedófilo, que Geoghan reafirma enteramente, agregándole el modelo de la negligencia de las autoridades religiosas.

Causas del abuso sexual de menores de edad en la Iglesia

La consideración de las causas que pueden haber provocado el abuso clerical se ha conducido con gran prudencia debido, en parte, a las dificultades inherentes al examen de causalidad en ciencias sociales (donde prevalecen muchas dificultades para realizar estudios experimentales) y a la escasez de evidencia empírica (especialmente clínica) en un problema de reciente data[12]. Los informes suelen inclinarse por un enfoque multicausal en el que se consideran al mismo tiempo determinantes médicos, psicológicos y sociales. "No se identifica una "causa" única de abuso sexual de menores por parte de sacerdotes católicos como resultado de nuestra investigación"[13], afirma el *John Jay Report*. Este mismo informe establece que menos del 5% de los sacerdotes acusados de abuso sexual exhiben una conducta que calza con el diagnóstico de pedofilia, una atracción específica y recurrente hacia niños pre-púberes. La pedofilia debe diagnosticarse clínicamente y suele ser rara en población general. Una estimación aproximada han sido los casos en que se ha abusado de dos o mas víctimas menores de 10 años de manera exclusiva (de donde proviene la cifra del *John Jay Report*), mientras que el informe alemán utiliza una definición más amplia que considera abusos sobre dos o más víctimas menores de 13 años arrojando una cifra cercana al 28% como indicio de pedofilia primaria (fuertemente arraigada) o secundaria (motivada por las circunstancias). La mayor parte del abuso clerical de menores no tiene un carácter pedofílico y todos los informes consideran incorrecto el uso del estereotipo del sacerdote pedófilo. Otra forma de parafilia como la efebofilia, que designa la atracción por cuerpos en el momento en que alcanzan la pubertad o inmediatamente después, ha sido también desestimada. La evidencia más común es que la mayor parte de los abusos han recaído sobre menores entre 13-18 años, pero falta la exclusividad de la atracción que constituye el síndrome efebofílico. El abuso clerical ha sido

---

[12] Una excelente revisión de literatura sobre factores determinantes en el abuso clerical puede encontrarse en Bettina Böhm, Hans Zollner & Jörg M. Fegert y Hubert Liebhardt. "Child Sexual Abuse in the Context of the Roman Catholic Church: A Review of Literature from 1981-2013". *Journal of Child Sexual Abuse*, 2013, 23:635-656.

[13] Traducción del editor. En *John Jay Report*, 2004.

considerado generalista, es decir que alcanza también a mayores de edad sexualmente maduros, y su concentración en menores debería explicarse mejor por razones de oportunidad, sea por la prevalencia de contactos frecuentes y personales, sea por la vulnerabilidad e indefensión de las víctimas frente a la autoridad sacerdotal que se acrecienta entre menores de edad.

Uno de los resultados mas concluyentes del *John Jay Report* es que "los sacerdotes con acusaciones de abuso sexual de menores no tienen una probabilidad significativamente mayor que otros sacerdotes de tener trastornos de la personalidad o del estado de ánimo"[14]. La proporción que reporta problemas psicológicos o de comportamiento (32%), algún trastorno relacionado con abuso de alcohol y drogas (17%) y alguna clase de abuso físico, sexual o emocional durante la niñez (7%), no es muy diferente entre sacerdotes con o sin acusación. Solamente en el caso de sacerdotes que habían participado en algún programa de tratamiento se producía una diferencia en favor de los sacerdotes acusados, pero se trataba de tratamientos relacionados con ofensas sexuales (algo que solo muestra la inclinación de las autoridades a derivar hacia tratamiento los casos conocidos). *John Jay Report* resta mérito casi por completo a los factores psicopatológicos y suscribe más que cualquier otro informe una explicación situacional del delito. El informe alemán reconoce, por su parte, tipos de abusadores entre los que se cuenta aquellos con preferencias pedofílicas más o menos fijadas, donde la fijación se mide por la duración más que por la exclusividad del abuso hacia prepúberes. Otro tipo de abuso es el que proviene de una forma narcisista de abuso de poder que remite a desarreglos de personalidad de carácter sociopáticos. En este caso, el abuso clerical responde al desarrollo de una personalidad narcisista que encuentra un contexto favorable en el ejercicio del ministerio sacerdotal marcado por enormes asimetrías de prestigio, reconocimiento y poder institucionalmente consagradas, es decir que no requieren cualidades extraordinarias en el perpetrador salvo su deseo de sobresalir[15]. Un último tipo de abuso es el que provendría

---

[14]   Traducción del editor. En *John Jay Report*, 2004.

[15]   Esta línea de interpretación del abuso clerical ha sido muy prolífica. En nuestro medio se puede consultar la obra de Camilo Barrionuevo que extiende el concepto hacia al

de personas con inmadurez/regresión en su desarrollo sexual y emocional que encuentran satisfacción y complacencia en relaciones con niños o niñas todavía igualmente inmaduros. El celibato y la homosexualidad clerical (aquella que utiliza el sacerdocio como una manera de ocultar u obliterar la identidad sexual) podrían ser factores que favorecen la inmadurez sexual y emocional. *John Jay Report* también acredita la falta de *human formation* (que comprende el desarrollo de habilidades sociales y emocionales de alto umbral) como una de las principales causas del abuso clerical, aunque relaciona esto con la rigidez y la ignorancia de los seminarios de formación en materias relacionadas con el desarrollo de la subjetividad[16] y la aversión clerical hacia la psicología.

Ningún informe reconoce al celibato como causa directa del abuso clerical. El de la Royal Commission australiana admite, sin embargo, que puede haber riesgo de abuso entre personas célibes que tienen acceso privilegiado sobre niños o niñas. Asimismo, advierte sobre la implicancias del celibato en términos de aislamiento emocional, soledad y depresión e indica que puede estar relacionado con inmadurez psico-sexual. También se hace eco de la hipótesis de que la exigencia del celibato se incumple con demasiada frecuencia (un motivo que se utiliza para desestimarlo como causa de cualquier abuso) y ha conducido a una cultura eclesial del secreto que tendrá consecuencias gravosas sobre la respuesta que ofrecerá la Iglesia[17]. El

---

narcicismo institucional en Camilo Barrionuevo. "La tríada sombría del clero: narcisismo, poder y sexualidad" en: Carolina del Río (editora), *Vergüenza. Abusos en la Iglesia católica.* Universidad Alberto Hurtado Ediciones, 2020, VII: 167-190 y Camilo Barrionuevo. *Una Iglesia devorada por su propia sombra. Hacia una comprensión integral de la crisis de los abusos sexuales en la Iglesia católica.* Universidad Alberto Hurtado Ediciones, 2021.

[16]   Esta línea de interpretación ha sido desarrollada en nuestro medio por Ricardo Capponi en *La Misión Actual de la Iglesia católica. Una propuesta para enfrentar la crisis* (autoedición, 2019). Una versión extractada de este libro se encuentra en *Humanitas* N° 93, "La misión actual de la Iglesia católica", 2020.

[17]   Una hipótesis que proviene de los trabajos clínicos de Richard Sipe. Ver Richard Sipe, *A secret world. Sexuality and the search for celibacy,* Brunner-Routledge, 1990 y *Celibacy in Crisis. A secret world revisited.* Routledge, 2003. *El celibato es la fuente de la distinción estatutaria entre sacerdotes y laicos y el fundamento de la pretensión de autoridad y prestigio clerical, pero se sostiene muy imperfectamente en la vida corriente, lo que funda la cultura del secreto clerical y explica en parte la insuficiencia de la respuesta institucional puesto que todos o muchos tienen tejado de vidrio.*

informe australiano recomienda, expresamente, suprimir el celibato obligatorio —bajo el presupuesto de que es la obligación a cumplirlo lo que ocasiona, eventualmente, los mayores problemas— y controlar las disfunciones sexuales o psicológicas que pueda traer consigo, incluso, el celibato voluntario. El informe alemán es mucho más cauto en esta materia. Menciona la disparidad de abusos entre diáconos y sacerdotes como evidencia del papel eventual del celibato y admite que el celibato obligatorio puede ser un factor potencial de riesgo en personas o circunstancias particulares, pero no se inclina necesariamente por las conclusiones australianas.

El papel que juega la homosexualidad ha sido también prolijamente considerado. El patrón de abuso sacerdotal se distingue por la proporción de adultos hombres que agrede a niños del mismo sexo, a diferencia del abuso que se produce dentro de las familias, e incluso —según el reporte australiano, el único que reúne a distintas confesiones religiosas en una misma investigación— del que sucede en otras iglesias. *John Jay Report* establece una proporción de 81% de víctimas hombres, mientras que el alemán encuentra una proporción de 63% (aunque se eleva en los subproyectos 2 (entrevistas) y 3 (registros criminales) con 77% y 80%. Y en el caso australiano el 78% de las denuncias recibidas por la Royal Commission provinieron de víctimas hombres[18]. La indicación de una orientación homosexual en estos abusos no está exactamente documentada, las cifras del *MHG Studie* son muy inestables, pero alcanzan hasta 72% en el subproyecto 2 de entrevistas para sacerdotes con acusaciones. El estudio australiano considera una "concepción errónea creer que todos los perpetradores que abusan sexualmente de niños del mismo sexo se sienten ellos mismos atraídos por el mismo sexo"[19], mientras que *John Jay Report* —en consonancia con su hipótesis de un crimen de oportunidad— sugiere que un porcentaje importante de los

---

[18]   Para el caso chileno el Informe de la Comisión UC para el análisis de la crisis de la Iglesia católica en Chile entrega una proporción de 73% para afectados de sexo masculino, una cifra que está en consonancia con la reportada por los informes internacionales. Debe notarse, sin embargo, que al menos un quinto o quizás un cuarto del abuso clerical se comete contra niñas tal como se releva en el capítulo de Daniela Bolìvar y Claudia Leal en este mismo volumen.

[19]   Traducción del editor. *Royal Commission*, 2017, Vol. 16, Catholic Church:43.

abusadores pueden ser generalistas, es decir, podrían haber abusado al margen de una consideración específica de la edad o sexo de sus víctimas, según sea la oportunidad que se le presente. Con todo, generalmente se acredita que una proporción significativa de estas agresiones proviene de sacerdotes con inclinaciones homosexuales más o menos desarrolladas. Tal como sucede con el celibato, sin embargo, ningún informe considera que la homosexualidad conduzca por sí misma al abuso sexual de menores[20]. De hecho, la mayor parte de este abuso fuera de la Iglesia es protagonizado por adultos heterosexuales que agreden a niñas mujeres. ¿A alguno se le ha ocurrido atribuir tales abusos a la heterosexualidad de sus perpetradores? Resta por explicar el predominio de víctimas del mismo sexo en el caso del abuso sacerdotal. El estudio alemán sugiere que el celibato católico puede haber atraído un buen número de personas con orientaciones homosexuales latentes que permanecen suprimidas, negadas o poco desarrolladas en un ambiente que además sanciona severamente la conducta homosexual. Esta combinación de inmadurez, confusión y negación de la identidad sexual podría explicar el predominio de agresiones homosexuales. La explicación más corriente indica, sin embargo, en conformidad con las conclusiones de *John Jay Report* que adelanta esta explicación por encima de cualquier otra, que este predominio se debe a razones de oportunidad (*"the boy altar theory"*) debido al acceso fácil y expedito, y socialmente aprobado que han tenido los sacerdotes católicos respecto de niños hombres, sea en el servicio del altar o en actividades conexas. El sacerdocio exclusivamente masculino y la construcción concomitante de espacios segregados en el templo (del que el servicio del altar fue el ejemplo más conocido), escuelas y residencias ofrecieron oportunidades de contacto frecuente y personal con niños del

---

[20]   Para una interpretación que acredita la homosexualidad como causa principal de los abusos pueden verse los dos capítulos de Paul Sullins en el volumen de Jane Adolphe & Ronald J. Rychlak (editors), *Clerical Sexual Misconduct. An Interdisciplinary Analysis*, Cluny Media Editions, 2020. Rev. Paul Sullins, *Is Catholic Clergy Sexual Misconduct Related to Homosexual Priests?* Chapter 4:69-92 y *Receding Waves: Child Sexual Abuse and Homosexual Priests since 2000*, Chapter 5: 93-124. Sullins muestra que la incidencia del abuso sexual aumenta junto con la proporción de sacerdotes homosexuales dentro de la Iglesia norteamericana y declina a medida que esa proporción desciende en un análisis que se mantiene estadísticamente sin embargo en el plano de las correlaciones con datos agregados.

mismo sexo en una medida muy abundante en el ambiente católico, e incomparable con el que pudo haber tenido un presbítero con niñas mujeres o jóvenes de mayor edad.

De todos los informes se desprende la convicción de que el abuso clerical debe combinar alguna clase de disfunción psicológica con factores situacionales u organizacionales que lo han hecho posible. El factor situacional ha sido especialmente subrayado por *John Jay Report* en el marco de un trabajo preparado por especialistas en criminología. Todo crimen requiere una motivación, pero también una víctima potencial y una oportunidad propicia. El contacto frecuente y personal con niños y niñas sin ningún control o supervisión ofreció ampliamente esa oportunidad. Algunos indicios de abuso situacional se han encontrado en el predominio de víctimas hombres que decae, sin embargo, tras la autorización vaticana para que también mujeres puedan servir en el altar[21]. También el hecho de que el lugar de los abusos haya sido sobre todo la residencia parroquial (41% según el informe norteamericano, también refrendado por el alemán) resalta la importancia del factor situacional. La mayor parte de los abusos se comete en los puntos de acceso y contacto frecuente con niños y recaen sobre menores conocidos previamente. El abuso decae cuando el sacerdote es solamente un profesor y rara vez sucede en el colegio mismo o en una actividad relacionada. En tanto, el uso de alcohol y drogas ha sido examinado en términos situacionales, aunque el elemento desinhibidor más importante es la ausencia de guardián o de pares (que también puede explicar situacionalmente la diferencia entre sacerdotes que viven solos respecto de religiosos que hacen vida común). Karen Terry considera que los principales factores que configuran el abuso sexual situacional se corresponden bastante exactamente con el abuso sacerdotal, a saber: un inicio relativamente tardío del abuso (generalmente varios años después de la ordenación, una vez que el sacerdote ha conseguido la influencia necesaria y/o que el ardor de su vida religiosa se ha enfriado); la baja cronicidad del abuso (véase la proporción de sacerdotes con una sola víctima reportada o con un solo incidente de abuso); una prevalencia relativamente elevada de faltas previas que no tenían carácter sexual

---

[21]   Canon 232 par. 2, 1994.

(abuso de alcohol o drogas, por ejemplo); la enorme concentración de abusos sobre personas conocidas; la ausencia de redes o asociaciones entre los ofensores, el escaso uso de pornografía y sobre todo la ausencia ya comentada de comportamientos parafílicos[22].

Puede existir un abuso puramente situacional (aquel que sin la oportunidad o condiciones propicias no hubiera existido nunca), aunque lo más probable es que factores individuales y situacionales se combinen entre sí, sin contar además con que personas con una cierta predisposición individual hacia el abuso eligen los ambientes adecuados. El declive sostenido del abuso en las últimas décadas, después que las alertas se han activado y los entornos eclesiales se han tornado más suspicaces, es decir una vez que se ha restituido al guardián, se presenta asimismo como evidencia de que los factores situacionales tienen un peso considerable. La criminología concuerda hoy en que la prevención en este aspecto puede ser mucho más eficaz en la disminución del crimen que cualquier forma de intervención o tratamiento sobre quienes delinquen.

El clericalismo es el factor organizacional más mencionado como determinante del abuso sexual de menores, no solamente de las insuficiencias con que se ha respondido frente a la crisis. El abuso sexual es una forma del abuso de poder que muchas veces lo antecede y posibilita.

> El clericalismo —dice el informe alemán— denota un sistema jerárquico-autoritario que puede llevar al sacerdote a adoptar una actitud de dominio sobre los individuos no ordenados en sus interacciones porque ocupa una posición superior en virtud de su ministerio y ordenación. El abuso sexual es una manifestación extrema de tal dominio[23].

En la investigación australiana, por su parte, se indica que "el clericalismo está vinculado a un sentido de autoridad, superioridad y exclusión, y abuso de poder" y se agrega que la exacerbación de la

---

[22]   Vease Karen Therry & Joshua Freilich. "Understanding Child Sexual Abuse by catholic Priests from a Situational Perspective". *Journal of Child Sexual Abuse*, 2012, 21: 437-455.

[23]   Traducción del editor. *MHG Studie*, 2018, Summary.

distinción sacerdotal ha contribuido "a exagerar los niveles de poder y confianza desregulados, los que los perpetradores de abuso infantil pueden explotar"[24]. Un ambiente de confianza ciega en el sacerdote que alcanzaba no solo a las víctimas, sino a sus familias y al entorno eclesial en que desenvolvía, ha sido reportado en la mayor parte de los casos y se ha considerado el medio específico a través de los cuales se hicieron posible estos delitos. El clericalismo también explica la credibilidad que obtenían los perpetradores respecto de sus víctimas y la seguridad que muchos tuvieron de que sus atentados no serían ni develados ni acreditados. El clericalismo es responsable, asimismo, de una organización que carece de controles adecuados en el ejercicio de la autoridad y que deja por ello un amplio margen para la conducta desviada que en ocasiones ni siquiera se alcanza a advertir. El fenómeno del "doble ciego" —aquel de que no ve aquello que ve— es característico de una cultura institucional que dota a la autoridad de un poder sin contrapeso ni limitación. La confianza sustituye la información hasta el extremo algunas veces que se vuelve resistente, incluso, a la evidencia y el testimonio que proviene de la experiencia directa.

White & Terry muestran que la posición sacerdotal de autoridad, confianza, aislamiento, discreción, falta de supervisión, movilidad profesional limitada y espíritu de cuerpo es similar a la que se ha visto en los casos de brutalidad policíaca[25]. En estas situaciones se ha llamado la atención sobre la doble combinación de aislamiento y dependencia de la víctima (por ejemplo en una celda de castigo) como situaciones organizacionales que favorecen el abuso. El informe australiano recomienda derechamente que el sacramento de la confesión de menores de edad se haga en lugares abiertos y a la vista de algún otro adulto[26]. El clericalismo está relacionado por otra parte con la falta casi completa de sanciones en el ejercicio del ministerio sacerdotal: se ha mostrado que en muchos lugares prácticamente ningún sacerdote había sido dimitido o suspendido del estado clerical antes de la crisis actual de develamiento de los abusos sexuales. El recurso de la

---

[24]   Traducción del editor. *Royal Commission*, 2017, Vol. 16, Catholic Church: 43.

[25]   White, M.D. & Terry, K.J. "Child sexual abuse in the Catholic church: Revisiting the Rotten Apples Explanation". *Criminal Justice & Behavior*, 2008, 35(5): 658-678.

[26]   *Royal Commission*, 2017. Recomendación 48.

confesión con su secuencia de arrepentimiento, enmienda y perdón (que en este caso debe admitirse que también se aplicó ampliamente sobre los fieles) evitó por largo tiempo el uso de sanciones canónicas sobre las faltas sacerdotales. La tipificación del abuso sexual como patología susceptible de tratamiento también postergó la aplicación de penas disciplinarias. Ambos recursos —el de la confesión y el del tratamiento— se considera que redujeron excesivamente la probabilidad de castigo lo que, eventualmente, alentó al menos la reincidencia delictiva entre sacerdotes que cometieron abusos.

En su conjunto, los informes alemán y australiano —mucho más incisivos en este punto que el reporte norteamericano que hace descansar la explicación en factores situacionales más que organizacionales— alertan sobre la importancia de modificar la cultura clerical, algo que requiere "una examen fundamental del ministerio ordenado del sacerdote y de la comprensión de su papel frente a personas no ordenadas"[27]. Este mismo trabajo alerta sobre el riesgo de remediar el problema de los abusos sexuales con una estrategia de prevención, sanción y satisfacción de víctimas adecuadas, pero dejando intacta la estructura de poder clerical.

Contexto en que se ha producido la crisis de los abusos sexuales

John Jay Report describe una distribución de los casos en el tiempo que se eleva en la década del 60 y alcanza su cumbre en la década del 70, para comenzar a caer en la década siguiente hasta prácticamente desaparecer en años recientes. Si se considera la incidencia, es decir, el año en que se reporta el primer abuso, el máximo se alcanza en 1970, pero si se toma en cuenta la duración, ha sido la década de los 70 la de mayor prevalencia. El informe australiano también concluye que la mayor parte de las denuncias corresponde a esa década. Los datos alemanes de incidencia muestran una evolución diferente con proporciones similares para la década del 50 (16,9%) y del 60 (17,8%) para bajar en los 70 (13,3%) y en los años siguientes[28]. *John*

---

27   Traducción del editor. *MHG Studie*, 2018, Summary.

28   Dressing *et al.*, 2021.

Jay Report invita a tomar su distribución con precaución debido al retraso característico de la denuncia de abuso que subreportan incidentes más recientes, mientras que *MHG Studie* indica expresamente que no existe indicación segura de que el abuso haya disminuido en décadas recientes por la misma razón (sin contar con el efecto de la baja en el número de sacerdotes que de suyo tendería a disminuir la prevalencia del abuso clerical).

La distribución norteamericana dio mucho motivo para atribuir los abusos al clima de liberalización sexual de los años sesentas y siguientes, algo que el mismo Informe indica de esta manera:

> el aumento del comportamiento abusivo es consistente con el aumento de otros tipos de comportamientos "desviados", como el consumo de drogas y el delito, así como cambios en el comportamiento social, como un aumento de la conducta sexual prematrimonial y el divorcio[29].

El alcance de esta liberalización sexual debe limitarse —como se hace en el reporte citado— al sexo prematrimonial y el divorcio, pero en modo alguno a la aprobación de la unión homosexual (que aparecerá mucho más tarde) y menos al contacto sexual con menores de edad que nunca tendrá aprobación social generalizada. Por otro lado, tanto la edad promedio de ordenación, que solía ser entre 25 y 30 años, como la incidencia tardía del abuso sacerdotal varios años después de la ordenación, hace que la mayor parte de los sacerdotes con acusaciones se formaron en seminarios preconciliares. Casi todos los reportes indican, expresamente, que la rigidez, y no la distensión de la formación sacerdotal y la ausencia de formación humana, es un factor relevante en la determinación de los abusos, al menos de aquellos que no tiene una causa pisocopatológica conocida. Por otro lado, la diseminación mundial del abuso sacerdotal en la Iglesia católica que afecta en montos y características similares a países cuyo contexto cultural es muy diferente al europeo-norteamericano ha obligado a desestimar, en alguna medida, el peso de una variable contextual y

---

[29] Traducción del editor. *John Jay Report*, 2011, Executive Summary.

ha volcado la mirada hacia factores propiamente eclesiales que son comunes en todas partes.

Una cuestión diferente es el contexto en que se produce el develamiento masivo de los abusos sexuales dentro de la Iglesia católica. Ese reconocimiento comienza temprano en los 60 cuando se presta seriamente atención a la inconveniencia del castigo físico de niños, costumbre de larga data como método de crianza y educación. El informe Ryan producido en Irlanda documenta con lujo de detalles el maltrato físico sufrido por niños y niñas en colegios, internados y residencias católicas, algo que define como crónico y que encontró durante muchos años un amplio umbral de tolerancia y aceptación social durante buena parte del siglo pasado[30]. En la década de los 70 aparecen las denuncias de abuso sexual propiamente tales dentro de los hogares, principalmente agresiones de familiares sobre niñas, que configuran la preocupación por una de las formas más agudas de la violencia intrafamiliar y que dieron origen a diversos instrumentos de protección jurídica (entre los cuales destacan las convenciones sobre derechos del niño que permiten y obligan al Estado a intervenir frente a tales abusos). La atención sobre el abuso institucional aparece más recientemente al calor de un debilitamiento general de la credibilidad de las instituciones y la desarticulación de jerarquías sociales que permiten reconocer, crecientemente, el abuso de autoridad presente por doquier en diversas organizaciones de la sociedad, entre las cuales las iglesias constituyen un último eslabón[31]. Las relaciones de confianza, autoridad y jerarquía ya habían cambiado ampliamente en los hogares (con una atenuación ostensible del autoritarismo paterno), y en las escuelas y universidades (que incluyeron la erradicación del castigo físico y de la arbitrariedad magisterial en el proceso de sanción y evaluación académica) y luego se extendió hacia el conjunto de las instituciones sociales, incluyendo el Estado que se verá obligado a proporcionar un mejor trato a todos sus ciudadanos. Faltaban las iglesias, quizás el último soporte de un modo de ejercer

---

[30]   *Ryan Report*, 2014.

[31]   Karen Wright. "Remaking collective knowledge: An analysis of the complex and multiple effects of inquiries into historical institutional child abuse". *Child Abuse & Neglect*, 2017, 74:10-22.

la autoridad que ha sido severamente cuestionado en la fase actual del proceso de modernización que, en términos generales, tiende a socavar el fundamento místico o sagrado de toda autoridad. Este desequilibrio entre el modo de ejercer y aceptar la autoridad entre la sociedad y las instituciones religiosas ha escalado el problema de los abusos hacia consideraciones institucionales de mayor profundidad y le ha conferido un especial dramatismo en todas partes del mundo.

Análisis de la respuesta institucional

Todos los trabajos analizan la respuesta que ofreció la Iglesia a las denuncias de abusos y algunos se concentran en este aspecto, especialmente los informes públicos como el *Ryan Report* de Irlanda o el de la Royal Commission de Australia. Una misma conclusión se extrae de todos ellos: hasta cierto punto, las autoridades religiosas no fueron capaces de actuar en favor de los intereses de las víctimas en ningún sentido relevante, sino en el mejor interés de proteger la reputación de los sacerdotes involucrados y a la institución del escándalo subsecuente. El informe australiano concluye "que fueron fallas catastróficas de liderazgo de parte de las autoridades de la Iglesia católica durante muchas décadas, particularmente antes de la década de los 90", y agrega "que la evitación del escándalo público, el mantenimiento de la reputación de la Iglesia católica y la lealtad a los sacerdotes y religiosos determinaron en gran medida las respuestas de las autoridades de la Iglesia católica cuando surgieron denuncias de abuso sexual infantil"[32]. El *Murphy Report* indica que

> las preocupaciones de la Arquidiócesis de Dublín al tratar los casos de abuso infantil, al menos hasta mediados de la década de 1990, fueron el mantenimiento del secreto, la evitación del escándalo, la protección de la reputación de la Iglesia y la preservación de sus activos. Todas las demás consideraciones, incluido el bienestar de los niños y la justicia para las víctimas, estaban subordinadas a estas prioridades[33].

---

[32] Traducción del editor. *Royal Commission*, 2017, Vol. 16, Final Report: 35.

[33] Traducción del editor. *Murphy Report*, 2009.

John Jay Report admite que las denuncias recibidas por las autoridades religiosas fueron respondidas: "Sin embargo, la respuesta típica se centró en los sacerdotes abusadores más que en las víctimas"[34], pero no atribuye esta indiferencia al resguardo de intereses institucionales como hacen los demás informes sino, sobre todo, al desconocimiento que socialmente se tenía del alcance y gravedad del abuso, y por consiguiente "a medida que el conocimiento del daño a las víctimas aumentó en la sociedad en general en la década de 1990, también lo hizo el entendimiento de los líderes diocesanos"[35]. Todos los informes indican que recién en los 90 las autoridades religiosas (principalmente diocesanas) comienzan a darse cuenta del alcance del problema de los abusos y de la necesidad de ofrecer una mejor respuesta en concordancia con la gravedad del asunto y el interés de las víctimas, tal como aparece en los *Five Principle* de los obispos norteamericanos de 1992 que establece la exigencia de investigar rápidamente cualquier denuncia plausible, remitirlas a los tribunales civiles apenas corresponda, y "dirigirse a las víctimas y sus familias y comunicarles un compromiso sincero con su bienestar espiritual y emocional"[36].

Existe controversia acerca de cuánto se conocía realmente sobre abuso clerical de menores de edad antes de los 90, aunque una parte importante de estos delitos se habían cometido ya en este período. El informe norteamericano señala que las denuncias provenientes de víctimas directas ante autoridades competentes comenzaron recién a mediados de los 80 (antes con mucho había padres que se acercaban a denunciar algún abuso en sus hijos en el lugar en que se producían). El trabajo australiano indica que antes de los 90 ninguna víctima había recibido una respuesta formal frente a alguna denuncia de abuso, mientras que *John Jay Report* admite que antes de los 2000 prácticamente ninguna autoridad diocesana norteamericana había tomado contacto con alguna víctima de abuso clerical, lo que muestra la cadencia de la respuesta en aquellas iglesias católicas que mejor han respondido al problema: antes de los 90 no se recibían

---

[34]   *John Jay Report*, 2011, Executive Summary.

[35]   *John Jay Report*, 2011, Summary, 4.

[36]   Traducción del editor. *John Jay Report*, 2011, Executive Summary, 4.

denuncias formales o tales denuncias no eran acreditadas ni respondidas; en la década de los 90 se sopesa mejor el alcance y gravedad del problemas de los abusos y se ofrece una respuesta formal a los casos presentados, mientras que en la década siguiente comienzan los procesos efectivos y sinceros de contacto, asistencia y reparación de víctimas.

Desde luego existieron lo que en teoría organizacional se denominan innovadores, es decir, obispos que adelantaron una respuesta e indicaron un camino a seguir, entre los cuales debe contarse al Arzobispo de Chicago, cardenal Joseph Bernardin quien constituyó una comisión especial para revisar los procedimientos de investigación del abuso sacerdotal en 1991[37]. La Comisión Bernardin apenas pudo acreditar entonces un puñado de casos (39/2252 sacerdotes=1,7% para el período 1960-1990 en la diócesis de Chicago), pero propuso inmediatamente la creación de una comisión independiente para recibir y tramitar denuncias que Bernardin implementó a cabalidad. También algunos pioneros en la investigación criminal merecen ser destacados como el dominico norteamericano Thomas Doyle, un especialista en derecho canónico agregado a la Nunciatura Apostólica de Estados Unidos que bregó ardua y, a veces ásperamente, por el reconocimiento del problema en el episcopado norteamericano desde mediados de los ochenta, después de la aparición del caso Gauthe en Louissiana[38]. La gran contribución de Doyle fue insistir ante las autoridades religiosas en la utilización del derecho canónico para lidiar con los abusos (la mayor parte de cuyas disposiciones penales nadie utilizaba y que podían ser perfectamente útiles para esto) y evitar una gestión no penal de los casos que fue la tónica de los procedimientos utilizados durante un largo período[39].

---

[37] *The Cardinal's Commission on Clerical Sexual Misconduct with Minors. Report to Joseph cardinal Bernardin.* Archdiocese of Chicago, 1992.

[38] Para una reseña del padre Doyle se puede ver *Whistle: Fr. Tom Doyle's Steadfast Witness for Victims Of Clerical Sexual Abuse* de Robert Blair Káiser. CreateSpace Independent Publishing Platform, 2015. Doyle se ganó mucha enemistad de los obispos norteamericanos al testificar en favor de las víctimas en sucesivos litigios judiciales contra la Iglesia católica.

[39] Ver Thomas Doyle. "Canon Law and the Clergy Sex Abuse Crisis: The Failure from Above", en Thomas G. Plante (editor), *Sin Against the Innocents. Sexual Abuse by Priests and the Role of the Catholic Church.* Praeger, 2004.

Los informes concuerdan en que la respuesta inicial estuvo guiada por criterios que se aplicaban para las faltas comunes contra el celibato que cometían eventualmente sacerdotes y religiosos, a saber, mantener el caso dentro de la jurisdicción eclesiástica, sometido a la autoridad discrecional y reservada del obispo o del superior y, generalmente, evaluada como una falta susceptible de enmienda moral y religiosa ("retiros de oración y penitencia") y en los casos más graves de rehabilitación psicológica o psiquiátrica. "Los líderes diocesanos eran más propensos a responder a las acusaciones sexuales dentro de la misma institución"[40] se dice en *John Jay Report*. Rara vez un caso de abuso sacerdotal fue reportado a la policía o a los tribunales de justicia correspondientes durante los primeros años. La renuencia a investigar las denuncias en conformidad con el derecho canónico ha sido mencionada por doquier, de manera que los casos se trataban discrecionalmente como faltas morales, antes que como delitos reconocidos en derecho, sea penal o canónico. También se ha mostrado ampliamente la renuencia de las autoridades religiosas para aplicar sanciones, en particular, "los procedimientos para las respuestas canónicas formales, como la laicización o la destitución del estado clerical, que eran complicados, llevaban mucho tiempo y, a menudo, se evitaban"[41]. El informe australiano encuentra incluso una resistencia "para remover a los presuntos perpetradores de posiciones que involucraban contacto con niños"[42], o bien decisiones como trasladar a los sacerdotes de puesto o enviarlo a tratamiento psicológico y/o retiros de oración y penitencia, todas manifestaciones abiertas de la dificultad de sancionar.

El *MHG Studie* alemán establece que "la mayoría de las sanciones que se impusieron parecían ser menores, y esto podría causar problemas con respecto al riesgo de recaída"[43]. El informe alemán calcula una diferencia estadísticamente significativa de traslados intradiocesanos entre sacerdotes acusados (4,4 veces) y no acusados (3,6) y encuentra evidencia de que las parroquias o diócesis

---

[40]   Traducción del editor. *John Jay Report*, 2011, Executive Summary, 4.

[41]   Traducción del editor. *John Jay Report*, 2011, Executive Summary, 4.

[42]   Traducción del editor. *Royal Commission*, 2017, Vol. 16, Catholic Church: 36.

[43]   Traducción del editor. *MHG Studie*, 2018, Summary.

destino no eran adecuadamente informadas de los antecedentes del sacerdote trasladado. Algunos trabajos como el australiano y los dos reportes irlandeses han sido más incisivos en establecer o advertir las responsabilidades institucionales en ulteriores abusos que pudo haber provocado una gestión manifiestamente inadecuada del problema. Pero incluso estos informes reconocen que la respuesta de la Iglesia comienza a cambiar paulatinamente hacia mediados de los 90 en el marco de una evolución que ha mejorado considerablemente la gestión penal de los casos de abuso clerical. Esta evolución está marcada por el uso eficaz de los procedimientos del derecho canónico para juzgar el delito de abuso sexual, la obligación de notificar a las autoridades civiles de los delitos cometidos, la aplicación de medidas cautelares para sacerdotes con denuncias plausibles y la utilización más frecuente de la dimisión del estado clerical como sanción del abuso sacerdotal de menores de edad. Una política de *One Church* como la que se menciona en el informe Nolan (2001) se ha recomendado para evitar las disparidades que se observan en las respuestas de diferentes diócesis e institutos religiosos frente a las recomendaciones e incluso obligaciones contraídas por la Iglesia católica. Los obispos más recalcitrantes han sido puestos en vereda. La *Dallas Charter* de 2002 del episcopado norteamericano que unifica y torna exigibles los criterios para enfrentar la crisis fue otro paso en la misma dirección.

Los reproches en cuanto a la consideración que se tuvo con las víctimas son comunes también en todas las investigaciones, salvo en *John Jay Report* que ofrece pocas indicaciones a este respecto. Antes de los 90 se indica abiertamente que las víctimas fueron "a menudo desestimadas, ignoradas o castigadas"[44]. El informe inglés señala una "falta de apoyo a las víctimas y supervivientes"[45] que comienza a cambiar, no obstante desde la promulgación de las declaraciones episcopales de reconocimiento y la implementación de protocolos nacionales de prevención, investigación y trato de víctimas, *Nolan Report* de 2001 para la Iglesia católica de Inglaterra y Gales, *Five Principles* de 1992 y sobre todo *Dallas Charter* de

---

[44] Traducción del editor. *Royal Commission*, 2017, Vol. 16, Catholic Church, 36.

[45] Traducción del editor. *The Nolan Report*, 2001.

2002 para la Iglesia norteamericana, y *Toward Healing and the Melbourne Response* de 1996 para Australia. Desde entonces casi todas las iglesias han creado comisiones o puntos de contacto independientes para la atención de víctimas, se ha ofrecido asistencia legal y ayuda terapéutica a las personas afectadas y entregado compensaciones económicas de diversa consideración. La responsabilidad de la Iglesia frente a las víctimas fue reconocida a través de declaraciones formales de perdón que se hicieron comunes en este período, aunque el informe alemán se hace eco de las quejas de los afectados de no "ver signos de verdadero remordimiento y de una auténtica admisión de culpa"[46].

Algunos puntos que han seguido siendo controvertidos entre autoridades y víctimas son el monto de las compensaciones o "beneficios en reconocimiento al sufrimiento impuesto a las víctimas de abuso sexual"[47], —como se dice en el informe alemán— que fluctúa entre las diferentes diócesis y en algunos casos constituyen sumas irrisorias; la información que se brinda a las víctimas acerca de las sanciones que se imponen a los sacerdotes y aquellos que pudieron tener responsabilidad en el encubrimiento de sus delitos, y la incorporación de víctimas y sobrevivientes en las tareas de prevención dentro de la Iglesia. El informe australiano alerta asimismo acerca de autoridades religiosas que "evitaron o se resistieron a reunirse con comunidades afectadas por el abuso sexual infantil y que no pudieron o se negaron a brindar apoyo pastoral a las comunidades que lo necesitaban y lo solicitaban"[48]. La preocupación por brindar una comunicación adecuada y transparente del resultado de las investigaciones frente a víctimas y comunidades afectadas aparece expresamente en el informe alemán, quien advierte además que la delegación de responsabilidades en la justicia penal no exime a la Iglesia de sus deberes en prevención y reparación. También este Informe considera que la Iglesia retiene en todo momento deberes de socorro y ayuda respecto de los sacerdotes acusados.

---

[46]   Traducción del editor. *MHG Studie*, 2018, Summary.

[47]   Traducción del editor. *MHG Studie*, 2018.

[48]   Traducción del editor. *Royal Commission*, 2017, Vol. 16, Catholic Church, 41.

Causas de una insuficiente respuesta institucional

Diversas razones pueden explicar la tardanza e ineptitud de la respuesta institucional de las autoridades religiosas católicas. *John Jay Report* considera que el conocimiento sobre la gravedad de los daños provocados por el abuso sexual infantil recién progresó en los 90 (*"the awareness hypothesis"* o "hipótesis de la conciencia"), algo que explicaría, asimismo, por qué la respuesta se centró tanto en los ofensores y tan poco en las víctimas. Al comienzo hubo desconocimiento de la gravedad de los casos de abuso que no eran manifiestamente pedofílicos (respecto de los casos gravísimos nunca hubo ninguna duda) y tardó en comprenderse que diversas formas de abuso que no alcanzan la intensidad de la pedofilia pueden igualmente causar daño graves e irreparables en las víctimas. Para las autoridades que actuaron de buena fe las conductas incluso pedofílicas de los sacerdotes podían ser objeto de corrección y/o de tratamiento y rehabilitación (sin contar todas aquellas menos graves), por lo que subestimaron gravemente las probabilidades de reincidencia.

Otro foco de ignorancia que pesó al comienzo fue la estimación del alcance del problema entre sacerdotes que también fue subestimado, solo podían ser muy pocos y contarse con el dedo de la mano. El secreto con que se mantuvieron por años los casos jugaron una mala pasada puesto que nadie pudo anticipar correctamente lo que se guardaba bajo él[49]. *John Jay Jay Report* considera que la disposición a resolver los problemas dentro de la propia institución y la falta de transparencia, "no es una respuesta atípica en el comportamiento desviado de los miembros de una institución"[50], cualquiera lo hubiera hecho como lo muestran por doquier escándalos en diversas organizaciones distintas de las iglesias. También *John Jay Report* considera que los medios de comunicación han volcado su atención sobre los obispos más recalcitrantes en reconocer, investigar y sancionar los

---

[49]   También podría contarse como ignorancia la creencia inicial de que el abuso clerical en la Iglesia católica era un fenómeno norteamericano tal como señala Karen Therry en "Child sexual abuse within the Cahtolic Church: a review of global perspectives". *International Journal of Comparative and Applied Criminal Justice*, 2015 Vol. 39, 2, 139-154.

[50]   Traducción del editor. *John Jay Report*, 2011, Executive Summary, 4.

abusos ("laggards" o rezagados) acentuando desmedidamente los fallos en la respuesta institucional de la Iglesia católica.

Examinando el caso de la Arquidiócesis de Dublín, *Murphy Report* considera, por el contrario, que las autoridades religiosas tenían las calificaciones suficientes para pretextar ignorancia al menos respecto de la gravedad del delito cometido: "es difícil para la Comisión aceptar que la ignorancia del derecho canónico o del derecho civil pueda ser una defensa para los funcionarios de la Iglesia"[51]. La gravedad del abuso sexual de menores está claramente establecida en ambos ramas del derecho, también en el derecho canónico que lo ha considerado siempre delicta graviora, aunque *Murphy Report* reconoce que rara vez se habían utilizado las provisiones penales del derecho canónico y la autoridades carecían de todo precedentes en este aspecto. Tampoco *Murphy Report* acepta "la afirmación de que los obispos y altos funcionarios de la Iglesia estaban en 'una curva de aprendizaje' sobre el abuso sexual infantil"[52]. Al revés del informe norteamericano que establece que apenas un 6% de los casos de abuso habían sido reportados antes de los 90, *Murphy Report* indica que por lo menos 78/320=25% de las denuncias examinadas por la Comisión habían sido de conocimiento de los sucesivos Arzobispos de Dublín desde hacía mucho tiempo antes, una cantidad suficiente para pesar oportunamente el alcance y la magnitud del problema.

La hipótesis de clericalismo vuelve a aparecer el contexto de la respuesta de la Iglesia, sobre todo para los informes que tienden a desestimar *the awareness hypothesis* de *John Jay Report*. En el informe alemán se dice: "Una comprensión autoritaria-clerical del ministerio puede llevar a los líderes de la Iglesia a considerar a un sacerdote que ha cometido violencia sexual más como una amenaza para su propio sistema clerical que una amenaza para otros niños o jóvenes, o para otras personas potenciales afectadas"[53]. El informe australiano señala que "el clericalismo alimentó las ideas de que la Iglesia católica era autónoma y autosuficiente y promueve la idea de que el abuso

---

[51]   Traducción del editor. *Murphy Report*, 2009, Summary, 5.

[52]   Traducción del editor. *Murphy Report*, 2009, Summary, X.

[53]   Traducción del editor. *MHG Studie*, 2018, Summary.

infantil por parte del clero y los religiosos es un asunto que debía tratarse interna y secretamente"[54].

Algunos factores organizacionales también pudieron contribuir a entregar respuestas insuficientes y tardías. La autonomía jurisdiccional de las diócesis e institutos religiosos y la dificultad de establecer protocolos nacionales deterioraron la efectividad de la respuesta, sobre todo por la presencia de *"laggards"*, obispos y congregaciones religiosas que no actuaron oportuna y eficazmente. Por contrapartida, una estructura interna demasiado jerárquica con excesos de obediencia y deferencia hacia la autoridad eclesial impidió hacer valer muchos reportes y puntos de vista que provenían desde fuera del gobierno de la Iglesia o directamente no permitió desafiar algunas decisiones manifiestamente equivocadas. La exclusión de laicos y de mujeres en posiciones de liderazgo eclesial ha sido expresamente mencionada como determinante de una respuesta desacertada en el informe australiano. La forma de gobierno eclesial ha sido cuestionada en dos aspectos principales: la concentración del poder administrativo y judicial en la persona de los obispos y superiores que debilitó la capacidad de juzgar con libertad e independencia necesarias ("juez y parte")[55] y la falta por completo de mecanismos de transparencia y rendición de cuentas de la que goza la autoridad religiosa dentro de la Iglesia. "Las trágicas consecuencias de esta falta de responsabilidad se han visto en las fallas de las autoridades de la Iglesia católica para responder adecuadamente a las acusaciones y sucesos de abuso sexual infantil"[56].

Conclusión

Los principales informes mundiales sobre abuso clerical dentro de la Iglesia católica han establecido los parámetros dentro de los cuales comprender adecuadamente el problema. Los abusos mismos tienen

---

[54]   Traducción del editor. *Royal Commission*, 2017, Vol. 16, Catholic Church, 43.

[55]   Véase en este volumen el capítulo de Cristian Villalonga que señala una dificultad poco percibida en esta concentración del poder jurisdiccional en manos del obispo, a saber, el problema del confort moral del que sanciona. Cristián Villalonga. "¿Proceso Judicial o Misericordia Pastoral? Derecho Penal, Teología Moral y el dilema del castigo al ofensor".

[56]   Traducción del editor. *Royal Commission*, 2017, Vol. 16, Catholic Church, 34.

un alcance serio pero limitado en el universo del ministerio sacerdotal católico. No existen indicaciones claras de que hayan estado más diseminados que en otras instituciones religiosas o no, aunque el celibato obligatorio y la concentración de población homosexual han sido motivos distintivos del sacerdocio católico que han dado que hablar. Los informes concuerdan rotundamente en que ambas cosas no predisponen por sí mismas hacia ninguna clase de abuso, pero algunas consecuencias indirectas sobre todo relacionadas con la inmadurez psicosexual con que se conduce el celibato o se elabora la identidad homosexual pueden haber influido. El informe australiano solicita expresamente eliminar la obligación del celibato para ejercer el ministerio sacerdotal, al tiempo que junto con el informe alemán se pronuncian derechamente en contra de las restricciones que se han puesto para la ordenación sacerdotal de personas con orientación homosexual. Los informes concuerdan asimismo en que una combinación de factores individuales, situacionales y organizacionales deben contarse entre las causas del abuso clerical de menores de edad. En la mayor parte de los casos se debe descartar la existencia de psicopatologías sexuales (como la pedofilia, e incluso efebofilia), así como trastornos graves de personalidad, aunque la inmadurez psicosexual, orientaciones narcisistas y rasgos de personalidad antisocial pueden encontrarse entre las predisposiciones individuales hacia el abuso sexual. De especial importancia ha sido el contacto sacerdotal asiduo y frecuente con niños, religiosamente motivado y basado en relaciones de proximidad y confianza generalmente al abrigo de cualquier supervisión o control. El acceso sacerdotal a niños hombres a través del servicio del altar (*the boy altar theory*) y actividades similares explicaría la concentración del abuso en niños del mismo sexo, un sello distintivo del abuso sacerdotal en ambiente católico. El orgullo clerical también pudo jugar un rol en el abuso sexual generalmente precedido y rodeado de un intenso abuso de poder que se ejerce sobre menores de edad (que se extiende a laicos y laicas en general) a quienes se hacen exigencias desmedidas de docilidad, mansedumbre y entrega de la propia voluntad.

Todos los informes mencionan que la principal deficiencia de la respuesta de la Iglesia ante los abusos consistió en ignorar a las víctimas en sus requerimientos por verdad, justicia y reparación. Ha habido enormes obstáculos para acreditar la veracidad de los abusos, investigarlos correctamente en conformidad con las disposiciones penales del derecho canónico o civil, sancionar proporcionalmente los delitos cometidos y ofrecer las reparaciones adecuadas. Por el contrario, la respuesta de la Iglesia ha favorecido en grado diverso a los sacerdotes denunciados, por lo general sustrayendo los casos a una indagación penal seria e imparcial. Entre las causas de una respuesta tan insuficiente se ha mencionado la dificultad de conocer y comprender el alcance y gravedad de los abusos cometidos en una curva de aprendizaje que ha ido aumentando con el tiempo en la Iglesia y en la sociedad, pero también se ha indicado con insistencia el celo con que se defendió indebidamente la santidad del ministerio sacerdotal, fundamento del prestigio y reputación de la autoridad eclesial. Todos los informes reconocen, sin embargo, que la gestión penal de los casos de abuso sacerdotal ha mejorado ostensiblemente y casi ninguno de los principales errores cometidos se mantiene en pie, sin perjuicio de que aun subsistan autoridades recalcitrantes y casos todavía mal conducidos. Algunos puntos de fricción han seguido siendo el monto y la calidad de las reparaciones que se han otorgado a las víctimas, la atención que se ha brindado a las comunidades afectadas, y la profundidad con que se ha intervenido en una cultura y organización pertinazmente clerical. Todos los informes señalan que la incidencia del abuso sacerdotal ha descendido en las últimas décadas y que —a pesar de que las denuncias suelen demorarse— el problema se ha contenido suficientemente (como ha sucedido con el abuso infantil en general), entre otras cosas por las tareas de prevención que la propia Iglesia ha puesto en práctica, y otros factores relacionados como la disminución de sacerdotes y del número de niños afiliados, aunque la alerta social que ha despertado el problema del abuso institucional de menores de edad ha jugado también un rol crucial.

¿Proceso judicial o misericordia pastoral? Derecho Penal, Teología Moral y el dilema del castigo al ofensor

Por Cristián Villalonga

Introducción

"No los podemos dejar solos y entregarlos a los leones. La Iglesia es una madre que no abandona a sus hijos, aun cuando hayan pecado de forma grave. ¿Acaso tú llevarías a tu hijo que ha delinquido ante el tribunal?". Esa fue la primera respuesta que recibí al conversar con un amigo sacerdote cuando le planteé la necesidad de que la Iglesia fuera más proactiva y severa en el castigo de los casos de abuso sexual cometidos por clérigos que eran, en aquel entonces, recientemente conocidos mediante la prensa. En aquella conversación sostenida hace casi una década, él intentaba explicar sus argumentos recurriendo al valor de la misericordia cristiana hacia el ofensor. Al principio pensé que, como converso, posiblemente no alcanzaba a comprender adecuadamente el argumento que él planteaba. Sin embargo, luego de unos días, me pareció que la respuesta no reflejaba únicamente incomodidad para juzgar, sino también cierta confusión entre la misericordia y el proceso judicial. Tratándose de una opinión proveniente de alguien a quien considero hasta el día de hoy una persona de una alta integridad moral, la respuesta me desconcertó. A través del tiempo, he vuelto a pensar en aquella conversación que he relatado más arriba, y en particular sobre por qué la Iglesia no respondió adecuadamente mediante el castigo de estos delitos. En este capítulo, intento responder esta

interrogante desde la historia del derecho y el estudio institucional del proceso judicial.

Siguiendo una orientación weberiana sobre el rol del ethos en la acción social, así como la literatura desarrollada sobre el impacto de las ideas religiosas en la historia de las prácticas judiciales, el presente capítulo explora el posible origen de las dinámicas institucionales tras una falta de respuesta eclesiástica a los casos de abuso sexual[1]. Este trabajo propone que el acto de juzgar resulta problemático para la cultura cristiana. Aquella incomodidad, asociada a una errada comprensión de la justicia y la misericordia como caminos disyuntivos —que se ha difundido entre muchos miembros de la Iglesia católica—, plantea un complejo dilema para quienes deben resolver primeramente estos casos. Esta disyuntiva sería una especie de punto ciego que es difícil de percibir a simple vista, pero que habría afectado a los obispos y superiores de las congregaciones religiosas, quienes son simultáneamente jueces y pastores que deben disciplinar estos casos en un primer momento. En síntesis, este capítulo analiza cómo cierta manera de entender algunos asuntos de teología moral, sumada a los incentivos propios de una compleja posición institucional de los obispos, conduciría a que estos últimos tiendan a resolver aquel dilema evitando el castigo penal de estos delitos, privilegiando una respuesta construida desde la misericordia pastoral hacia el ofensor. Conviene indicar que la relevancia de las relaciones entre misericordia y justicia ya ha sido destacada como un asunto problemático en la administración de justicia canónica, aunque no se ha indagado ampliamente sobre las dinámicas a través de las que ésta puede haber influido en la falta de castigos a los casos de abuso sexual en la Iglesia católica[2].

---

[1]   Para una ilustración sobre el concepto de ethos, entendido por Weber como una particular dotación de valor y significado a la acción social dentro de un grupo humano, ver: Weber, Max; *La ética protestante y el espíritu del capitalismo. Fondo de Cultura Económica*, Buenos Aires, 2011. Sobre la influencia del cristianismo en el desarrollo del proceso judicial en Occidente, ver una síntesis en: Schmoeckel, Mathias; "Procedure, proof, and evidence". In: Witte, John Jr.; Alexander, Frank; *Christianity and Law. An Introduction.* Cambridge University Press, New York, 2008. pp. 143-162.

[2]   Schüller, Thomas; "Justice and Mercy: An Enigmatic Yet Crucial Relationship for the Application of Canon Law." In: *Ecclesiastical Law Journal*, 20. 1, 2018, pp. 51-58.

Este trabajo no posee un propósito metodológicamente empírico o normativo, sino interpretativo. Desde esta perspectiva, difiere de otras dos tesis que han intentado explicar la falta de respuesta institucional a los casos de abuso sexual en contextos eclesiásticos (aun cuando este análisis no está destinado a descartar tales hipótesis competitivas). Por una parte, el capítulo propone una alternativa a la tesis de la manzana podrida, que intenta explicar los casos de abuso sexual y la ausencia de castigo a la actuación de pequeños grupos de religiosos dentro de la Iglesia, los que concertadamente habrían cometido y/o encubierto estos delitos[3]. En principio, parece altamente improbable que estos grupos sean la principal causa de falta de castigo en un número relevante de países a lo largo de Occidente durante al menos más de siete décadas. Por otra, esta interpretación también plantea una alternativa a los trabajos que enfatizan los aspectos macro-contextuales como el clericalismo, la jerarquía eclesiástica o la centralidad de oficios masculinos[4]. Entiendo que no existe una evidencia suficiente para afirmar que, por si mismos, estos últimos factores que han estado presentes en la historia eclesiástica durante siglos contribuyan directamente a la falta de respuesta institucional. No niego que algunos elementos de estas tesis alternativas —como el clericalismo— pudieran tener cierto grado de incidencia en la situación descrita, pues aparentemente nos encontramos ante un fenómeno multi-causal. Sin embargo, el presente trabajo prefiere desarrollar una tesis más ajustada a aspectos institucionales que guardan directa relación con la decisión de castigar o no estos delitos.

En primer lugar, el capítulo explica los indicios que permiten sugerir la relevancia del dilema del castigo al ofensor. En segundo lugar, el capítulo presenta algunas notas sobre esta disyuntiva a través de la historia del derecho, explicando cómo la Iglesia abordó el problema del confort moral para el juzgamiento criminal hasta mediados

---

[3]   White, Michael D.; Terry, Karen J.; "Child Sexual Abuse in the Catholic Church: Revisiting the Rotten Apples Explanation." *Criminal Justice and Behavior*, 2008. Vol. 35(5). pp. 658-678.

[4]   Keenan, Marie; *Child Sexual Abuse and the Catholic Church: Gender, Power, and Organizational Culture*. Oxford University Press, New York, 2011. Ballano, Vivencio O.; *Sociological Perspectives on Clerical Sexual Abuse in the Catholic Hierarchy. An Exploratory Structural Analysis of Social Disorganisation*. Springer, New York, 2019.

del siglo XIX. En tercer lugar, el trabajo analiza detalladamente distintos factores que, dentro de la Iglesia católica, han producido gradualmente una respuesta que excluye el castigo penal (e.g., la discrecionalidad en el proceso canónico, el tratamiento de los pecados sexuales por los manuales de teología moral, y las nuevas corrientes de teología moral que han ido generando un ethos anti-punitivo). Finalmente, el capítulo plantea como estos últimos factores podrían generar deficiente respuesta institucional, la que se vería reforzada por el desarrollo de la psicología moderna y el curso de los procesos judiciales a nivel secular.

Más allá de los códigos

Tanto el Derecho Penal secular como el Derecho Penal Canónico cuentan con normas que sancionan con rigor los delitos de connotación sexual. En Occidente, prácticamente la totalidad de las legislaciones penales ha tipificado de manera pormenorizada aquellas conductas, estableciendo altas sanciones que abarcan penas privativas de libertad[5]. Por su parte, el Derecho Canónico tradicionalmente ha legislado tratando con particular dureza los delitos de naturaleza sexual cometidos por clérigos. Así, por ejemplo, el anterior Código de Derecho Canónico (1917) condenó con severas penas estos crímenes y las instrucciones *Crimen sollicitacionis* de 1922 y 1962 modificaron algunas reglas procesales generales, intentando asegurar que los obispos persiguieran la solicitación de favores sexuales en confesión, el abuso de menores y la práctica de la homosexualidad (*crimen pessimum*)[6]. Actualmente, el Libro VI del Código de Derecho Canónico vigente (1983) dispone, entre otros castigos, la dimisión del estado clerical, una de las más altas penas junto a la de excomunión. Inclusive, es posible afirmar que la actual normativa canónica ofrece una serie de ventajas, como un período de prescripción extintiva de la responsabilidad más prolongada que muchas legislaciones,

---

5   Terry, Karen J.; "What is a Sex Crime?". En: Sanders, Teela; *The Oxford Handbook of Sex Offences and Sex Offenders*. Oxford University Press, New York, 2017. pp. 3-20.

6   Juan Pablo II: Carta Apostólica *Sacramentorum sanctitatis tutela*. 30 de abril de 2001. *Acta Apostolicae Sedis* 93 (2001): 737-739.

y la tipificación de conductas que no son tratadas habitualmente en el ámbito secular, como el abuso de conciencia y el abuso de poder[7]. Todas estas disposiciones legales se encuentran acompañadas de una compleja infraestructura que posibilita la persecución y el pronto castigo de estos hechos[8].

Pese a la severidad de las normas penales en esta materia, los informes sobre casos de abuso sexual en contextos eclesiásticos muestran una escandalosa reticencia a utilizar los mecanismos de sanción establecidos a nivel de la legislación canónica y secular al menos durante toda la segunda mitad del siglo XX. Los reportes sobre estos casos en Estados Unidos, Holanda, Alemania, Australia, Irlanda y Chile indican que en aquellos países, durante varias décadas, se evitó usar respuestas punitivas, prefiriéndose una aproximación al ofensor a través de soluciones de tipo psiquiátrico o de rehabilitación, las que fueron complementadas con cambios de lugar en el que el abusador ejercía su ministerio[9]. Conviene preguntarse entonces, por qué aquellas normas penales no operaron de manera adecuada respecto de graves delitos que han tenido consecuencias devastadoras para miles de víctimas y comunidades.

La pregunta sobre por qué las normas penales de tipo canónico o secular no funcionaron adecuadamente adolece, sin embargo, de cierta equivocidad. Aunque pudiera parecer un fenómeno evidente, debemos recordar que las normas no se ejecutan por sí mismas, sino

---

[7]   Código de Derecho Canónico (1983). Biblioteca de Autores Cristianos, Madrid, 2010. cc. 1311-1399. En especial c. 1395.

[8]   *Íbid*. Libro VII. cc. 1400-1445 y 1717-1731.

[9]   United States Conference of Catholic Bishops; *The Nature and Scope of Sexual Abuse of Minors by Catholic Priests and Deacons in the United States 1950-2002. A Research Study Conducted by the John Jay College of Criminal Justice*. Washington D.C., 2004. W. Deetman *et al.*: *Sexual abuse of minors in the Roman Catholic Church. Extended Version*. Commission of Inquiry into Sexual Abuse of Minors in the Roman Catholic Church, Amsterdam, 2011. Harald Dressing *et al.* "Child Sexual Abuse by Catholic Priests, Deacons, and Male Members of Religious Orders in the Authority of the German Bishops' Conference 1946-2014." *Sexual Abuse*, 2019. pp. 1-21. Royal Commission into Institutional Responses to Child Sexual Abuses (Australia): *Final Report. Religious Institutions*. Volume 16, Book 2. 2017. Commission to Inquire into Child Abuse, Ireland: *Ryan Report*. 5 vols. Stationary Office, Dublin, 2009. Comisión UC para el análisis de la crisis de la Iglesia católica en Chile. *Comprendiendo la Crisis de la Iglesia en Chile*. Pontificia Universidad Católica de Chile, Santiago, 2020.

que son aplicadas por personas sujetas a sesgos, incentivos institucionales y patrones culturales de distinto origen[10]. Para referirse a este fenómeno, los realistas jurídicos norteamericanos distinguen entre *law in books* (el derecho tal cual está escrito en los libros jurídicos) y *law in action* (la forma en que las instituciones aplican el derecho en la práctica)[11]. Desde esta última perspectiva, para comprender la deficiente respuesta institucional a los abusos sexuales en contextos eclesiásticos no solo cabe observar cómo estas conductas se encuentran descritas en los tipos penales, sino principalmente analizar las motivaciones de quienes están llamados a decidir si castigar o no tales delitos en un primer momento.

La indagación sobre los motivos por los que las autoridades eclesiásticas no recurrieron a los mecanismos de sanción penal resulta particularmente compleja, pues no es posible realizar una inferencia casual rigurosa de la mera lectura de estos antecedentes contenidos en los citados informes. En efecto, todos aquellos reportes sobre casos agregados son más bien descriptivos, y refieren un fenómeno multicausal[12]. Asimismo, poseen una limitada capacidad de conocer los procesos de toma de decisión por parte de los obispos y de los superiores de las congregaciones, quienes debieron decidir las primeras medidas conducentes a la sanción penal. Las comisiones investigadoras en general no accedieron a sus testimonios, o estos últimos fueron conocidos solo a través de declaraciones judiciales o de prensa en el marco de la búsqueda de responsabilidades eclesiásticas una vez que estos hechos han sido conocidos por la opinión pública. Por tanto, las afirmaciones en esta materia resultan ser de carácter interpretativo.

Pese a las limitaciones señaladas, los estudios también entregan antecedentes específicos que permiten comprender algunas de las posibles causas de la deficiente respuesta institucional. En particular,

---

[10] Para una síntesis sobre la interacción entre derecho y la conducta humana, ver: Friedman, Lawrence; *Impact. How Law affects Behavior*. Harvard University Press, Cambridge. MA., 2016.

[11] Pound, Roscoe; "Law in Books, Law in Action". *American Law Review*. Vol. 44, 1910. pp. 12-36.

[12] Böhm, Bettina; *et al.*; "Child Sexual Abuse in the Context of the Roman Catholic Church: A Review of Literature from 1981-2013". *Journal of Child Sexual Abuse*, 23. 6, 2014. pp. 635-656.

este capítulo fija su atención en dos factores respecto de los que ellos nos entregan noticia cierta: a) la compleja posición de los obispos quienes deben aplicar las sanciones en un primer término, y b) las particulares formas de comprensión de la misericordia que han estado presente en los informes al momento de explicar la respuesta eclesial. Implícitamente, ambos factores han sido aludidos de forma genérica por la reciente Constitución Apostólica *Pascite Gregem Dei* (2021), la que explica las deficiencias jurídicas en la persecución de los delitos eclesiásticos al promulgar la reforma al Libro IV del Código de Derecho Canónico referido al proceso penal[13]. En una misma dirección, el presente trabajo propone que estos factores guardan estrecha relación con la ausencia del proceso punitivo.

a) La posición institucional de los obispos y su sesgo pastoral.

Para comprender la respuesta frente a estos delitos, es necesario abordar la posición de quienes se encuentran enfrentados a decidir sobre su sanción. Es decir, los obispos y superiores de congregaciones religiosas, quienes por Derecho Canónico están llamados a tomar las primeras medidas para ordenar se instruyan investigaciones, se dicten medidas de resguardo para proteger a las víctimas y, en términos generales, determinar el inicio de los procesos sancionatorios[14]. Una de las primeras características que es posible observar respecto de ellos es que poseen una posición institucional dual, pues son jueces que deben tomar las primeras sanciones sobre estos casos y, al mismo tiempo, pastores. Ellos concentran más de un oficio, como sucede en muchas organizaciones con orígenes pre-modernos[15]. No obstante, aquellas funciones no son equivalentes. Los obispos y superiores han sido formados, fundamentalmente, como pastores que deben guiar

---

[13] S.S. Francisco: Constitución Apostólica *Pascite Gregem Dei*. Ciudad del Vaticano: Libreria Editrice Vaticana. 23 de mayo de 2021.

[14] *Código de Derecho Canónico* (1983). cc. 1419-1420.

[15] *Ibid.* cc. 369, 375 y 376. Para los orígenes de esta dualidad, ver: Belda Iniesta, Javier: "El obispo entre pastor y juez en el ius antiquum". En: Aranda Serna, Francisco José; *et al.*, (eds). *Justice, Mercy and Law. From revenge to forgiveness in the History of Law.* Universidad Católica San Antonio de Murcia, Murcia, 2018. pp. 27-52.

al pueblo de Dios y, salvo casos excepcionalísimos, no cumplen el rol de árbitro para la resolución de conflictos privados entre sus feligreses como sucedía entre las primeras comunidades cristianas. En caso de tener cierta familiaridad con el derecho, sus conocimientos y experiencias guardan más relación con el complejo funcionamiento del gobierno y la administración de la Iglesia que con las lógicas de un proceso judicial. En un mundo secularizado, su rol jurisdiccional destinado a instruir investigaciones y a aplicar sanciones parece un apéndice opacado frente al rol pastoral[16].

A esta dualidad de funciones, matizada con una preeminencia del rol pastoral, se agregan una serie de variables institucionales que conducen a que juzgar posea una carga moral significativa. Aunque estas puedan tener profundas raíces teológicas e históricas, sus consecuencias para la sanción de estos delitos fueron desafortunadas, particularmente bajo la vigencia del Código de Derecho Canónico de 1917. En primer lugar, su posición institucional entregaba pocas posibilidades para que, en un primer momento, los obispos pudieran compartir la responsabilidad de juzgar. Por una parte, las diócesis y congregaciones son organizaciones altamente jerárquicas hacia su interior, lo que conduce a que difícilmente puedan distribuir adecuadamente el proceso de toma de decisiones antes o durante la primera instancia de un procedimiento sancionatorio. Cualquier delegación de facultades que pudieran realizar para conducir gestiones judiciales específicas recae en el vicario judicial, quien habitualmente se encuentra jerárquicamente subordinado y que para todos los efectos constituye un mismo tribunal con el obispo[17]. Al mismo tiempo, las

---

[16]   Para una ilustración sobre el énfasis pastoral de la función de los obispos, ver Pablo VI: *Christus dominus*. Sobre el ministerio pastoral de los obispos, 1965. *Acta Apostolae Sedis 58* (1966), 673-96. Por cierto, es importante destacar que aquel rol dual de los obispos posee profundas raíces teológicas que se proyectan en el derecho canónico, las que están vinculadas a que tanto las potestades de orden y jurisdicción poseen un mismo origen sacramental. Esta dualidad de algún modo se separa de la distinción existente en los orígenes del derecho canónico, que al menos metodológicamente distinguía entre el oficio de *iudex* y *clerus*. Lombardía, Pedro; "La sistemática del Codex y su posible adaptación". *Revista Española de Derecho Canónico*, 16, 1961. pp. 222-226.

17   Ver, por ejemplo, sobre la figura del vicario judicial, *Código de Derecho Canónico de 1917.* Miguélez Domínguez, Lorenzo (Editor). Biblioteca de Autores Cristianos, Madrid, 1954. c. 1573 y siguientes.

diócesis y congregaciones poseen un alto grado de descentralización a nivel nacional o sub-nacional. Ello ha permitido la vitalidad de las diócesis y las distintas órdenes religiosas, pero con el costo de que su vínculo con la Santa Sede ha sido tradicionalmente lejano como para que esta pudiere realizar un control disciplinario eficaz de manera directa[18].

En segundo lugar, la posibilidad de compartir la información relativa a estos delitos es extremadamente limitada, aun cuando se trate de situaciones conocidas al margen del sacramento de la confesión. Para efectos de resguardar a las víctimas y los acusados, estos hechos suelen estar sujetos al secreto eclesiástico ordinario (según sea su gravedad), y hasta muy recientemente, se les ha considerado parte del secreto pontificio[19]. Es posible que estas limitaciones influyeran en que los obispos no accedieran inicialmente al consejo formal de especialistas en distintas disciplinas para el proceso de toma de decisión. En suma, han estado bastante solos frente a Dios y su conciencia ante la disyuntiva de iniciar los procesos de investigación y castigar estos delitos.

Las dificultades institucionales de los obispos no han pasado desapercibidas para la Santa Sede. A modo de ejemplo, cabe señalar que la Instrucciones *Crimen sollicitacionis* de 1922 y 1962 explícitamente ajustaron algunas reglas procesales para que los obispos, al conocer sobre los delitos sexuales cometidos por clérigos en confesión, la homosexualidad de eclesiásticos o el abuso de menores, actuaran como delegados de la Sagrada Congregación para la Doctrina de la Fe y no en el ejercicio de su propio oficio judicial. Por ello estos poseían el deber de informar a la Congregación sobre cada una de las denuncias que recibieren en este ámbito, entre otras obligaciones. No obstante, la circulación de dichas instrucciones no fue amplia. Su texto jamás fue publicado en el *Acta Apostolicae Sedis* en la que la Iglesia difunde habitualmente sus documentos legislativos, y solo

---

[18]   Finke, Roger; Wittberg, Patricia; "Organizational Revival from Within: Explaining Revivalism and Reform in the Roman Catholic Church". *Journal for the Scientific Study of Religion* 39, 2. 2000. pp. 154-170.

[19]   Beal, John P.: "The 1962 Instruction Crimen sollicitacionis: Caught Red-Handed or Handed a Red-Herring?" *Studia canonica*. 41 (2007): 199-236. Ver también: *Instrucción Secreta continere,* del 4 de febrero de 1974. *Acta Apostolicae Sedis* 66 (1974), 89-92.

se entregaron copias físicas a los obispos que lo requirieren, distribuyéndose posteriormente algunos ejemplares durante el Concilio Vaticano II. Aunque la última versión de esta instrucción permaneció vigente hasta 2001, la Congregación recibió pocas denuncias por esta vía, pues este documento fue mantenido como un asunto reservado. En la práctica, la mayoría de sus ejemplares permanecieron en los archivos de la Congregación y los obispos tendieron a actuar conociendo estas denuncias bajo las reglas generales del Código de Derecho Canónico[20].

b) *Visiones idiosincráticas sobre la misericordia.*

Los informes asimismo entregan antecedentes sobre la presencia de distintas visiones idiosincráticas sobre la misericordia pastoral, las que, si bien no constituyen la doctrina magisterial, podrían haber afectado el compromiso eclesial con la búsqueda de justicia hacia las víctimas. Estas no solo se referirían a una pre-comprensión teológica, ya sea esta errada o no, sino que, en algunas de sus manifestaciones, constituiría un *ethos* que ha guiado el actuar de ciertas diócesis y congregaciones en esta materia. Es importante destacar que en esta referencia a la misericordia pastoral, no se trata de abusos conocidos directamente a través de la confesión, que por razones teológicas no son de libre disposición del sacerdote confesor quien actúa *in persona Christi* [21]. Más bien, se refieren mayormente de delitos de abuso sexual que han sido conocidos por las autoridades eclesiásticas mediante denuncias u otras informaciones previas que, solo posteriormente, son abordadas a través de la vía penitencial[22].

En primer lugar, es posible identificar una aproximación pastoral del obispo hacia el clérigo o sacerdote ofensor, la que está constituida por un vínculo protector sobre este último. Este comprende la posibilidad de que el clérigo acusado pueda acceder, con

---

[20]   Beal, John P.: "The 1962 Instruction Crimen sollicitacionis." *Op. cit.* p. 227. Juan Pablo II: Carta Apostólica *Sacramentorum sanctitatis tutela*, 737-738.

[21]   *Catecismo de la Iglesia católica* § 1442.

[22]   Para una estadística sobre las fuentes de conocimiento de los casos de abuso por parte de las autoridades eclesiásticas. Ver, por ejemplo. United States Conference of Catholic Bishops; *The Nature and Scope of Sexual Abuse … 1950-2002. Op. cit.* pp. 91-93.

posterioridad al conocimiento del hecho, a la confesión y a la penitencia. El informe sobre el caso australiano, por ejemplo, afirma que estos vínculos permitieron el desarrollo de profundas lealtades de los obispos hacia los sacerdotes acusados, facilitando que las denuncias de abuso fueran tratadas al interior de la jerarquía eclesiástica únicamente como un asunto de rehabilitación moral del ofensor[23].

En segundo lugar, también existen antecedentes de que muchos abusadores apelaron a la misericordia de Dios como un recurso para tratar de evadir responsabilidades frente a las autoridades eclesiásticas y civiles. Por ejemplo, el segundo informe emitido por John Jay College en relación con los casos de abuso en los Estados Unidos (2010), muestra que algunos abusadores señalaron como justificación que ellos solo eran responsables ante Dios mediante el sacramento de la reconciliación, y que la penitencia era una sanción que expurgaba cualquier responsabilidad de tipo punitiva, ya sea canónica o secular. Esta justificación, usualmente complementada con referencias a la naturaleza caída como seres humanos, es alternada con otro tipo de argumentaciones directamente dirigida al rol de los pastores que deben disciplinarlos, como el abandono por parte de la jerarquía o la falta de preparación durante el periodo de formación en los seminarios[24]. Resulta imposible determinar, con los antecedentes disponibles, cuán receptivos fueron los obispos frente a tales argumentos.

En último término, el informe sobre el caso chileno describe una cultura del abuso y el encubrimiento, caracterizada por una incapacidad para dimensionar la gravedad de estos delitos y la casi absoluta falta de atención a las víctimas. Esta cultura no solo se habría manifestado a través de la negligencia respecto de ellas o inclusive por intentos deliberados para dificultar el proceso punitivo a nivel eclesiástico y secular. Asimismo, estaría influenciada por una visión del perdón que determinaría la gestión de las denuncias de abuso únicamente a través del sacramento de la confesión y la respectiva

---

[23]   Royal Commission into Institutional Responses to Child Sexual Abuses (Australia): *Final Report. Op. cit.* pp. 232-233.

[24]   Terry, Karen J. *et al.*; *The Causes and Context of Sexual Abuse of Minors by Catholic Priests in the United States, 1950-2010.* A Report Presented to the United States Conference of Catholic Bishops by the John Jay College Research Team. United States Conference of Catholic Bishops, Washington D.C., 2011. pp. 107-113.

penitencia, que darían lugar a tratamientos de rehabilitación y el traslado de los clérigos[25].

Debido a las limitaciones metodológicas de los informes, es difícil determinar con precisión cuál es el peso de la posición institucional de los obispos y de las visiones idiosincráticas sobre la misericordia entre las distintas causas de una deficiente respuesta a los casos de abuso sexual. No obstante, a partir de la persistencia de estos elementos en los informes referidos a distintos países, es razonable afirmar que ellos probablemente han tenido un papel significativo. Para efectos de este capítulo, esos elementos permiten plantear que los obispos han tenido una posición al interior de la estructura eclesiástica que resulta particularmente incómoda para juzgar, y que enfrentados ante el dilema de castigar o no al ofensor, han tendido a privilegiar una aproximación desde la misericordia pastoral que evita el proceso punitivo. Esta tesis no es una propuesta meramente circunstancial, sino que posee su origen en la manera en que la cultura cristiana ha enfrentado el acto de juzgar, particularmente cuando se trata de delitos cometidos al interior de la misma comunidad eclesiástica.

Teología moral y proceso judicial en la Historia del Derecho

Para una institución cuyo principal fin es la redención del hombre para la salvación de su alma, es difícil observar que determinadas formas de comprender la misericordia y la primacía del rol pastoral puedan, en algunos casos, comprometer la justicia hacia las víctimas de delitos. Más allá de las disquisiciones teológicas sobre su correcta interpretación, estos son aspectos tan arraigados dentro de la espiritualidad cristiana que constituyen una especie de punto ciego; una causa improbable de someter a escrutinio en un primer análisis de estos hechos. Lo cierto es, sin embargo, que las consideraciones teológicas han tenido un rol protagónico en la organización del proceso judicial a través de la historia de Occidente[26]. En gran parte, dicha influencia se ha materializado precisamente a partir de los dos

---

25   Comisión UC para el análisis de la crisis de la Iglesia católica en Chile. *Op. cit.* pp. 39-40.

26   Mathias Schmoeckel. *Op. cit.*

grandes tópicos que cimientan el dilema del castigo al ofensor: la carga moral que significa el acto de juzgar y la tensión entre justicia y misericordia. Una breve mirada histórica a su respecto puede ayudar a ilustrar la relevancia de esta disyuntiva en la respuesta eclesiástica a los casos de abuso sexual.

La cultura cristiana ha presentado, de manera significativa, cierto grado de aversión al juicio. Distintos pasajes y expresiones del Evangelio como "no juzguéis y no seréis juzgados" o "el que esté libre de pecado que tire la primera piedra", resuenan en la cultura cristiana, recordando que quien administra justicia arriesga la salvación del alma[27]. Al final de cuentas, dichos pasajes plantean implícitamente que únicamente Dios es supremo y verdadero juez, y que, al asumir una función jurisdiccional, los seres humanos nos adentramos en un terreno que excede las meras capacidades individuales. No en vano, la figura paradigmática del juez bíblico —el rey Salomón—, habría adquirido la sabiduría para discernir adecuadamente por donación de Dios[28]. Para quienes ejercen labores de juzgar por mera autoridad humana, por el contrario, siempre estará presente el peligro de cometer error causando grave injusticia a otro, comprometiendo la propia salvación.

Frente a la aversión al juicio, el Nuevo Testamento plantea como contrapartida una permanente invitación a la misericordia hacia el ofensor[29]. Dicha acogida hacia aquel que ha pecado no guarda relación con una renuncia a la autoridad de la ley, sino como una manifestación del amor al prójimo y un compromiso con la búsqueda de la salvación de su alma. Tal invitación está expresada a través de distintas maneras. En ocasiones, esta se muestra como una alternativa al juicio por haber infringido la ley, como cuando Cristo perdona a la mujer adúltera a la que ha librado de la lapidación[30]. En otras, se revela en un llamado a la concordia y el perdón mutuo destinado

---

[27]   *Lucas* 6:37, *Juan* 8:7.

[28]   *1 Reyes* 3:9.

[29]   Aunque ya podemos hallar una interpelación similar en la tradición judaica, la que consideraba a la misericordia y la compasión como un deber moral relevante. Welker, Michael; "The Power of Mercy in Biblical Law". In: *Journal of Law and Religion*. 29, Nº 2 (2014). p. 230.

[30]   *Juan* 8:1-11,

a evitar el conflicto entre hermanos, el que es asociado al mismo perdón de Dios ("perdona nuestras ofensas así como también perdonamos a quienes nos ofenden")[31]. Y aún en otras, la misericordia también se manifiesta a través del padre que acoge al hijo pródigo, o a través de la actitud activa del buen pastor quien deja el rebaño en búsqueda de la oveja perdida[32].

Los anteriores pasajes reflejan que la decisión de juzgar posee una enorme carga moral en la cultura cristiana. Aunque, por cierto, aquella carga en ningún caso es privativa de ella. Tal como describe el historiador James Q. Whitman, en general las sociedades pre-modernas buscaron maneras de mitigar la responsabilidad del juez, ya sea debido a los riesgos de venganza en comunidades con una autoridad débil, ya sea en razón de la posibilidad de una sanción de tipo espiritual. Por ello, la historia del derecho entrega distintos ejemplos de mecanismos destinados a mitigar aquella responsabilidad: transformar el juicio en una actividad colectiva, forzar a otros a asumir todo o parte de la decisión, introducir el azar, o derechamente denegar la agencia del juez a nivel discursivo. Aparentemente, en una comunidad en que existen vínculos estrechos entres sus miembros, y en la que el tribunal no posee una distancia institucional como en nuestros días, el juez necesita una especie de confort moral que le permita enfrentar las incertidumbres y peligros que significa el acto de dirimir disputas y ordenar el castigo[33].

Pese a que la necesidad de mecanismos que mitiguen la responsabilidad de juzgar resulta ser un fenómeno relativamente universal en las sociedades pre-modernas, esta carga moral fue amplificada por la cultura cristiana. En un inicio, ella vio el juicio punitivo en el ámbito terrenal como una actividad contaminada, y solo desde San Agustín de Hipona se empezó a aceptar gradualmente que la jurisdicción secular en materia penal era un oficio lícito en la medida que se cumpliera como agente de Dios y con un apego estricto a la justicia. Pero aun desde aquellos nuevos parámetros, la cultura

---

[31]   *Mateo* 6:12.

[32]   *Lucas* 15:11-32, *Lucas* 15:1-7.

[33]   Whitman, James Q.; *The Origins of Reasonable Doubt. Theological Roots of the Criminal Trial.* Yale University Press, New Heaven, 2008. pp. 9-25.

cristiano-medieval desarrolló un importante grado de ansiedad ante
el posible de castigo al inocente, especialmente en los casos en que
existía incertidumbre sobre su culpabilidad provocada por la falta
de evidencias[34]. Ello explica, por ejemplo, la gran difusión de las
ordalías, consistentes en el uso de pruebas de tipo natural a comienzos del medioevo —como la curación de quemaduras producto de
agua hirviendo— las que en un contexto de sincretismo religioso
cristiano-germánico sirvieron como medio de confort moral que evitaban que el juez cargara por si solo con la responsabilidad del juicio.
De acuerdo a la tesis de Withman, esta ansiedad se acentuó cuando la
Iglesia prohibió la participación de los sacerdotes en las ordalías hacia
el siglo XII, propiciando el desarrollo de nuevos tipos de confort
moral en este ámbito. Así, mientras Inglaterra estableció el juicio por
jurado como una forma de delegar la decisión en el pueblo, Europa
continental instituyó un procedimiento judicial inquisitorial altamente formalizado, el que aceptaba excepcionalmente la confesión
mediante tortura[35].

Pero las implicancias teológicas sobre el castigo al ofensor no
se agotaron en el desarrollo de mecanismos de confort moral para el
juez. En la medida que el papado consolidó su poder político entre
los siglos XI y XII, la Iglesia misma se convirtió en una institución
semi-burocrática con atribuciones en el ámbito de administración
de justicia. Por ello, los canonistas de fines del medioevo se vieron
enfrentados ante la necesidad de conciliar justicia y misericordia
para efectos de poder abordar las nuevas funciones eclesiásticas[36].
Este asunto se convirtió en un tópico central en la elaboración del
Derecho Canónico como una disciplina independiente de la teología, siendo una de las primeras preocupaciones de los juristas
que le dieron forma. En los textos del inicio de este período, escri-
tos por autores como Ivo de Chartres o Alger de Lieja, la tensión
entre justicia y misericordia fue resuelta a favor de esta última, pues

---

[34]   *Íbid.* pp. 27-50.

[35]   *Íbid.* pp. 51-90. Langbein, John H.; "Torture and Plea Bargaining". *University of Chicago Law Review.* Vol. 46.1. (1978) pp. 4-7.

[36]   Berman, Harold J.; *Law and Revolution: The Formation of the Western Legal Tradition.* Harvard University Press, Cambridge MA., 1983. pp. 113-118. Para una ilustración sobre la conciliación de justicia y misericordia en San Anselmo de Canterbury, ver pp. 179-181.

estimaron que el llamado de Dios a ser benevolentes debía prevalecer. Sin embargo, ya con la elaboración del Decreto de Graciano en el 1140, nos encontramos frente a un tratamiento que articula de una manera sincrónica ambas virtudes. En este, la justicia se observa como regla general y la posibilidad de misericordia que atempera el rigor de la ley —no de la justicia—, como una medida excepcional[37].

La conciliación entre justicia y misericordia fue posible por una serie de compromisos intelectuales que marcaron el inicio de un nuevo periodo en la historia eclesiástica, en el que la misión pastoral y la labor jurisdiccional se encontraban articuladas. Para efectos de que justicia y misericordia fueran virtudes convergentes, se aceptó la posibilidad de que el juez observara con mayor detención la situación particular de quien es juzgado. Ivo de Chartres, y luego Graciano, establecieron la dispensa como un criterio interpretativo de la ley general, que permitía excusar del cumplimiento de ciertas obligaciones cuando este podía conducir a situaciones injustas en el caso concreto[38]. A nivel filosófico, esta tuvo su correlato en la reafirmación posterior de la epiqueya por Santo Tomás de Aquino[39]. No obstante, en ningún caso aquel reconocimiento de la dispensa implicaba socavar las bases mismas del orden jurídico, pues esta siempre debía estar orientada hacia un mejor cumplimiento de la justicia[40]. Por ello, en la glosa al Decreto de Graciano, elaborada por Juan Teutónico, se puede advertir que «la misericordia injusta no es misericordia»[41]. Asimismo, la dispensa no significaba una especie de morigeración del castigo por razones humanitarias. Ante la pregunta sobre la responsabilidad del juez para condenar a muerte, transgrediendo aparentemente una de las primeras máximas del derecho natural (no hacer daño a otro),

---

[37]   Mayali, Laurent; *Justice and Mercy in Medieval Canon Law*. Manuscrito inédito. 2018.

[38]   Kuttner, Sthepan; *Harmony from dissonance. An interpretation of Medieval Canon Law*. Archabbey Press, Latrobe, PA., 1960. pp. 55-63.

[39]   Santo Tomás de Aquino; *Suma Teológica*. Biblioteca de Autores Cristianos, Madrid, 2005. Tomo III. Parte II-IIae - Cuestión 120.

[40]   Baura, Eduardo; *La dispensa canonica dalla legge*. Giuffrè, Milán, 1997. pp. 7-33.

[41]   Teutonicus, Johannes; *Glossa Ordinaria*, D. 45 c. 14. Citado por Mayali. *Op. cit.* p. 7.

la glosa del Decreto de Graciano explicaría: «Es el derecho el que ha condenado, no el juez»[42].

En una línea similar, se instituyeron una serie de ajustes institucionales que permitieron que el delicado balance entre justicia y misericordia pudiera subsistir. Por una parte, la práctica judicial reconoció un espacio limitado, que era complementado con una misericordia que podía expresarse en un plano distinto al del derecho, a través de la confesión sacramental que reconciliaba al pecador con Dios y lo reintegraba a la comunión con los demás fieles. Pero al mismo tiempo, este complemento no solo era autorizado en aquellos asuntos que excedían el ámbito jurídico, sino también respecto de pecados que debían ser castigados a nivel judicial[43]. No es casual que varios de los grandes canonistas de este periodo, como Ivo de Chartres, Graciano y San Raymundo de Peñafort, hubieren prestado particular atención a la práctica penitencial redactando trabajos relevantes sobre la materia[44]. Por otra parte, los sacerdotes confesores recibieron una preparación intelectual a partir de textos de teología moral que estaban integrados tanto con la teología dogmática como con el derecho canónico, los que proporcionaron un marco conceptual para comprender los sutiles vínculos y distinciones entre delito y pecado[45].

Tanto la necesidad de confort moral como aquella forma de conciliar justicia y misericordia se encuentran presente en la forma en

---

[42] Gratian; *The Treatise on Laws (Decretum DD. 1-20) with the Ordinary Gloss* (Traducción de Agustine Thomson y James Gordley). The Catholic University of America Press, Washington D.C., 1993. p. 32.

[43] Atria A. Larson. "Punishment and Reconciliation in This World and the Next: The Relationship between the Penitential Discipline of the Church and Reconciliation with God in the Twelfth Century." In: Hahn, Judith; Werner, Gunda (eds.), *Mercy and Justice. A Challenge for Contemporary Theology*. Brill, Leiden, 2020. pp. 105-106. Rolker, Christof; "Ivo of Chartres' Pastoral Canon Law." *Bulletin of Medieval Canon Law*. 25. 2006, pp. 114-145.

[44] Ivo de Chartres; *Ways of Mercy: The Prologue of Ivo of Chartres Edition and Analysis* (Bruce C. Brasington. Ed.). Lit Verlag, Munster, 2004. Atria A. Larson: *Gratian's Tratctatus de Penitentiae (Decretum C.33 q.3)*. The Catholic University of America Press, Washington D.C., 2016. San Raymundo de Peñafort; *Summae poenitentia et matrimonium*. Gregg Press, Farnborough, 1967.

[45] Leonard E. Boyle: "Summa confessorum." En: *Les Genres littéraires dans les sources théologiques et philosophiques médiévales: Définition, critique et exploitation*. Publications de l'Institut d'Études Médiévales, Louvain, 1982. pp. 227-237.

que la Iglesia abordó la represión de los delitos sexuales, particularmente los cometidos hacia su interior. Quizás el caso más conocido a este respecto es la práctica judicial del Tribunal de la Inquisición. Desde mediados del siglo XII, el papado gradualmente estableció distintas formas de este tribunal a lo largo de Francia, Aragón, Roma, España, Portugal e Hispanoamérica. Este no solo conoció de las materias relacionadas con la pureza dogmática y la persecución de la herejía, sino también asumió el castigó de ciertos delitos de naturaleza sexual en algunos territorios[46]. En el Reino de Aragón, por ejemplo, la Inquisición podía perseguir la bigamia y la práctica de la homosexualidad de los feligreses, generalmente siendo más benevolente que los tribunales ordinarios que también tenían jurisdicción sobre los mismos delitos[47]. En todos los territorios en que fue establecida, siempre tenía competencia para conocer los delitos sexuales en que estaban implicados los miembros de las órdenes religiosas y el clero, como la solicitación de favores sexuales en confesión y el matrimonio en contravención a los votos de castidad.

En sus distintas versiones —la Inquisición medieval, la monárquica en Aragón, Portugal y España, y la romana post-tridentina que operó en algunos estados italianos— el tribunal del Santo Oficio asumió directamente el conocimiento de estos delitos cuando eran cometidos por clérigos, resguardando la disciplina eclesiástica en materias de moralidad sexual. Ello no solo permitió al papado o las monarquías ampliar su poder a partir de una organización que les respondía directamente, sino que, asimismo, intentó resolver algunos serios problemas de confort moral en el juicio. Así, la Inquisición sustrajo este ámbito del castigo penal de la jurisdicción de obispos y superiores de las congregaciones religiosas, y la situó en un organismo independiente relativamente desvinculado de las comunidades

---

[46]   Para una visión general del Tribunal del Santo Oficio, ver por ejemplo: Prosperi, Adriano; *Tribunali della coscienza. Inquisitori, confessori, missionari. Einaudi, Turín*, 1996. Stanley Turberville, Arthur; *La Inquisición española*. Fondo de Cultura Económica, México, 1948. Marcocci, Giuseppe; Paiva, José Pedro; *História da Inquisicão Portuguesa (1536-1821)*. Esfera dos Livros, Lisboa, 2013.

[47]   Bennasar, Bartolomé; "El modelo sexual: la Inquisición de Aragón y la represión de los pecados abominables". En: Bennasar, Bartolomé; Alfaya, Javier (eds.), *Inquisición española. Poder político y control social*. Editorial Crítica, Barcelona, 1981. pp. 295-320.

eclesiásticas a nivel local. Aunque utilizando una serie de prácticas procesales que resultan hoy reprobables, como la tortura que también era común en los tribunales seculares, la Inquisición buscó lidiar con la incertidumbre probatoria. Del mismo modo, organizó un eficaz grupo de especialistas que le asesoraba en los asuntos más complejos a nivel moral y jurídico. Por último, a través de los frailes dominicos y franciscanos que predominaron entre sus filas, la Inquisición dedicó importantes esfuerzos a lograr persuadir al acusado para que reconociera sus errores o culpas en el proceso, y de que practicara, posteriormente, la confesión sacramental[48]. Tal oportunidad de acceder a la misericordia resultaba compatible con la aplicación del castigo judicial, aunque si era recibida por el arrepentimiento del acusado, implicaba habitualmente una morigeración de las penas.

La profundización del dilema del castigo al interior de la Iglesia moderna (una coyuntura crítica hacia mediados del siglo XX)

Diversos desarrollos del derecho canónico y la teología moral en la primera mitad del siglo XX acentuaron la disyuntiva ofrecida por el dilema del castigo al ofensor, la que había sido resuelta con relativa coherencia entre el siglo XII y mediados del siglo XIX. Tres fenómenos resultan particularmente relevantes en relación con el juzgamiento de los delitos sexuales en contextos eclesiásticos, a los que se ha hecho referencia: a) la consolidación del monopolio de la figura del juez-pastor con amplias facultades discrecionales, b) la forma en que los manuales de teología moral destinados a la formación de clérigos orientaron la comprensión de los pecados vinculados con la sexualidad, y c) las corrientes de teología moral que a mediados del siglo XX debilitaron una comprensión objetiva de la ley natural propiciando una aproximación anti-punitiva. Es razonable sostener que estos fenómenos conjuntamente constituyeron lo que en la metodología de algunas ciencias sociales se denomina coyuntura crítica[49].

---

[48] Prosperi, Adriano; *Tribunali della coscienza. Op. cit.* Chiffoleau, Jacques; "Avouer l'inavouable. L'aveu et la procédure inquisitoire". En: Dulong, Renaud (ed.); *L'aveu, histoire, sociologie, philosophie.* Presses Universitaires de France, París, 2001. pp. 57-97.

[49] Pierson, Paul; *Politics in Time. History, Institutions, and Social Analysis.* Princeton University Press, Princeton, 2004. p. 135.

Es decir, su interacción transformó el ethos institucional anterior en esta materia, produciendo un resultado que ellos no podrían haber causado de forma independiente: alterar la forma en que durante siglos la Iglesia había abordado el problema del juicio, iniciando una trayectoria institucional que profundizó el dilema del castigo al ofensor e inclinó la balanza hacia un tratamiento pastoral de los delitos sexuales.

a) ¿Quién juzga o perdona? Hacia el protagonismo del juez-pastor

En un contexto caracterizado por profundas tensiones con el mundo moderno, la Iglesia reformó la administración de justicia eclesiástica, consolidando un nuevo modelo procesal mediante el Código de Derecho Canónico de 1917. El surgimiento de aquella nueva estructura judicial fue caracterizado por la centralidad del obispo y superior de congregación como juez a cargo del proceso sancionatorio en primera instancia. Junto con entregar un papel monopólico a la figura del juez-pastor en este ámbito, este diseño institucional estuvo altamente condicionado por las circunstancias que rodearon su surgimiento. Por una parte, el rechazo hacia la modernidad se tradujo en una Iglesia que trató de fortalecer su autonomía respecto de la una autoridad civil. Pero a la vez, buena parte de la nueva regulación canónica fue estructurada imitando defectuosamente las categorías y métodos jurídicos propios de la codificación moderna.

Sin duda, la jurisdicción de los obispos es una realidad de larga data en la Iglesia, que podría remontarse inclusive a la tradición apostólica[50]. Aunque los tribunales de la Inquisición sustrajeron de su competencia la disciplina sexual de los clérigos durante largo tiempo en algunos territorios, la tradicional centralidad de los obispos parecía ser una respuesta lógica en la organización judicial. Lo que resulta particularmente distintivo de esta nueva estructura, es que como producto de las contradicciones propias de su origen, ésta poseerá una serie de particularidades que resultaron contraproducentes para la

---

[50]   Boudinhon, Auguste. "Ordinary." En: *The Catholic Encyclopedia*. Vol. 11. Robert Appleton Company, New York, 1911. p. 284.

persecución penal de los delitos sexuales cometidos por sus clérigos. En términos concretos, este nuevo modelo observará con desconfianza la posible cooperación con la justicia secular, y entregará un grado importante de discrecionalidad a los obispos y superiores, dificultándoles la posibilidad de lidiar adecuadamente con los problemas propios de la carga moral en el juicio a la que he hecho referencia anteriormente.

En primer lugar, la Iglesia y los estados modernos entraron en un profundo conflicto sobre el proceso de secularización, la que en este ámbito se centró en las crecientes limitaciones a la jurisdicción eclesiástica. Hacia la primera parte del siglo XIX, tanto la Ilustración católica como las nuevas corrientes políticas liberales observaron con ácida crítica las prácticas de la Inquisición, las que condujeron a la abolición de dicho órgano. Este solo sobrevirará como parte de un lejano tribunal de apelación dentro de la curia romana, desapareciendo como una estructura judicial que extendía su presencia en las naciones del sur de Europa e Hispanoamérica[51]. Asimismo, los nuevos regímenes políticos del período eliminaron los distintos tipos de fuero e inmunidades judiciales de los clérigos, las que permitían que estos fueren juzgados por los tribunales eclesiásticos. Hacia mediados del siglo XIX, dichos privilegios habían sido abolidos legislativa o judicialmente en Inglaterra, Francia, Estados Unidos y, prácticamente, toda Latinoamérica, permaneciendo solo como una situación excepcional en lugares como España e Irlanda[52].

En respuesta a la eliminación del fuero eclesiástico por parte de los estados modernos, la Iglesia realizó una férrea defensa de la jurisdicción canónica. El Papa Pio IX condenó como anatema la propuesta de abolición de la inmunidad judicial de los clérigos, y los diversos pontífices del período realizaron declaraciones similares en las décadas posteriores[53]. En esta misma dirección, el Código de

---

[51] Bethencourt, Francisco; *The Inquisition: A Global History 1478-1834*. Cambridge University Press, New York, 2009. pp. 416-439.

[52] Downs, John Emmanuel; *The Concept of Clerical Immunity*. The Catholic University of America Press, Washington D.C., 1941.

[53] Por ejemplo, el Papa Pio IX condenó en su *Syllabus* la afirmación de que el fuero eclesiástico para las causas temporales de los clérigos, tanto civiles como criminales, debe ser enteramente abolido (Proposición XXXI). Más tarde, el mismo Pio IX estableció la pena de excomunión

Derecho Canónico de 1917 incorporó distintas disposiciones destinadas a asegurar directa o indirectamente que los sacerdotes solo fueran juzgados por los tribunales eclesiásticos de acuerdo a la legislación canónica. Por ejemplo, el fuero judicial de los religiosos fue declarado un derecho irrenunciable, aun cuando estos pudieran comparecer voluntariamente en un tribunal ordinario para efectos de evitar un mayor perjuicio[54]. Asimismo, se establecieron varias sanciones para quienes demandaran o intentaran obligar la comparecencia de los presbíteros ante la jurisdicción secular[55]. De este modo, prácticamente toda posibilidad de cooperación con la justicia civil quedó cerrada, aun cuando esta última contara con mejores capacidades institucionales para la realización de la investigación penal y el ejercicio de la fuerza pública.

En segundo lugar, la consolidación de la figura del obispo o superior como juez-pastor se materializó a través de un diseño institucional que privilegiaba sus facultades discrecionales, lo que, por consiguiente, significó poner sobre sus hombros la carga moral de juzgar. Aun cuando otros oficios podían eventualmente intervenir de manera puntual en la investigación y la tramitación del proceso penal canónico, tales como el vicario judicial y el promotor de justicia, en ningún caso ellos contaron con la autonomía suficiente como para servir de contrapeso a la figura del obispo. Por el contrario, el Código de 1917 dispuso que dichos oficios fueran ejercidos de manera delegada por sacerdotes dentro de la diócesis. Estos no solamente carecían de inamovilidad, sino que se encontraban insertos dentro de una estructura altamente jerárquica en su designación y otros aspectos del ejercicio de su oficio y su vida religiosa[56]. Mientras tanto, la

---

para quienes intentaran desconocer en la práctica el fuero eclesiástico (Constitución Apostólica *Apostolicae Sedis*, 1869), y Pio X extendió dicha pena para quienes buscaran obligar a un clérigo a comparecer ante los tribunales seculares (*Quantavis diligentia*, 1911). Motilla, A. "Privilegio del fuero". En: Otaduy, Javier; Viana, Antonio y Sedano, Joaquín; *Diccionario General del Derecho Canónico*. Vol. VI. Ediciones Universidad de Navarra, Pamplona, 2012. pp. 479-480.

54   *Código de Derecho Canónico de 1917*. cc. 120, 123 y 1553.

55   *Íbid.* c. 2341.

56   Eichmann, Eduard; *Manual de Derecho Eclesiástico. Tomo II*. Bosch, Barcelona, 1931. pp. 325-326.

posibilidad del recurso de apelación ante el obispo metropolitano por el código, siempre se encontraba mediada por la intervención del obispo ordinario. En cualquier caso, el código no admitía la apelación en contra de las sentencias interlocutorias del obispo que, como se verá más abajo, muchas veces podrían detener el proceso indefinidamente sin llegar a una sentencia definitiva[57].

Cabe destacar asimismo que la Congregación para la Doctrina de la Fe, ubicada en la Santa Sede y reformada en 1908, solo representó un medio de revisión muy limitado sobre su labor jurisdiccional[58]. Como hemos visto más arriba, las instrucciones *Crimen sollicitacionis* de 1922 y 1962 buscaron convertir a los obispos en delegados de la Congregación para efecto del conocimiento de estos delitos, originando la obligación de reportar las denuncias y reduciendo significativamente su discrecionalidad. No obstante, en la práctica, estos documentos tuvieron escasa difusión, y los obispos continuaron mayormente conociendo de estos casos bajo la lógica del procedimiento general establecido por el Código de Derecho Canónico[59].

Al estudiar el procedimiento judicial establecido en el Código de 1917, es posible constatar el significativo grado de control que los obispos detentaban respecto de los casos de abuso sexual que pudieren conocer. Antes del inicio formal del proceso judicial, ellos recibían preferentemente las denuncias[60], podían interrogar al acusado[61], decidían si realizar o no una investigación y si esta debía ser secreta[62]. Igualmente, en el caso de existir indicios del delito —pero no antecedentes suficientes para iniciar la acusación—, podían archivar la causa manteniendo bajo supervisión al ofensor[63]. Con un grado de discreción similar, los obispos siempre estaban facultados para utilizar

---

[57]   *Íbid.* pp. 331. 403.

[58]   *Íbid.* pp. 332-334.

[59]   Beal, John P.: "The 1962 Instruction Crimen sollicitacionis." *Op. cit.* p. 227. Juan Pablo II: Carta Apostólica *Sacramentorum sanctitatis tutela*, 737-738.

[60]   *Código de Derecho Canónico de 1917.* c. 1936.

[61]   *Íbid.* c. 1939. En tal caso, en teoría, no participaban directamente del juicio.

[62]   *Íbid.* cc. 1941-1942.

[63]   *Íbid.* cc. 1946. Ver igualmente situación análoga en c. 2222.

soluciones alternativas o complementarias al proceso penal. Entre ellas se encontraba la posibilidad de recurrir a reprimendas[64], realizar reconvenciones para que el infractor dejara el pecado[65], y suspender al clérigo de su ministerio *ex informata conscientia* (sin proceso judicial y justificado solo ante su conciencia) para evitar gran escándalo y adversas leyes civiles[66]. En todas estas decisiones, el obispo debía actuar evitando el uso de penas extremas y apresuradas, mediante una actitud paternal que implicaba considerar a los sacerdotes bajo su cuidado como hijos y hermanos, a quienes debía guiar para que desistieran del vicio y se encaminaran hacia la virtud[67].

Aquella discrecionalidad se prolongaba una vez que el obispo decidía iniciar el juicio[68]. En el caso de las medidas de resguardo, por ejemplo, él podía ordenar la separación momentánea del presbítero o clérigo de su comunidad y su supevigilancia mientras se realizaba el procedimiento[69]. También podía removerlo o invitarlo a renunciar para evitar el escándalo, pidiendo la opinión del examinador diocesano o consultor parroquial[70]. Pero quizás, la aplicación de la ley penal canónica es la más ilustrativa de las facultades discrecionales a nivel judicial.

Para condenar, el obispo no solo debía alcanzar una certeza de la culpabilidad observando las pruebas rendidas en juicio y apreciadas de acuerdo con la sana crítica. Además, estaba facultado para morigerar prudencialmente el rigor de las sanciones cuando las penas no eran obligatorias[71]. Pero, inclusive, respecto de los delitos en que la pena era preceptiva (mandatada por la ley), la aplicación de la sanción quedaba entregada a la prudencia del obispo en determinadas

---

64   *Íbid.* cc. 1947-1952.

65   *Íbid.* cc. 658-660, 2214. 2193.

66   *Íbid.* cc. 2186, 2187, 2188. Por cierto, esta norma contiene excepciones en este ámbito, como el delito de abducción de menores. c. 2354.2.

67   Ver por ejemplo. *Íbid.* cc. 2193, 2214.

68   *Íbid.* c. 1954.

69   *Íbid.* cc. 1957-1958.

70   *Íbid.* cc. 2147, 2148, 2151. 2154. 2158.

71   *Íbid.* c. 2223, 1 y 2.

circunstancias. De este modo, de acuerdo al canon 2223 § 3, él estaba facultado para

> 1) diferir la aplicación de la pena para evitar mayores daños, 2) no infligir la pena si el reo se ha enmendado perfectamente y reparado el escándalo, o ha sido suficientemente castigado, o se prevé que lo será por las penas sancionadas por la autoridad civil, y 3) disminuir la pena determinada, o substituirla por algún remedio penal, o imponerle alguna penitencia, si se ha enmendado ya el reo, o ha sido castigado por la autoridad civil […] [72].

Solo la insistencia de un tercero interesado en el proceso, o las exigencias del bien común, podría conducir a cambiar este criterio[73].

La facultad del obispo para dejar de aplicar las penas ordenadas por la ley significó un giro radical en la articulación entre justicia y misericordia vigente desde el Decreto de Graciano, a la que se ha hecho referencia anteriormente. En principio, el canon 2223 § 3 pareciera tratar de prolongar el criterio de dispensa propio de la tradición medieval. Sin embargo, como muchos otros pasajes del Código de 1917, este refleja más bien una filiación con la cultura jurídica moderna, buscando uniformar la aplicación de las reglas con técnicas formalistas y profundizando la diferenciación entre el razonamiento jurídico y el razonamiento moral[74]. Mientras la tradición canónica medieval entendía la dispensa como un criterio interpretativo de la ley de carácter excepcionalísimo que permitía no aplicar su rigor en

---

[72] *Íbid.* c. 2223 § 3. *Si vero lex utatur verbis praeceptivis, ordinarie poena infligenda est; sed conscientiae et prudentiae iudicis vel Superioris committitur: 1° Poenae applicationem ad tempus magis opportunum differre, si ex praepropera rei punitione maiora mala eventura praevideantur; 2° A poena infligenda abstinere, si reus perfecte fuerit emendatus, et scandalum reparaverit, aut sufficienter punitus sit vel puniendus praevideatur poenis auctoritate civili sanctis; 3° Poenam determinatam temperare vel loco ipsius aliquod remedium poenale adhibere aut aliquam poenitentiam iniungere, si detur circumstantia imputabilitatem notabiliter minuens, vel habeatur quidem rei emendatio aut inflicta a civili auctoritate castigatio, sed iudex vel Superior opportunam praeterea ducat mitiorem aliquam punitionem.* Ver también la facultad del obispo para remitir la pena. c. 2236.

[73] *Íbid.* c. 2223 § 4.

[74] Dalla Torre, Giuseppe; *"Il Códice di Diritto Canónico."* En: Gianni La Bella, (ed.), *Pio X e il suo tempo.* Il Mulino, Bologna, 2003. p. 321.

beneficio de la justicia, el canon 2223 enfatiza una potestad privativa del juez eclesiástico (usualmente el obispo). Ello no solo implica el uso de una técnica jurídica diferente, sino una manera distinta de conceptualizar la potestad de eximir el cumplimento de la ley, con importantes proyecciones prácticas. En la definición concreta del referido canon, destinada a su aplicación, no existió un largo trabajo de juristas que explicara pormenorizadamente los criterios para justificar cierta elasticidad en la búsqueda de la justicia, como sucedió con el trabajo que los canonistas medievales realizaron al abordar la dispensa como una posibilidad de naturaleza excepcional, los que se mantuvieron hasta fines del siglo XIX[75]. Por el contrario, la literatura del Derecho Canónico posterior a 1917 se limitó, en general, a describir exegéticamente las facultades discrecionales del obispo en esta materia, sin referir a su complejidad[76].

Considerando el monopolio de la jurisdicción de los obispos, así como sus facultades discrecionales, podemos concluir que la figura del juez pastor se consolidó como eje del sistema de administración de justicia eclesiástica establecido de 1917. No obstante su centralidad, está figura careció de importantes medios de confort moral para juzgar. Los obispos no podrían delegar parcialmente el proceso de toma de decisiones en oficios que detentaran un grado importante de autonomía, a fin de permitirle distribuir la responsabilidad. Mientras tanto, las normas que ordenaban su actuación como representantes de la Congregación para la Doctrina de la Fe en el conocimiento de

---

[75]   Al respecto, cabe indicar que hasta fines del siglo XIX, la literatura mantuvo los estándares similares a los medievales, los que fueron consolidados en el Título 2, Libro 1 de las *Decretales de Gregorio IX (circa 1234). Estos eran mucho más problemáticos, excepcionales y casuistas para la dispensa, partiendo, entre otras cosas, porque reconocían la existencia de distintas teorías sobre la legitimidad de la facultad del obispo para dispensar del cumplimiento de leyes de la iglesia universal.* Ver, por ejemplo, Donoso, Justo; *Instituciones de Derecho Canónico.* Herder, Friburgo, 1909. pp. 83-84. 170-172.

[76]   A modo de ilustración, ver algunos de los manuales más difundidos en lengua inglesa, en especial en relación con el alcance del canon 2223. Woywod, Stanislaus; *The New Canon Law. A Commentary and Summary to the New Code of Canon Law.* Joseph F. Wagner, New York, 1918. pp. 15-16. 351-352. Ramstein, Matthew; *A Manual of Canon Law.* Terminal Printing & Pub. Co., Hoboken, N.J., 1948. p. 679. Smith, Callistus; *A Practical Commentary on the Code of Canon Law.* J. F. Wagner, New York, 1948. p. 463. Ello también ocurre con el estudio del derecho canónico más allá del espectro anglosajón. Ver, Eichmann, Eduard; *Manual de Derecho Eclesiástico. Op. cit.* p. 485.

estos delitos, poseyeron una escasa aplicación práctica. Ni siquiera el recurso de apelación ante dicho organismo sirvió como un medio de revisión eficaz, debido a la distancia geográfica. Asimismo, la discrecionalidad en distintos momentos del conocimiento del delito impidió que el obispo pudiera recurrir, discursivamente, a la denegación de la agencia en el acto de juzgar. Por el contrario, el uso de la dispensa perdió los contornos jurídicos dibujados por los canonistas medievales que durante siglos la situaron como una respuesta excepcional, siendo rediseñada como una atribución esencialmente discrecional. Debido a la conceptualización potestativa en la aplicación o no aplicación de ley, él no podrá recurrir al viejo argumento del derecho canónico medieval que indicaba que el juez no es quien condena, sino el derecho. En otras palabras, todos aquellos factores dificultaron que los obispos pudieran lidiar adecuadamente con la carga moral en el juicio, la que resulta determinante dentro de la cultura cristiana.

b) ¿Qué se juzga o perdona? La conceptualización del pecado de connotación sexual en la teología moral

El diseño institucional de la jurisdicción eclesiástica no fue el único factor que favoreció el tratamiento de los abusos sexuales a través de la vía penitencial. También contribuyó a ello una serie de deficiencias en la descripción de las conductas delictivas en la legislación canónica. El código de 1917 estructuró su exposición del derecho penal asociando determinados delitos a las sanciones con que debían ser castigados. De este modo, evitó describir pormenorizadamente las conductas que constituían los tipos penales. Como resultado de esta omisión y de una idea de delito como una subcategoría dentro de pecado, los textos de derecho canónico terminaron remitiendo la descripción de estas conductas a la literatura propia de la teología moral[77]. En la práctica, dicha remisión reforzó la lógica penitencial en la respuesta a los casos de abuso, introduciendo una serie de problemas propios de la teología moral en las decisiones judiciales. En efecto, la manera de presentar los pecados contra el sexto y noveno

---

[77] Por ejemplo, ver: Ramstein, Matthew; *A Manual of Canon Law. Op. cit.* p. 705.

mandamiento, contenida en los manuales de teología moral de comienzos del siglo XX, posiblemente produjo algunas distorsiones respecto a la comprensión de ciertos delitos sexuales, las que pudieron haber tenido consecuencias para su juzgamiento.

Desde la publicación de la encíclica *Aeterna Patris* de León XIII (1879) hasta mediados del siglo XX, la mayor parte de los manuales de teología moral destinados a los seminarios de formación sacerdotal y a ayudar al ejercicio de los presbíteros buscaron presentar las bases que prepararan para el ministerio y la entrega de los sacramentos, particularmente el de la confesión. Estos descartaron mayormente la especulación propia de la filosofía moral y la teología dogmática que podemos encontrar de una manera más articulada en autores previos dentro de este género, como San Alfonso María de Ligorio y Peter Dens[78]. Así, esta nueva literatura difundió una interpretación relativamente rudimentaria de la ética aristotélico-tomista utilizando conceptos como la causalidad y orden natural, los que sirvieron de base para un sistema de teología moral aplicable deductivamente a partir de premisas generales[79].

En dichos textos, todos los pecados que contravinieran al sexto y noveno mandamientos son caracterizados como actos propios de un apetito desordenado que, al haber cedido indebidamente al placer concupiscible, son considerados impuros. A fin de mantener una exposición sistemática, ellos tienden a presentar los pecados relacionados a la lujuria casi exclusivamente como atentados al orden natural o contra la procreación y el adecuado cuidado de la prole como fundamento del orden social, distinguiéndolos respecto de aquellos pecados que contravienen, principalmente, la justicia a nivel individual y la caridad[80]. En este sentido, los manuales se asemejan a la legislación penal del período, la que durante el siglo XIX ubicaba a los delitos sexuales como conductas contra el orden de la familia y la moralidad pública. Tal clasificación permitía a los manuales

---

[78]   De Ligorio, Alfonso María; *Theologia Moralis. Sumptibus Remondinianis, Roma, 1767*. Dens, Peter; *Theologia moralis et dogmatica* [1790]. 8 Vols. Richardi Coyne, Dublín, 1832.

[79]   Gallagher, John A. *Time Past, Time Present. An Historical Study of Catholic Moral Theology*. Paulist Press, Mahwah, N.J., 1993. pp. 37-41.

[80]   *Íbid.* pp. 116-119.

agrupar conductas que, pese a estar vinculadas por la connotación sexual, poseen distintas características respecto a su voluntariedad, formas de materialización y, eventuales, consecuencias dañosas. Estas involucraban desde formas de vestir y leer libros hasta el rapto y la violación, las que no podrían ser asociadas desde un paradigma alternativo, como el de la libertad individual o el mero daño a terceros.

Por cierto, esta caracterización se refiere a una determinada manera de presentar conceptualmente estos pecados, no de una ausencia total de consideración de la víctima o de cierta referencia marginal a la justicia. Así, los textos más relevantes del período como los de Thomas Slater y Antony Koch en lengua inglesa, o Juan B. Ferreres en español, dedican extensos pasajes al daño que los pecados de connotación sexual infringen a la sociedad, agregando ocasionalmente referencias el relajamiento de la conciencia moral del ofensor o el atentado al carácter sagrado de su cuerpo como templo de Dios[81]. También reconocen que cuando son ejecutados por religiosos, estos pecados son doblemente graves, pues infringen los votos de castidad[82]. No obstante, estos textos no se refieren a la justicia dentro de un marco más general para comprender los pecados de connotación sexual cuando tienen consecuencias en relación con terceros, salvo respecto de algunas reglas particulares sobre la restitución penitencial a la víctima[83]. Pero inclusive sobre estas últimas, los manuales siguen la lógica del orden social, como cuando se alude a las responsabilidades por la prole que pudiere haber sido engendrada o el daño al honor de la víctima en relación con su posición social en el caso de

---

[81]   Slater, Thomas; *A Manual of Moral Theology for English-speaking Countries*. Benziger Brothers, London, 1908. Vol. 2. pp. 324-339. Koch, Antony; *A Handbook on Moral Theology*. Vol. 2. Herder Book Co., St. Louis, Mo. B., 1921. pp. 74-77. Ferreres, Juan B. *Compendio de Teología Moral*. Eugenio Subirana, Barcelona, 1923. Vol. 1. pp. 370-372.

[82]   Slater, Thomas; *Vol. 2. Op. cit.* p. 654. Koch. *Op. cit.* Vol. 5 (1924). p. 439.

[83]   En este sentido, las obras de este periodo difieren la literatura producida hasta mediados del siglo XIX, que también enmarca la restitución penitencial de estos pecados dentro de un problema de justicia. Ver, por ejemplo. Debreyne, P.J.C. *Mœchialogía. Tratado de los pecados contra el sesto y noveno mandamientos del decálogo, y de todas las cuestiones matrimoniales.* Imprenta de Pons, Barcelona, 1854. p. 67. Conviene indicar que aquella ausencia de la justicia dentro de la construcción conceptual del pecado de connotación sexual en esta literatura empezará a cambiar parcial y gradualmente en algunos manuales de mediados del siglo XX. Ver, por ejemplo. Royo Marín, Antonio; *Teología Moral para Seglares*. Biblioteca de Autores Cristianos, Madrid, 1961. pp. 437-457.

violación o estupro[84]. De una lectura cuidadosa del tratamiento de aquellos pecados, no se observa una consideración relevante al daño intrínseco que ha sido causado a la víctima a nivel de la aflicción moral, física o psíquica.

Aquella comprensión reduccionista de los pecados sexuales requiere de ciertas aclaraciones. En ningún caso sugiero que estos manuales nieguen la gravedad de tales conductas, pues los consideran objetivamente un atentado al orden natural o social como un todo, a diferencia de los pecados contra la justicia, cuya gravedad depende del daño provocado a la víctima individualmente considerada. Es por ello que la mayor parte de los pecados contra el sexto y el noveno mandamiento son catalogados como mortales[85]. Asimismo, conviene indicar que aquella no es la doctrina oficial del magisterio eclesiástico, ni tampoco una interpretación adecuada de la obra de Santo Tomás de Aquino, quien explícitamente trata de manera unitaria la acción moral, analizando también los pecados de lujuria en relación con atentados a otras virtudes, como la justicia y la caridad[86].

Dentro de este género literario relativamente vulgarizado, también se observan otras importantes omisiones producidas por su excesivo propósito de síntesis didáctica. De un modo u otro, ellas guardan relación con sobre-enfatizar aquellos elementos que aglutinan estos pecados (su transgresión al orden natural o social) y con explicar muy marginalmente o ignorar otros aspectos distintivos. Por ejemplo, al tratar la violación, el estupro y el rapto, se subraya su comisión mediante el uso de la violencia física, sin explicar detalladamente otras formas de coerción moral[87]. Asimismo, en algunos manuales se relativiza la culpa del ofensor en el pecado de seducción, trasladándose una importante parte de la responsabilidad a la mujer que ha sido seducida[88]. Al menos en estos textos no existe un

---

[84]   Koch. *Op. cit.* Vol. 5. pp. 433-442.

[85]   Slater. *Op. cit.* Vol. 2. p. 325. Ferreres. *Op. cit.* Vol. 1. p. 372.

[86]   Ver, por ejemplo, Santo Tomás de Aquino. *Suma Teológica. Op. cit. - Parte II-IIae - Cuestión 154. Artículo 12.*

[87]   Slater. *Op. cit.* Vol. 2. p. 329. Royo Marín, *op. cit.* pp. 444-447. Ferreres. *Op cit.* Vol. 1. pp. 379-380.

[88]   Ver. Koch. *Op. cit.* Vol. 5. p. 436.

tratamiento sistemático sobre el abuso sexual de menores, y la descripción del estupro más bien se agota en lo que hoy denominaríamos una violación ordinaria. Existen brevísimos pasajes que podrían referirse oblicuamente a él en cuanto una falta a la caridad, como la cita al Evangelio de San Mateo sobre evitar el escándalo (dar ocasión para que otro peque). Pero, en cualquier caso, el abuso sexual no fue una materia substancialmente tratada[89].

c) ¿Cómo se juzga o perdona? Los nuevos desarrollos de la Teología Moral (la Ética de la Situación y el Proporcionalismo)

Finalmente, es posible sostener que algunas de las nuevas corrientes de teología moral aparecidas a mediados del siglo XX también contribuyeron en la falta de una respuesta institucional adecuada. Por una parte, algunas de aquellas doctrinas acentuaron la importancia de elementos contextuales en la ponderación de la ilicitud y gravedad del pecado, disminuyendo la significación tanto de una ley objetiva conocida por la razón natural como de las prescripciones entregadas por el derecho. En segundo lugar, varios de los autores de este período difundieron ampliamente la libertad de disentir de las enseñanzas tradicionales del magisterio eclesiástico, especialmente en materias relacionadas a la moral sexual. Estos nuevos desarrollos de la teología moral redundaron en la manera de abordar el castigo al ofensor, alterando el parámetro tenido a la vista por parte de las autoridades eclesiásticas para el juzgamiento del pecado en general y de los delitos sexuales en particular[90]. Aunque un examen pormenorizado de estas corrientes excede con creces el propósito de este trabajo, es importante presentar algunas líneas básicas sobre ellas.

Desde los años inmediatamente posteriores a la Segunda Guerra Mundial, distintos teólogos e intelectuales católicos (y también protestantes) plantearon la necesidad de renovar las tradicionales

---

[89]   Ver. Koch. *Op. cit.* Vol. 5. pp. 48-51. Ferreres. *Op. cit.* Vol. 1. p. 229.

[90]   Para una síntesis crítica de estos desarrollos, ver la alocución ante los presidentes de las conferencias episcopales, impartida en 2019 por Benedicto XVI: "La Iglesia y el escándalo de los abusos sexuales". En, Melina, Livio y Rowland, Tracey (eds.); *La Iglesia en el banquillo. Un comentario a los "Apuntes" de Benedicto XVI.* Didaskalos, Madrid, 2020. pp. 27-48.

categorías propias de la teología moral, siendo agrupadas bajo el concepto de ética de la situación. Entre ellos destacan autores como los alemanes Joseph Fuchs y Ernst Michel, el episcopal norteamericano Joseph Fletcher, y el holandés Walter Dirks, entre otros. Aunque los primeros trabajos teóricos de esta corriente aparecieron inicialmente en Alemania alrededor de 1950, ellos se difundirán rápidamente hacia el resto de Occidente. Estas teorías pusieron en tela de juicio distintos aspectos de la teología moral tradicional como, por ejemplo, la idea de naturaleza humana en cuanto base de una moral cristiana de carácter universal[91]. Al hacerlo, estos autores no solamente estuvieron fuertemente movidos por los dilemas éticos de la última guerra mundial y los profundos cambios tecnológicos y sociales del periodo. En el caso de los teólogos morales católicos que adhirieron a esta corriente, ellos fueron asimismo influenciados por otros desarrollos que cuestionarán el predominio de la teología neo-tomista durante las décadas inmediatamente precedentes[92]. Aunque estos últimos no pueden ser englobados dentro de la ética de la situación, sirvieron de puntos de referencia relevantes para este movimiento. A este respecto destaca particularmente la influyente obra la *Ley de Cristo* de Bernard Häring, quien rechazó el supuesto legalismo del iusnaturalismo tradicional, propuso a la figura de Cristo y su gracia como centro de la teología moral, y consideró el carácter histórico y concreto de la persona como sujeto ético por sobre la idea de naturaleza humana[93]. También destaca la obra de Karl Rahner, quien introdujo en la teología moral algunos aspectos del personalismo existencialista[94].

Considerando los límites acotados de este trabajo, conviene destacar algunos aspectos de la ética de la situación que habrían

---

[91]   Refiriendo una perspectiva general de este fenómeno en las confesiones cristianas, ver Laney, James T. "The New Morality and the Religious Communities." *The Annals of the American Academy of Political and Social Science*. Vol. 387(1). 1970. pp. 14-21. Para el ejemplo más representativo de este desarrollo en el protestantismo, ver: Fletcher, Joseph F. *Situation Ethics: The New Morality*. Westminster Press, Philadelphia PA., 1966.

[92]   Gallagher, John A. *Time Past, Time Present. Op. cit.* 171.

[93]   Häring, Bernard; *The Law of Christ. Moral Theology for Priests and Laity*. 3 Vols. The Newman Press, Westminster, 1963.

[94]   Rahner, Karl; *Foundations of Christian Faith: An Introduction to the Idea of Christianity*. Herder, New York, 1982.

tenido una particular relevancia para enfrentar el dilema del castigo al ofensor. En primer lugar, esta corriente rechazó el normativismo legalista con que caracterizaba a la teología moral tradicional. Como alternativa, la ética de la situación planteó que la ley no debía ser considerada un absoluto, sino un instrumento que permite una apertura hacia Dios. En algunas versiones más radicales, como la de Ernst Michel, la teología moral fue reducida a las consecuencias de la fuerza creadora del amor ("ama y haz lo que quieras"). Tras estas posturas existirá una crítica al catolicismo previo, el que a su juicio habría reducido la médula del mensaje cristiano a categorías jurídicas rígidas, muchas veces presentadas de manera farisaica[95].

En segundo lugar, la ética de la situación relativizó el valor de una naturaleza humana objetiva a partir de la cual la teología moral tradicional había construido sus presupuestos. Como contrapartida, desde la década de 1960 planteó algunas claves alternativas que, aunque parecen diferencias sutiles, se proyectan de manera relevante a la hora de juzgar. Por una parte, esta corriente sostuvo que el cumplimiento de los mandatos morales y jurídicos solo puede ser apreciado de manera casuista considerando los elementos contextuales. Pero su compresión del casuismo no se redujo a la aplicación de una ley natural objetiva a casos concretos a la manera del pensamiento clásico, sino que, en algunos autores, trasladó el centro de la determinación del bien moral a las condiciones históricas y concretas del individuo frente a las circunstancias. De este modo, la ley natural dejó de tener un carácter univoco, pasando a estar determinada por consideraciones contextuales e intersubjetivas[96]. Para algunos teólogos, incluso más allá de esta corriente, varios mandatos relativos a la justicia social o la moral sexual constituyeron construcciones sociales determinadas por la realidad contingente. Por otra parte, la ética de la situación enfatizó la intencionalidad de la acción moral, entendida como el elemento determinante frente a Dios. Ello implicó relegar a la ley y a los mandatos morales a un segundo plano, siendo reemplazada,

---

[95]   Gallagher, John A. *Time Past, Time Present. Op. cit.* pp. 228-229.

[96]   Graham, Mark; *Josef Fuchs on Natural Law.* Georgetown University Press, Washington D.C., 2002. pp. 111-240.

fundamentalmente, por la atención a las motivaciones psicológicas de la conducta[97].

En último lugar, la ética de la situación elaboró lo que Karl Rhener —criticando a algunos autores propios de esta corriente—, califica como una mística del pecado y la redención. En esta perspectiva, minimizó la capacidad de las personas de cumplir con sus deberes morales, desde la castidad a la justicia social, centrando su análisis en la noción de pecado. Esta afirmación concluirá que lo único que queda frente a la persistencia del pecado producto de nuestra naturaleza caída es el perdón misericordioso de Dios[98]. Esta convicción fue complementada con otros desarrollos teológicos previos que atribuyeron a la redención un verdadero cambio substancial a nivel ontológico, consistente en la completa creación de una nueva vida[99].

Cada uno de estos presupuestos que hemos revisado sumariamente, dibujaron un panorama que muestra una profunda renovación en la teología moral a mediados del siglo XX. Sin embargo, cabe señalar que la ética de la situación no fue la única corriente que podría haber incidido en flexibilizar los tradicionales parámetros de juzgamiento. Otras teorías, como el proporcionalismo, también relativizaron la existencia de actos intrínsecamente malos moralmente (por lo menos con relación a parte de los pecados). En esta corriente, la maldad o bondad de una gran variedad de actos no está determinada por normas absolutas, sino que debe ser evaluada según los fines del agente, las circunstancias que rodean la conducta y sus consecuencias[100]. En este último aspecto en particular, el proporcionalismo utilizó como principal herramienta metodológica el principio de causalidad de doble efecto, destinado a analizar si la conducta evita o no

---

[97] Gallagher, John A. *Time Past, Time Present. Op. cit.* pp. 208, 230, 258.

[98] *Íbid.* p. 230

[99] Para una ilustración, ver aquella tesis en Tillman, Fritz; Keenan, James F. *A History of Catholic Moral Theology in the Twentieth Century: From Confessing Sins to Liberating Consciences.* Continuum, New York, 2010. pp. 62-63.

[100] A modo de ejemplo, para una aproximación proporcionalita, las relaciones sexuales fuera del matrimonio no contravendrían un mandato moral objetivo, sino que resultarían contraproducentes dependiendo de las motivaciones y las consecuencias que habitualmente derivan de ellas. Para una exposición y crítica al proporcionalismo, ver. Grisez, Germain; *The Way of the Lord Jesus.* Vol. 1. *Christian Moral Principles.* Franciscan Herald Press, Chicago, 1983. Capítulo 6.

un mal mayor[101]. Aquel principio, así entendido, introdujo consideraciones consecuencialistas, resultando particularmente relevante a la hora de decidir si se debe juzgar o no. Desde esta óptica, es razonable entender que el valor del restablecimiento de la justicia según el derecho natural pasó a un segundo plano, pues era necesario, primeramente, ponderar lo dañoso que resultaba juzgar aplicando sanciones.

En paralelo, el magisterio eclesiástico fue duramente cuestionado al interior de la misma Iglesia. A partir de algunos pasajes de la alocución *Humani Generis* de Pio XII (1952), es posible concluir que el papado ya estaba profundamente inquieto frente a la difusión de una teología moral disidente hacia mediados de siglo, especialmente respecto de la ética de la situación. El lugar del disenso teológico volvió a surgir a propósito de la mirada socioeconómica propuesta por la encíclica *Mater et Magistra* de Juan XXIII en 1961. Pero, particularmente, esta fue una bandera difundida en relación con la encíclica *Humanae Vitae* de Pablo VI (1968), y la prohibición de la anticoncepción artificial. Diversos teólogos morales que adscribieron al proporcionalismo, como Charles Currant —seguidor de Häring—, plantearon que el disentir del magisterio no solo es una práctica amparada por las escrituras y la eclesiología del Concilio Vaticano II, sino también es un deber[102]. Aunque en general no existió una crítica directa al magisterio ordinario, en parte de la vida eclesiástica se esparció la idea de que existía un amplio espacio para disentir de las enseñanzas morales —aceptada tácitamente por las conferencias episcopales— y que los teólogos también poseían un rol magisterial. En este contexto, se difundió cierto grado de confusión sobre los límites de la autoridad eclesiástica. También, algunas enseñanzas que habían sido expresamente sostenidas por el magisterio ordinario, como la prohibición de la práctica de la homosexualidad o la adhesión al celibato sacerdotal, empezaron a ser materia de disenso teológico[103].

---

[101] Currant, Charles; *Absolutes in Moral Theology?* Corpus Books, Washington D.C., 1968. McCormick, Richard A. *Doing Evil to Achieve Good. Moral Choice in Conflict Situations.* Loyola University Press, Chicago, 1978.

[102] Gallagher, John A. *Time Past, Time Present. Op. cit.* p. 262.

[103] Para un pormenorizado análisis sobre los debates relativos al disenso eclesiástico, ver Grisez, Germain; *The Way of the Lord Jesus. Vol. 1. Christian Moral Principles.* Franciscan Herald Press, Chicago, 1983. Capítulo 36.

Por cierto, en ningún caso estas nuevas corrientes teológicas sostuvieron una especie de condonación de conductas sexualmente abusivas como las que han sido conocidas a través de los informes citados al inicio de este capítulo. Sin embargo, es posible afirmar que ellas fueron formando una especie de desconfianza tanto respecto de los mandatos morales tradicionales como las sanciones legales, enfatizando como contrapunto la denominada mística de la redención o argumentos consecuencialistas para descartar el juicio. Mientras tanto, el disenso teológico fue causando la erosión de la autoridad eclesiástica, convirtiendo distintos asuntos morales, especialmente en el ámbito de la sexualidad, en un tema de decisión individual[104]. Aunque aquellas sofisticadas teorías de teología moral fueron desarrolladas en las universidades de Alemania y Estados Unidos, su difusión diseminó rápidamente un ethos anti-punitivo en muchos ambientes eclesiásticos[105]. Hacia 1950, y de manera gradualmente creciente en las siguientes décadas, la decisión de juzgar volvió a convertirse en un asunto controversial en gran parte de la Iglesia católica.

Delito sin castigo. Situando la hipótesis sobre la falta de respuesta punitiva y su reforzamiento por factores externos

Teniendo a la vista los distintos desarrollos del derecho canónico y la teología moral de comienzos del siglo XX, no es difícil entender por qué el dilema del castigo al ofensor fue resuelto mediante la falta de respuesta institucional en los casos de abuso sexual en contextos eclesiásticos. Varios factores socavaron la definición misma del juzgamiento penal, estructurado en torno a un juez imparcial que aplica normas legales prexistentes para decidir sobre la culpabilidad y el castigo, haciendo justicia para las víctimas[106]. El Código de Derecho Canónico de 1917 redibujó la posición de los obispos y superio-

---

[104]   Benedicto XVI; "La Iglesia y el escándalo de los abusos sexuales". *Op. cit.*

[105]   Gallagher, John A. *Time Past, Time Present. Op. cit.* pp. 257-260.

[106]   Para una aproximación general sobre el prototipo de labor jurisdiccional, ver Shapiro, Martin; *Courts. A Comparative and Political Analysis.* The Chicago University Press, Chicago, 1985. p. 1.

res quienes debían juzgar, enfatizando su discrecionalidad y debilitando los distintos medios que les permitían lidiar con el problema del confort moral en la aplicación de las penas. Por otra parte, la rudimentaria enseñanza de la teología moral de la primera parte del siglo XX utilizaba una presentación de los pecados contra el sexto y el noveno mandamiento que minimizaba las consideraciones de justicia y el daño objetivo a las víctimas. Mientras tanto, los nuevos desarrollos de la alta teología moral, aparecidos desde 1950 en las universidades, condujeron a cuestionar la legitimidad del castigo y la certeza sobre los criterios que debían ser aplicados en materias de ética sexual, causando confusión. En un lapso de pocas décadas, estos fenómenos transformaron el ethos de parte de la cultura eclesiástica frente al dilema del castigo al ofensor, alterando la respuesta sobre quién, qué y bajo qué parámetros juzgar.

Distintos elementos de los informes sobre abusos sexuales en contexto eclesiásticos dentro de la Iglesia católica, a los que se hace referencia al comenzar este capítulo, muestran la plausibilidad de esta interpretación. En todos ellos podemos hallar una referencia idiosincrática a la misericordia como un valor tenido a la vista en la construcción de una respuesta no punitiva o penitencial. Destacan, por ejemplo, la disposición de los obispos y superiores a tratar al ofensor como un hermano cuyo rumbo debía ser enmendado más que castigado (como en Australia), y el argumento empleado por algunos de los acusados quienes aludieron a la redención penitencial como única vía para el tratamiento de estos delitos (Estados Unidos), entre otras[107]. En todos ellos destaca igualmente la falta de atención hacia las víctimas, lo que resulta coincidente con una forma de comprensión de estos delitos a partir de una matriz conceptual que no estaba enfocada en injusticia hacia un otro. Otra correlación relevante está vinculada con la secuencia temporal, pues los informes datan el inicio de los abusos estudiados alrededor de 1950. Aun cuando la fecha del inicio de dichos registros está condicionada por la posibilidad de acceder a evidencia por parte de las comisiones investigadoras, no deja de resultar relevante que aquellas fechas de inicio coincidan precisamente con las décadas en que

---

[107]   Ver supra notas 23 y 24.

los fenómenos que habrían originado esta coyuntura crítica podrían haber empezado consolidarse[108].

Hasta ahora, sin embargo, las afirmaciones contenidas en este capítulo solo constituyen una interpretación que necesita ser corroborada por el análisis empírico del proceso de toma de decisión de los obispos y superiores de congregaciones. En gran medida, aquella es una tarea que no puede ser abordada aún, por estar dicha información circunscrita a procesos judiciales o amparada por el secreto pontificio. Múltiples interrogantes no pueden ser respondidas sin un acceso a aquella evidencia ¿Cómo interactuaron las distintas causas identificadas en este trabajo al originar una respuesta no punitiva? ¿La conjunción de estos factores fue generalizada o estuvo circunscrita a determinados sectores dentro de la Iglesia? ¿Reaccionaron de la misma manera los religiosos más conservadores proclives a la formación neotomista y los sectores modernistas que miraron con simpatías las nuevas corrientes de teología moral? ¿La irrupción de las nuevas versiones de la alta teología moral fue un factor que solo contribuyó a una dinámica que ya estaba en desarrollo? Por ahora, cualquier esbozo de respuesta a estas preguntas más específicas resulta ser corroborado.

La afirmación de aquella coyuntura crítica es una interpretación que no está exenta de posibles contrargumentos que la problematicen. En primer lugar, algunos de ellos se relacionan con el contexto en que la decisión de castigar o no castigar era tomada. Cabe recordar que en los delitos sexuales muchas veces existe escasez de medios probatorios, incluso con los actuales instrumentos tecnológicos, y que el proceso penal canónico está construido para conocer primordialmente otro tipo de asuntos, distintos del abuso sexual. Además, habitualmente las denuncias son presentadas en contra de un religioso, dentro de una cultura eclesiástica enormemente clericalista. Y ello ocurre en un ambiente social externo crecientemente secularizado, que inclusive ha presentado cierto grado de hostilidad a la Iglesia y de relajamiento frente a las costumbres sexuales. Todas estas circunstancias podrían explicar la exoneración de responsabilidades en determinados casos y una actitud defensiva de las autoridades eclesiásticas. Pero no es la relativa ausencia de medios probatorios, ni

---

[108]   Ver supra nota 9.

el clericalismo, ni la secularización la que explican por sí mismos la falta de castigo al ofensor. Estos últimos fenómenos son elementos de contexto que han operado en distintos momentos en la historia occidental, sin traer aparejada la falta de castigo de los delitos sexuales de manera generalizada.

Un segundo grupo de contraargumentos guarda relación con la manera de ponderar los fenómenos descritos desde la evolución del Derecho Canónico. Al menos desde los canonistas medievales podemos hallar abundante evidencia, tanto del uso de la dispensa del cumplimiento de la ley como de la disimulación judicial (tolerancia por omisión del hecho ilegal). Aquellas prácticas se utilizaron, preferentemente, respecto de hechos o costumbres que un obispo o superior jerárquico no podía cambiar, o sobre situaciones en que necesitaban de un tiempo adicional para tomar una decisión y evitar el escándalo. Por ejemplo, en Europa la disimulación fue utilizada restrictivamente respecto de materias matrimoniales de los fieles, y en América fue usada con mayor laxitud para efectos de no lidiar frontalmente con incómodas costumbres sociales producto de un entorno rústico[109]. No existe, sin embargo, evidencia de que en el pasado la dispensa o la disimulación hubieren sido utilizadas ampliamente para lidiar con la disciplina sexual de los clérigos. Por el contrario, lo que existió en el periodo anterior al siglo XIX a este respecto fue una férrea respuesta punitiva aplicada por los tribunales inquisitoriales[110].

En una dirección similar, otro posible contraargumento puede provenir de la reforma a los procesos y competencias judiciales del Derecho Penal Canónico por el nuevo Código de 1983, bajo el que continuaron apareciendo situaciones de abuso que no fueron debidamente castigadas. En efecto, el nuevo código reformó la figura del vicario judicial, ajustó varias de las facultades discrecionales de los obispos, y promovió la creación de tribunales de apelación[111]. Todo ello

---

[109]   Lefebvre, Charles; "Dissimulation". En Naz, Raoul (ed.); *Dictionnaire de Droit Canonique*, Tomo IV. París: 1949, pp. 1296-1307. Tau Anzoátegui, Víctor; *El Jurista en el Nuevo Mundo. Pensamiento. Doctrina. Mentalidad.* Max Planck Institute for Legal History and Legal Theory, Frankfurt, 2016. pp. 223-243.

[110]   Ver supra nota 46.

[111]   Sobre la figura del vicario judicial, ver por ejemplo: *Código de Derecho Canónico (1983).* cc. 1419-1425.

teóricamente podría haber aliviado el problema del confort moral en el juicio. Sin embargo, es conveniente subrayar que el nuevo cuerpo legal reforzó su orientación pastoral, mantuvo las estructuras descentralizadas y no eliminó del todo la discreción judicial de los obispos[112]. Además, entró en vigor cuando la dinámica de respuesta inadecuada frente a los casos de abuso sexual ya estaba en marcha desde las décadas anteriores, disminuyendo el papel del Derecho Canónico[113].

Como en toda coyuntura crítica, la conjunción de los fenómenos descritos ocasionó una especie de trayectoria institucional en muchas comunidades religiosas (o al menos entre algunos de sus superiores), transformando su *ethos* en relación con el castigo del pecado sexual. Dicha trayectoria no solo alteró el tradicional balance entre justicia y misericordia originado en el Derecho Canónico de fines del medievo, sino que fue caracterizada por una dinámica de *path dependence*, cuyo desarrollo posterior resultaba complejo de alterar sin una profunda intervención, al menos en el corto plazo. Empeorando aún más este escenario, esta trayectoria fue reforzada por dos factores externos que agudizaron la disyuntiva entre misericordia pastoral y proceso judicial: la difusión de las terapias psicológicas y el desarrollo de estrategias de litigación en este ámbito.

Por una parte, los modernos desarrollos de la psicología y la psiquiatría de mediados del siglo XX, proporcionaron a los obispos y superiores la posibilidad de una respuesta alternativa distinta del castigo. La psiquiatría permitió encontrar una explicación patológica a la causa del pecado para ciertos casos, entrando más tarde en consonancia con las nuevas corrientes de teología moral que disminuían la responsabilidad del agente. Así, por ejemplo, parte de quienes escribieron nuevos manuales de teología moral desde 1917, gradualmente recurrieron a consideraciones propias de los desórdenes psicológicos para explicar algunas situaciones de delito. Tal es el caso de las últimas ediciones del manual de teología moral escrito por el alemán Heribert Jone, traducida al menos a 7 idiomas, la que en su edición

---

[112]   Domingo, Rafael; "Penal Law in the Roman Catholic Church," in *Ecclesiastical Law Journal* 20, 2 (2018), pp. 166-167.

[113]   Coughlin, John J. *Canon Law: A Comparative Study with Anglo-American Legal Theory.* Oxford University Press, New York, 2010, pp. 90-95.

de 1949 hacía referencia a la histeria, la neurastenia, los desórdenes compulsivos, la melancolía y los complejos de inferioridad como
algunas de las causas de una responsabilidad disminuida del agente[114].
Pero Jone no fue el único, pues tales consideraciones pronto fueron
utilizadas por otros teólogos para reformular nuevas teorías morales
que resultaron fundamentales en la aparición posterior de la ética
de la situación y el proporcionalismo, ya analizados[115]. Estos habitualmente acentuaron el papel de las motivaciones psicológicas en
la ponderación de la acción moral (e.g., Dom Odon Lottin)[116] y/o
representaron un sujeto con una naturaleza caída más inmaduro y
menos responsable (e.g., Fritz Tillman)[117].

En segundo lugar, la psicología y la psiquiatría entregaron la
oportunidad de una respuesta terapéutica que resultaba compatible
con una salida penitencial. No es casual que los informes sobre los
abusos sexuales indiquen que una proporción muy relevante de los
casos denunciados a mediados del siglo XX hubieren sido tratados
mediante la internación en instituciones de rehabilitación psiquiátrica u otros tipos de terapias, habitualmente complementadas por la
reubicación del ministro involucrado[118]. Tal respuesta terapéutica no
solo permitía una aproximación misericordiosa hacia el ofensor, sino
que además estaba amparada por la legitimidad de un nuevo desarrollo científico de creciente aceptación y popularidad en la sociedad. Así las cosas, la respuesta terapéutica entregaba una especie de
confort moral al obispo, en la medida que este se hacía cargo de
dar respuesta al delito intentando enmendar el comportamiento del

---

[114]   Keenan, James F. "From Teaching Confessors to Guiding Lay People: The Development of
Catholic Moral Theologians from 1900-1965." *Journal of the Society of Christian Ethics*. Vol.
28, N° 2, 2008. p. 145.

[115]   Es importante destacar que hacia fines del siglo XX, la influencia de la psicología sobre la
teología moral continuó el camino iniciado a comienzos del siglo XX. Ver por ejemplo,
Kiely, Bartholomew, *Psychology and Moral Theology: Lines of Convergence*. Gregorian
University Press, Roma, 1980.

[116]   Dom Odon Lottin; *Psychologie et morale aux XIIe et XIIIe siècles*. Abbaye de Mont César,
Louvain, 6 Vols. 1942-1960. *Morale Fondamentale*. Vol. 1. Desclée, Tournai, 1954.

[117]   Tillman, Fritz; *The Master Calls. A Handbook of Christian Living* [German version, 1937].
Helicon Press, Baltimore, 1960.

[118]   Ver supra nota 9.

acusado, recurriendo a un sucedáneo del castigo que le evitaba la responsabilidad de juzgar[119].

Mientras tanto, hacia épocas más recientes, el ámbito del proceso judicial se empezó a revelar cada vez más como un campo hostil a la Iglesia en lo que respecta en esa materia. Aunque las mismas autoridades eclesiásticas intentaron evitar el conocimiento público de los casos de abuso para evadir el escándalo, mediante la aplicación del secreto pontificio, la litigación finalmente condujo a enfrentar estos hechos mediante la vía judicial a nivel secular. Al menos desde el caso Gauthe a comienzos de 1980 en los Estados Unidos, las demandas de responsabilidad civil y penal en contra del clero por la falta de una respuesta institucional adecuada se convirtieron en un fenómeno creciente. Aquellas estrategias judiciales pronto fueron replicadas en Canadá e Irlanda en los 1990, expandiéndose luego a otras naciones. Si bien la litigación contribuyó a que las autoridades eclesiásticas establecieran protocolos de actuación más adecuados para prevenir y dar respuesta a los casos de abuso sexual, al mismo tiempo revelaron que el foro judicial podía constituirse en un espacio ajeno, en el que la Iglesia misma era puesta en el banquillo de los acusados[120]. Ello reforzó la animadversión al juicio al interior de muchas comunidades eclesiásticas.

Conclusión: Comprendiendo el dilema del castigo al ofensor

La interpretación propuesta por este capítulo difiere de las tradicionales hipótesis sobre la causa de la falta de respuesta institucional a los casos de abuso sexual en contextos eclesiásticos, las que han estado centradas en la tesis de la manzana podrida o en causas macro-contextuales referidas a la estructura de la Iglesia católica. Desde una perspectiva distinta, este capítulo sostiene que los posibles significados asignados a la decisión de juzgar o no el delito sexual, por parte de algunas autoridades eclesiásticas, resulta un asunto de la mayor relevancia para comprender la falta de castigo. Ante la dificultad de estudiar sistemáticamente las fuentes primarias que nos permitan

---

[119]   Coughlin, J. *Canon Law, op. cit.* 51-95.

[120]   Lytton, Timothy D. *Holding Bishops Accountable. How Lawsuits Helped Catholic Church to Confront Clerical Abuse.* Harvard University Press, Cambridge, MA, 2008. pp. 190-211.

conocer el proceso de toma decisiones a este respecto, este trabajo ha optado por realizar un análisis genealógico. Dicho ejercicio interpretativo no ha resultado una tarea sencilla, pues ha requerido desentrañar aspectos propios del Derecho Canónico y la teología moral durante varios siglos.

La tesis de una coyuntura crítica explica por qué parte de la cultura eclesiástica empezó a repensar el dilema del castigo al ofensor, volviendo a plantear que la misericordia y el castigo constituían caminos disyuntivos. También permite comprender por qué las autoridades de la Iglesia católica resolvieron este dilema a través de una respuesta no punitiva. Para sustentar esta tesis, se alternan tanto explicaciones propias del diseño institucional del proceso penal canónico, como elementos culturales relacionados con la forma en que la teología moral ha conceptualizado el pecado sexual y el castigo. Esta coyuntura ha sido diferenciada respecto de otros elementos relevantes, como el contexto eclesial y factores externos que posteriormente han reforzado la disyuntiva entre proceso judicial y misericordia pastoral.

Ciertamente, esta tesis obliga a seguir pensando en la manera en que se encuentra estructurado el proceso penal canónico. En consonancia con la abundante literatura propia de la historia del derecho, la evidencia presentada en este capítulo muestra cómo el diseño del proceso puede afectar la forma en que el juez lidia con el confort moral en el acto de juzgar. Al respecto, cabe señalar que la Iglesia ha avanzado gradualmente. Las recientes reformas introducidas al Derecho Canónico sancionatorio en los últimos años, la aparición de protocolos de prevención y actuación ante los casos de abuso, y el establecimiento de organismos especializados para abordar estas situaciones en diferentes conferencias episcopales, constituyen un importante avance[121]. Es de esperar que el continuo perfeccionamiento de

---

[121]   Freije, Rafael Felipe; "La reforma legislativa de Benedicto XVI en relación con los abusos sexuales y algunas propuestas para la reflexión". *Estudios Eclesiásticos*. Vol. 94, 371 (2019). pp. 705-741. Ver también: Arrieta, Juan Ignacio: "Cardinal Ratzinger and the Revision of the Canonical Penal Law System. A Crucial Role," Disponible en: http://www.vatican.va/resources/resources_arrieta-20101202_en.html (revisado el 15 de junio de 2021). Para la reforma del Libro IV del Código de Derecho Canónico ver: S.S. Francisco: Constitución Apostólica *Pascite Gregem Dei*.

estos dispositivos institucionales tenga una incidencia efectiva a lo largo del tiempo.

Sin embargo, tras esta tesis también existe un problema más profundo, que no puede ser solucionado simplemente por un mero ajuste en las estructuras jurídicas. El dilema del castigo al ofensor, tal como fue comprendido a mediados del siglo XX, también fue producido por particulares formas de conceptualizar la teología moral, caracterizada por una desarticulación de las relaciones entre justicia y misericordia. No resulta fácil avanzar sobre aquel último asunto, pues este apunta a algunos aspectos centrales de la vida cristiana, excediendo con creces el problema del abuso sexual. Es indudable que retornar a la forma en que los canonistas y teólogos morales del pasado fueron capaces de conciliar justicia y misericordia, como virtudes convergentes, puede contribuir a avanzar en la dirección correcta. Pero dicha rearticulación solo será posible en la medida de que el castigo no sea visto, únicamente, como una sanción para quien es condenado y una restitución de la necesaria justicia hacia la víctima. Además, será ineludible recordar que la pena puede ser también una oportunidad de rectificación del alma de quien ha delinquido, conducente a su salvación. Asimismo, será necesario tener presente que, en muchos casos, el castigo puede ser un momento de redención para las propias comunidades, las que podrán ejercer otras formas de misericordia hacia el ofensor que no impliquen negar la dureza de la verdad y el rigor de una justa condena.

Por Daniela Bolívar y Claudia Leal

Abuso sexual contra mujeres adultas en contexto eclesiástico: evidencia y vacíos

Un fenómeno invisible

Durante los últimos años, las denuncias en Chile y el mundo por casos de abuso sexual[1] contra niños y niñas en el contexto eclesial (ASCE) han sido una realidad que ha impactado profundamente tanto a católicos como no católicos. Los diversos informes y la literatura científica disponible ofrecen un panorama sobre las cifras casi incontestable: en la absoluta mayoría de los casos las iglesias católicas locales reportan que entre las víctimas de abuso sexual en contexto eclesial —al menos— el ochenta por ciento es varón y, entre ellos, mayormente adolescentes[2,3]. En el contexto global cuando nos referimos a abuso sexual fuera del ámbito clerical, sin embargo, esa prevalencia se invierte: son las mujeres quienes se encuentran en mayor riesgo de sufrir violencia sexual. Algunos meta-análisis que

---

[1] En este capítulo hablamos de abuso sexual como un término genérico equivalente a la noción de "violencia sexual". Implicaría entonces diferentes manifestaciones de violencia en este ámbito.

[2] Cashmore, J., & Shackel, R. "Gender differences in the context and consequences of child sexual abuse". *Current Issues in Criminal Justice*, 26(1), 2014, p. 75.

[3] Se estima que porcentaje de víctimas de sexo masculino en el caso de abuso al interior de la Iglesia católica en Chile es de, aproximadamente, 73%, lo que es similar a porcentajes mostrados en estudios internacionales (*Comprendiendo la crisis de la Iglesia católica en Chile*, Comisión UC para el análisis de la crisis de la Iglesia católica en Chile, 2020).

involucran estudios de diferentes países han estimado una prevalencia que va de un rango de 8 a 31% para las niñas y de 3 a 17% para los niños[4] o una prevalencia para las muestras femeninas de 18% en contraposición al 7,6% para las víctimas masculinas[5].

¿Cómo podemos explicar que la mayoría de denuncias de ASCE afecta a varones? Una forma de responder esta pregunta es creer en las cifras y asumir que ellas expresan una realidad objetiva. Por ejemplo, Keenan (quien entrevistó a nueve sacerdotes agresores sexuales) plantea que esto puede explicarse, entre otras razones, por la educación que reciben, en la cual se produce una asociación de la mujer con pecado y amenaza del celibato. Esta asociación no existiría con los jóvenes varones, a quienes los ofensores verían como un territorio "seguro"[6]. Para otros, la explicación fue situacional: los sacerdotes habrían tenido más acceso a niños y jóvenes varones[7]. Otra forma de responder a esta pregunta es asumir que las cifras no están siendo fiel a la realidad y que más bien estamos frente a una gran cifra negra. Algunos expertos se han atrevido a plantear que un tercio de las víctimas pueden ser mujeres[8], y que los datos que hasta ahora manejamos son, simplemente, el resultado de un entramado cultural cuyas instituciones políticas, educativas, lingüísticas y éticas no dan cabida a la experiencia de abuso de las mujeres en general, y de aquellas que lo han vivido en el contexto eclesial en particular.

------

4   Barth, J.; Bermetz, L.; Heim, E.; Trelle, S. Tonia, T. "The current prevalence of child sexual abuse worldwide: a systematic review and meta-analysis". *International Journal of Public Health*, 58(3), 2012, pp. 469-483.

5   Stoltenborgh, M.; van IJzendoorn, M.; Euser, E.; Bakermans-Kranenburg, M. "A global perspective on child sexual abuse: Meta-analysis of prevalence around the world". *Child Maltreatment*, 16(2), 2011, pp. 79-101.

6   Keenan, M. *Child sexual abuse and the Catholic Church: Gender, power, and organizational culture*. Oxford University Press, 2013.

7   Terry, K. J., & Freilich, J. D. "Understanding child sexual abuse by Catholic priests from a situational perspective". *Journal of Child Sexual Abuse*, 21(4), 2012, pp. 437-455.

8   Thomas Farragher and Matt Carroll, "Church Board Dismissed Accusations by Females," *Boston Globe*, February 7, 2003, Al; Sam Dillon, "Women Tell of Priests Abusing Them as Girls," *New York Times*, June 15, 2002, All. Reportados en: Kathleen M. Sands. "Speaking Out: Clergy Sexual Abuse: Where Are the Women?", *Journal of Feminist Studies in Religion*, Fall, 2003, Vol. 19, N° 2, pp. 79-83.

En este capítulo plantearemos que es razonable suponer que el abuso sexual en contexto eclesial de niñas y mujeres adultas, ha sido subestimado por diversas razones que van desde la menor atención que ellas reciben en contextos religiosos y educativos, en general, hasta la normalización de la violencia de género que pesa sobre la mayor parte de las instituciones y comunidades. También deberemos discutir la noción de abuso sexual que se utiliza habitualmente, ya que definiciones más restrictivas y menos comprehensivas van a limitar nuestra mirada sobre diferentes posibles manifestaciones del fenómeno, lo que es relevante cuando hablamos de contextos institucionales en general y de la Iglesia católica en particular, donde las mujeres pueden jugar diferentes roles, aunque usualmente desde una posición de subordinación. Es decir, para comprender el ASCE (sus diferentes expresiones, procesos de develación y naturaleza de la reacción social y judicial), es relevante comprender los roles de género en la Iglesia y cómo se dan las estructuras de género en esta institución[9]. Citando a Flynn, "en el caso de las mujeres, es probable que se hayan asentado paradigmas de comprensión del fenómeno del abuso que acentúan su carácter de falta moral, más que profesional; o que se impongan imágenes de la 'mujer seductora' por encima de la 'aberrante conducta del sacerdote'"[10].

En este trabajo partiremos con una discusión sobre el abuso sexual contra mujeres en general, para continuar con el ASCE contra mujeres, incluyendo también el rol que ellas han tenido en la Iglesia católica. Terminaremos el capítulo mencionando los vacíos que creemos debemos llenar, para una mayor comprensión y una mejor respuesta ante este tipo de casos.

A lo largo del texto, resaltaremos que el abuso sexual contra niñas, adolescentes y mujeres adultas en el contexto eclesial ha sido un fenómeno sistemáticamente invisibilizado, y que, si bien reconocemos la existencia y gravedad del abuso sexual contra niñas, ha sido nuestra opción, en esta ocasión, focalizar la discusión más específicamente en violencia sexual que afecta a jóvenes y mujeres adultas.

---

[9]   Flynn, K. A. "In Their Own Voices: Women Who Were Sexually Abused by Members of the Clergy", *Journal of Child Sexual Abuse*, Vol. 17(3-4) 2008, pp. 216-237.

[10]   Flynn, K. A., "In Their Own Voices", 2008, *op. cit.*, p. 217.

Género y violencia sexual

Ser mujer es un factor de riesgo en sí mismo para sufrir violencia sexual. Las estadísticas de la OMS hablan que, en términos generales, el 7,2% de ellas, según un estudio desarrollado en 56 países, ha vivido en algún momento de su vida algún tipo de violencia sexual por parte de personas diferente a la pareja, y que el 30% ha vivido algún tipo de violencia sexual por parte de su pareja (2013). Estas prevalencias se concentran entre mujeres de edades de 15 a 40 años. Las cifras mencionadas llevan a la ONU a declarar que la "violencia contra la mujer es un problema de salud pública de proporciones epidémicas"[11].

Es conocido que la agresión sexual es una de las experiencias más devastadoras que se puede experimentar. Cuando la víctima es niño o niña, los efectos pueden extenderse a mediano y largo plazo, en diferentes ámbitos y dimensiones de la vida y la personalidad[12]. En el caso del abuso de adolescentes y mujeres adultas, además de las evidentes consecuencias psicológicas y emocionales como depresión, ansiedad, y estrés post traumático, pueden existir otras serias consecuencias para la salud como infección por VIH, enfermedades de transmisión sexual, abortos inducidos, embarazos no deseados, suicidio y consumo de alcohol y drogas[13]. Aparte de los efectos mismos de la victimización, la afectada debe lidiar con reacciones usualmente culpabilizadoras o incrédulas de su condición de agraviada, lo que suele asociarse a una más baja autoestima y dificultades para

---

[11]   World Health Organization. *Global and regional estimates of violence against women: prevalence and health effects of intimate partner violence and non-partner sexual violence.* World Health Organization, 2013, p. 35.

[12]   Ver por ejemplo: Putnam, F. W. "Ten-year research update review: Child sexual abuse". *Journal of the American Academy of Child & Adolescent Psychiatry*, 42(3), 2003, pp. 269-278; Maniglio, R. "The impact of child sexual abuse on health: A systematic review of reviews". *Clinical psychology review*, 29(7), 2009, pp. 647-657. y Roberts, R., O'Connor, T., Dunn, J., Golding, J., & ALSPAC Study Team. "The effects of child sexual abuse in later family life; mental health, parenting and adjustment of offspring". *Child abuse & neglect*, 28(5), 2004, pp. 525-545.

[13]   World Health Organization, 2013, *op. cit.*

manejar las consecuencias de la victimización[14]. La culpa, o sensación de haber provocado es habitual en estas víctimas.

Más relevante aún, se ha observado que las víctimas suelen sentirse resistentes a pedir ayuda formal[15], usualmente dada la respuesta negativa que asumen pueden recibir. La evidencia sostiene que es un hecho que aquellas que solicitan ayuda a instancias formales suelen encontrarse con mayor frecuencia con reacciones culpabilizadoras, estigmatizantes o controladoras[16]. A lo ya mencionado, se debe agregar lo difícil y usualmente revictimizante que es el encuentro con el sistema penal[17], y la normal falta de respuesta de este en términos de vindicación y reconocimiento[18].

El abuso sexual contra mujeres en el contexto clerical

Violencia hacia la mujer en contexto clerical

La violencia hacia la mujer en la Iglesia ha tomado muchas formas, no solo sexual. El 2013 en Irlanda, el juez John Quirke publicó un informe sobre las mujeres que trabajaron en las Lavanderías Magdalena. Estas fueron instituciones de la Iglesia católica que existieron desde el siglo XVIII al XX donde se ingresaban "mujeres caídas" (prostitutas, madres solteras) con el propósito de trabajar de manera gratuita. Gracias al descubrimiento de una fosa común en

---

[14] Orchowski, L. M., Untied, A. S., & Gidycz, C. A. "Social reactions to disclosure of sexual victimization and adjustment among survivors of sexual assault". *Journal of interpersonal violence*, 28(10), 2013, pp. 2005-2023.

[15] Fernet, M., Hébert, M., Couture, S., & Brodeur, G. "Meeting the needs of adolescent and emerging adult victims of sexual violence in their romantic relationships: a mixed methods study exploring barriers to help-seeking". *Child abuse & neglect*, 91, 2019, pp. 41-51.

[16] Filipas, H. H., & Ullman, S. E. "Social reactions to sexual assault victims from various support sources". *Violence and victims*, 16(6), 2001, p. 673.

[17] Ver, por ejemplo, Spohn & Tellis. "The criminal justice system's response to sexual violence". *Violence against women*, 18(2) 169-192, 2012; Y para Chile: Miranda Herrera, M. *Victimización secundaria en adolescentes víctimas de delitos sexuales en su paso por el sistema procesal penal en Chile: una aproximación narrativa.* Tesis para optar al título de psicólogo, Universidad de Chile, 2012.

[18] McGlynn, C. and Downes, J. and Westmarland, N. (2017) "Seeking justice for survivors of sexual violence: recognition, voice and consequences". *Restorative responses to sexual violence: legal, social and therapeutic.* Routledge, Abingdon, Oxon, 2017, pp. 179-191.

una de estas instituciones, se comenzó a develar el estado de esclavitud y maltrato físico en que vivieron estas mujeres. El informe recibió el testimonio de 337 sobrevivientes de entre 50 a 75 años. Asimismo, al momento de escribir este capítulo se dio a conocer el informe de lo ocurrido en los llamados "Mother and Baby homes" que funcionaron entre 1922 y 1988 en Irlanda[19]. Estos hogares recibían niñas (desde 12 años) y mujeres solteras que se encontraban embarazadas para dar allí luz a sus hijos en secreto, usualmente en contra de su voluntad. La comisión creada para investigar lo sucedido en estos hogares concluyó una alta tasa de mortalidad en los recién nacidos (15%), lo que no encendió ninguna alarma sino hasta el inicio de la investigación.

Respecto de la violencia sexual, a nivel internacional informes de comisiones de investigación y/o de verdad no han abordado explícitamente la temática del ASCE contra mujeres adultas. Investigaciones como el de John Jay College en Estados Unidos, Deetman en Holanda y la Comisión Adriaenssens en Bélgica, se concentraron, principalmente, en casos históricos de abuso de niños y niñas en el contexto eclesial. En palabras de Compte, en estas comisiones, "se ha ignorado sistemáticamente la existencia de las víctimas mujeres menores y mayores de edad (…) así como la contribución que el análisis de las diferencias sexuales y la perspectiva de género aportan para un conocimiento y respuesta integral del problema"[20].

Pero los datos provenientes de diferentes fuentes y latitudes indican que el problema existe y que es serio. En 1998 se informó sobre abusos "habituales" de sacerdotes a religiosas en África[21]. En Estados Unidos, Chaves & Garland aplicaron una encuesta a la población general y encontraron que el 3,1% de las mujeres que asisten regularmente a servicios religiosos reportaron haber sido abordadas

---

[19]   "The Commission of Investigation into Mother and Baby Homes and Certain Related Matters". Disponible en: https://www.gov.ie/en/publication/d4b3d-final-report-of-the-commission-of-investigation-into-mother-and-baby-homes/

[20]   Compte, M. T. C. "Dimensiones ignoradas: mujeres víctimas de abusos sexuales en la iglesia". En Lizarraga, M (ed.) *Abusos sexuales a menores en la Iglesia católica: Hacia la verdad, la reparación y la justicia desde Navarra,* Gobierno de Navarra, Departamento de Políticas Migratorias y Justicia, 2020, p. 105.

[21]   http://natcath.org/NCR_Online/documents/McDonaldAFRICAreport.htm

sexualmente por un religioso[22]. Dada la dificultad que puede significar develar este tipo de situaciones, es posible que estas cifras sean conservadoras. Casos más concretos de abusos contra mujeres se conocieron en congregaciones como los Legionarios de Cristo en España y México[23], los Sodalicios de Vida Cristiana en Perú[24] y la Federación El Arca en Francia[25].

El abuso contra religiosas comenzó a aparecer como una importante arista de esta realidad. En 1998 los autores Chibnall, Wolf y Duckro publicaron en Estados Unidos los resultados de una encuesta de victimización realizada a una muestra de 1.164 religiosas[26]. En el sondeo se exploraban experiencias de abuso sexual infantil, explotación sexual[27] y acoso sexual, las dos últimas durante su vida de religiosas. Los resultados indicaron que el 12,5% sufrió explotación sexual, en mayor proporción por parte de sacerdotes, de los cuales en su mayoría actuaban como director espiritual. En un porcentaje menor (3.1%), se reportaron también experiencias de agresión por parte de otras religiosas. Por otro lado, el 9,3% de la muestra reportó experiencias de acoso laboral en su vida religiosa, principalmente por sacerdotes que tenían un rol de jefatura o de colegas. Finalmente, el 13,3% reportó otras experiencias abusivas, como violación. Si el lector presta atención al momento en que se realizó este estudio (los

---

[22]   Chaves, M., & Garland, D. "The prevalence of clergy sexual advances toward adults in their congregations". *Journal for the Scientific Study of Religion*, 48(4), 2009, pp. 817-824.

[23]   Es relevante mencionar que, a pesar que al menos es conocido que su fundador y un responsable de la congregación, Marcial Maciel y Oscar Turrión, abusaron de mujeres y tuvieron hijos durante su vida de sacerdote, esta información no se encuentra especificada en el Informe de dicha congregación: https://www.0abusos.org/wp/wp-content/uploads/2019/12/informe-comision-es-1941-2019.pdf

[24]   https://sodalicio.org/wp-content/uploads/2017/02/Informe-Abusos-Febrero2017.pdf

[25]   https://www.vaticannews.va/es/iglesia/news/2020-02/investigacion-el-arca-revela-abusos-fundador-jean-vanier.html

[26]   Chibnall, J. T., Wolf, A., & Duckro, P. N. "A national survey of the sexual trauma experiences of Catholic nuns". *Review of Religious Research*, 1998, pp. 142-167.

[27]   En este estudio, se entendió "explotación sexual" como "cualquier acercamiento sexual o solicitud de favores sexuales o cualquier otra conducta con naturaleza sexual que ocurre en un contexto relacional donde la mujer confía sus propiedades, cuerpo, mente y/o espíritu a otra persona quien cumple un rol profesional. Este requerimiento es hecho bajo la suposición que esta relación solo sirve para satisfacer intereses de la mujer apoyada, no del profesional" (Chibnall, J. T., Wolf, A., & Duckro, P. N. 1998, p. 148, nuestra traducción).

años 90, cuando la violencia contra la mujer era aún menos reconocida que en la actualidad) podrá suponer que algunas o muchas religiosas encuestadas podrían haber omitido información al responder o podrían haber optado por no contestar, como sucedió con el 54% de a quienes se les envío la encuesta.

El Papa Francisco admitió en el año 2019 la existencia de abuso sexual e incluso esclavitud sexual de monjas por parte de sacerdotes, lo que había provocado que el Papa Benedicto cerrara en Francia una congregación completa de monjas por esta razón[28]. En su edición de febrero de 2019 la revista *Women Church World*, publicada en Italia junto al periódico del vaticano *L'Osservatore Romano*, aseguró que abusos contra religiosas habrían implicado abortos forzados o niños nacidos sin el reconocimiento de su padre. La falta de denuncias se explicaría por miedo y falta de apoyo por parte de las policías, las que no actuarían debido a presiones externas[29].

En Chile, los ejemplos no son menos dolorosos. El 30 de julio del año 2019 el Provincial de la Compañía de Jesús presentó los principales resultados de la investigación canónica de seis meses en contra del sacerdote jesuita Renato Poblete Barth, fallecido en 2010. En esta presentación, el provincial informó que dicha investigación demostró "de manera contundente que Renato Poblete Barth abusó de manera reiterada, grave y sistemática" abusando de su poder como sacerdote. La indagación da cuenta del abuso sexual a 22 mujeres, de las cuales 18 eran mayores de edad, las que habrían sido abordadas de manera "inesperada y violenta". En el informe se constata que el sacerdote habría tenido al menos "seis relaciones estables" en un período de 40 años, donde al menos cinco habrían tenido carácter de abusivas. Una de ellas, que es parte de las 22 que entregaron testimonios, habría estado recientemente reeditando la historia vivida con el sacerdote como abusiva[30].

---

[28]   https://www.bbc.com/news/world-europe-47134033

[29]   https://www.thetablet.co.uk/news/11319/vatican-women-s-magazine-condemns-sexual-abuse-of-nuns-by-priests

[30]   Cristián del Campo SJ. "Presentación informe Renato Poblete Barth". *Revista Pelícano*, Vol. 5. El vuelo del Pelícano, Agosto 2019. El artículo original se encuentra publicado en https://jesuitas.cl/jesuitas/wp-content/uploads/2019/07/Presentaci%C3%B3n-Informe-RPB.pdf

En Chile, se han acusado también a sacerdotes por abuso de religiosas[31] y por adopciones forzadas en casos de jóvenes madres a quienes se les informaba que sus bebés habían nacido muertos[32].

Caracterizando la violencia sexual en contexto eclesial

Se ha establecido que alrededor del 20% de los casos de abusos a menores corresponde a niñas. Sin embargo, existe muy poca información sobre las características, naturaleza e impacto del abuso de niñas en el contexto eclesial. Más bien pareciera que hasta ahora los investigadores se han preocupado más de comprender las razones de la mayor proporción de niños en este contexto. Algunas cosas que se han descrito respecto de la diferencias de género son, por ejemplo, que el promedio de edad de las víctimas varones suele ser más alto que el de las víctimas femeninas, es decir, según los casos reportados, las niñas abusadas tenderían a ser en promedio más jóvenes que los hombres[33]. Por otro lado, se ha planteado que existirían algunas diferencias en los perfiles de abusadores dependiendo del género de sus víctimas. Por ejemplo, el estudio de Perillo, Mercado y Terry planteó que los sacerdotes con antecedentes de abuso sexual en la infancia, tendían a abusar de niños y adolescentes varones. Por otro lado, ofensores con "problemas de conducta" tenderían a abusar de niñas y adolescentes[34].

Estudios que buscan distinguir perfiles entre sacerdotes abusadores de niños o niñas parten del supuesto de que las cifras que conocemos expresan la "realidad", es decir que, efectivamente, las niñas suelen ser menos objeto —desde el punto de la frecuencia— de

---

[31] En 2019 tres exmonjas de la Congregación Orden de las Hermanas del Buen Samaritano en la ciudad chilena de Molina exponen su caso a la prensa; ver https://www.youtube.com/watch?v=yR7tkpHuBAA

[32] https://www.ciperchile.cl/2014/04/11/los-ninos-dados-por-muertos-que-el-cura-gerardo-joannon-entrego-para-adopcion/

[33] Artículo no especifica edad. Terry, K. J. "Understanding the sexual abuse crisis in the Catholic Church: Challenges with prevention policies". *Victims and Offenders*, 3(1), 2008, pp. 31-44.

[34] Perillo, A. D., Mercado, C. C., & Terry, K. J. "Repeat offending, victim gender, and extent of victim relationship in Catholic Church sexual abusers: Implications for risk assessment". *Criminal justice and behavior*, 35(5), 2008, pp. 600-614.

abusos sexuales por parte de clérigos. Sin embargo, como ya hemos anunciado antes, hay razones para creer que estas cifras solo reflejan la punta del iceberg.

Respecto de las niñas, un elemento que deberíamos considerar es que estas puedan tener dificultades específicas para develar el abuso. Un estudio cualitativo con 30 sobrevivientes de abuso sexual infantil (no en contexto clerical) indicó que hombres y mujeres tendían a posponer la develación, pero por diferentes razones, siendo para la mujer la causa principal temer ser vistas como responsables del abuso[35]. Uno podría imaginar que este temor puede ser especialmente relevante en el contexto eclesial, donde los roles de género tienden a ser tradicionales y donde se ha establecido una fuerte asociación entre mujer y pecado.

Independiente de la prevalencia del abuso de niñas en la Iglesia católica, y de que tan frecuente pueda ser en comparación al de los niños, es un hecho que este fenómeno existe y ha sido abiertamente invisiblizado en las comisiones de investigación creadas en diferentes países del mundo. Compte plantea que

> la perspectiva que ha guiado los informes elaborados entre 1985 y 2017, con independencia de la institución que los ordenara, así como la mayor parte de las investigaciones periodísticas y de la bibliografía científica especializada, ha sido una perspectiva masculina, centrada en la conducta y orientación sexual de los agresores, así como en la minoría de edad de las víctimas[36].

Si tenemos poca información sobre las niñas, tenemos aún menos conocimiento sobre el fenómeno del abuso contra mujeres adultas. Como ya hemos mencionado, esto se puede explicar por varias razones: por un lado, en prácticamente todos los países en que se ha abordado e investigado la temática en forma de comisiones de verdad o de investigación, se han centrado por razones comprensibles y claramente prioritarias, en el abuso de menores de edad. En

---

35   Alaggia, R. "Disclosing the trauma of child sexual abuse: A gender analysis". *Journal of loss and trauma*, 10(5), 2005, pp. 453-470.

36   Compte, M. T. C. "Dimensiones ignoradas", *op. cit.* 2020, p. 105.

segundo lugar, pensamos que aún está en proceso, en la sociedad actual, una total visibilización de la violencia hacia la mujer, lo que, sumado a la invisibilización de la mujer dentro de la estructura de la Iglesia católica y las llamativas estadísticas sobre abuso de menores varones en la Iglesia[37], se puede estar generando un triple obstáculo para que las propias afectadas y sus entornos comunitarios identifiquen estas agresiones como tales. En tercer lugar, debemos mencionar que, así como señala Compte, denuncias, informes y estudios científicos que han tocado este tema han sido sistemáticamente ignorados, tanto por la Iglesia como por otros actores de relevancia[38]. A continuación expondremos algunos de ellos:

El primer caso se trata de una investigación realizada por Compte, donde analiza informes de investigaciones internas de algunas congregaciones y diócesis[39]. Comenta, entre otros aspectos relevantes, que las denuncias de abuso suelen desarrollarse en el seno de una relación pastoral, que habitualmente involucra también abusos de poder y de consciencia[40].

Por su parte Flynn[41] realizó un estudio cualitativo de 25 mujeres agredidas sexualmente por sacerdotes en Estados Unidos (18 de ellas siendo adultas al momento del abuso) y constató que la relación de abuso habría comenzado por iniciativa del sacerdote, donde se habría tomado usualmente la forma de "grooming" por un periodo de tiempo. Es decir, las víctimas habrían reportado un proceso inicial de acercamiento y generación de confianza, antes de comenzar requerimientos más explícitamente sexuales. En este primer acercamiento, el sacerdote o religioso resalta lo especial que es la mujer y demuestra preocupación y cuidado, utilizando lenguaje religioso para lograr

---

[37] Como ya se mencionó anteriormente, en el caso de Chile, aproximadamente 73% de las víctimas identificadas en el informe de la Comisión UC son hombres, lo que es similar a porcentajes mostrados en estudios internacionales. (*Comprendiendo la crisis de la Iglesia católica en Chile*, Comisión UC para el análisis de la crisis de la Iglesia católica en Chile, 2020).

[38] Compte, M. T. C. "Dimensiones ignoradas", *op. cit.* 2020.

[39] La autora incluye en este análisis 4 casos, provenientes de la sociedad de vida apostólica Los Sodalicios de Vida Cristiana en Perú, Legionarios de Cristo en México y España, Jesuitas en Chile (caso Poblete) y Federación el Arca, en Francia.

[40] Compte, M. T. C. "Dimensiones ignoradas", *op. cit.* 2020.

[41] Flynn, K. A. "In Their Own Voices", 2008, *op. cit.*

sus objetivos (como por ejemplo, "Dios te ha traído a mi vida"), generando y manipulando poder espiritual sobre la víctima (Garland 2006)[42]. Para la afectada, decodificar inicialmente la naturaleza inapropiada de la relación es sumamente difícil, viniendo de un líder espiritual que ella admira y que además es de alta credibilidad social, por lo que cualquier denuncia podría significar no ser creída o ser considerada culpable por "seducir a un sacerdote".

En el estudio de Weger y Death se constató que todas las víctimas investigadas eran profundamente devotas y creyentes, y presentaban en común situaciones de conflicto o crisis personal que aumentaban su vulnerabilidad, tales como encontrarse en un momento de confusión espiritual, sentirse solas emocionalmente, estar sufriendo depresión o las consecuencias de abusos sexuales previos, lo que implicó un abusador que tomó ventaja de estos escenarios[43].

La cercanía de la relación que se comienza a establecer, al venir de un hombre que representa a Dios, es experimentada como una situación antiética llena de contradicciones. La víctima es manipulada no solo psicológicamente, sino también moralmente, produciendo confusión espiritual, vergüenza y culpa[44]. El *grooming* puede llevar a la víctima a compartir detalles de gran intimidad que luego pueden ser usados en el proceso de manipulación[45]. Usualmente, hay entre la víctima y el abusador algún tipo de dependencia. Por ejemplo, las mujeres entrevistadas en el estudio de Flynn se sentían además atrapadas, dado que trabajaban en las congregaciones que eran manejadas por el sacerdote. Esta dependencia puede construirse también a lo largo del proceso de *grooming* o en la naturaleza misma de la relación de ayuda espiritual que se establece[46]. Frecuentemente,

---

[42]   Garland, D. R. "When wolves wear shepherds' clothing: Helping women survive clergy sexual abuse". *Journal of religion & abuse*, 8(2), 2006, pp. 37-70.

[43]   Weger, S. E., & Death, J. "Clergy sexual misconduct against adults in the Roman Catholic Church: The misuse of professional and spiritual power in the sexual abuse of adults". *Journal for the Academic Study of Religion*, 30(3), 2017, pp. 227-257; Garland, D. R., & Argueta, C. "How clergy sexual misconduct happens: A qualitative study of first-hand accounts". *Social Work & Christianity*, 37(1), 2010, pp. 1-27.

[44]   Garland, 2006, *op. cit.*

[45]   Weger & Death, 2017, *op. cit.*

[46]   Flynn, K. A., "In Their Own Voices", 2008, *op. cit.*

el abusador es el guía espiritual o confesor[47], pero a medida que la situación abusiva comienza a establecerse, comienza a tomar posesión de múltiples roles, generando mayor confusión en las víctimas respecto de los límites de la relación. El agresor actúa como guía espiritual, amigo, confidente, pareja, padre[48].

El proceso de *grooming* también envuelve a la familia. En el estudio de Weger y Death, mujeres relataron cómo el abusador comenzó tempranamente siendo amigo de la familia, visitando la casa sin invitación, generando un proceso de confianza ciega con su entorno[49]. Garland y Argueta entrevistaron en Estados Unidos a 42 mujeres, de las cuales 40 fueron agredidas por hombres y dos por mujeres[50]. En este estudio, los autores describen cómo ciertas acciones cometidas por los agresores sucedían en entornos públicos o a la vista de otros (por ejemplo, que el sacerdote visite a la víctima un fin de semana, con su esposo y niños en casa), y cómo el carisma y manipulación de los agresores lograban que no se prendieran alarmas. Las parejas de las víctimas u otras personas de la comunidad, aún cuando visualizaran ciertas conductas, parecían no entender o identificar lo que estaba pasando; la confianza en el líder era más fuerte que la confianza en su propia percepción. En este estudio, incluso, se menciona un caso en que el pastor o líder religioso se disculpa con el esposo de la víctima por tener emociones inapropiadas, lo que no implicó en absoluto un cambio en su conducta. Esto se hace más confuso cuando muchas de estas situaciones además ocurrieron en contextos públicos, como tocar las manos o besar o tocar partes del cuerpo, sin que lo inapropiado de la conducta llamara negativamente la atención. De alguna forma, describen los autores, se comienza a crear una relación que es "aceptada por la comunidad" (como dice una víctima en el estudio, "la gente decía que parecíamos dos hermanos"; p. 14), lo que "normaliza la situación". Los autores llaman a este fenómeno, basado en lo propuesto por Ripley

---

47   Benson, 1994, *op. cit.*, Weger & Death, 2017, *op. cit.*

48   Garland y Argueta, 2010, *op. cit.*

49   Weger & Death, 2017, *op. cit.*

50   Garland y Argueta, 2010, *op. cit.*

(2008), como "sesgo de normalidad", que significa que, si todos lo aceptan, es porque está bien[51].

Algo muy importante y que retomaremos en la siguiente sección es que los abusadores usualmente intentan convencer a sus víctimas que su relación no es abusiva, sino una relación de pareja entre adultos consensuada[52], lo que sumado a la manipulación emocional y moral, hace muy difícil a las afectadas identificar la situación en la que se encuentran[53].

Cuando logran visibilizar la agresión y la cuentan a otros, esta develación es usualmente acompañada de incredulidad y de reacciones culpabilizadoras. Además, normalmente chocan con la negación de la Iglesia, parroquia o diócesis, donde sus denuncias son negadas, lo que las daña aún más[54].

Respecto de las consecuencias, Flynn identificó diferentes efectos negativos entre sus entrevistadas. Por un lado, muchas presentaban evidentes signos de estrés post traumático (como síntomas de intrusión y re-experimentación, y evitación), a lo que se agregaba el dilema de tener una necesidad de contar el trauma, y sentir a la vez la imposibilidad de hacerlo, generando sensación de aislamiento y polarización interna. Otros impactos mencionados por las entrevistadas fue alta labilidad emocional, alteración de la atención, y gran preocupación por la seguridad personal, especialmente al haber enfrentado la molestia que su develación causó en familiares, amigos y miembros de la Iglesia. Las mujeres también describen dificultad para crear y mantener confianza en relaciones personales significativas, lo que redundó en aislamiento social[55].

Podemos imaginar también que muchas de las que viven agresiones sexuales por parte de clérigos pueden sufrir también las

---

[51]   Ripley, A. *The Unthinkable: Who Survives When Disaster Strikes - and Why*. Crown Publishing, New York, 2008.

[52]   Flynn, K. A., "In Their Own Voices", 2008, *op. cit.*; Liberty, P. L. (2004, 2000). Why it's not an affair. https://www.advocateweb.org/publications/articles-2/clergy/affair/ y Garland & Argueta, 2010.

[53]   Debemos recordar que la dificultad de visibilizarse como víctimas y sentir alto grado de culpa y vergüenza es común denominador de todas las formas de agresión sexual.

[54]   Flynn, K. A., "In Their Own Voices", 2008, *op. cit.*

[55]   Flynn, K. A., "In Their Own Voices", 2008, *op. cit.*

consecuencias que hemos mencionado antes para los abusos sexuales contra mujeres de manera general: embarazos no deseados[56], abortos, enfermedades de transmisión sexual, entre otros. Por ejemplo, en el informe sobre la investigación previa contra el jesuita Renato Poblete Barth se avala al menos un aborto provocado por el religioso. En el caso de los Legionarios de Cristo, Marcial Maciel habría tenido varios hijos e incluso cometido abusos en contra de ellos[57]. Un informe sobre abusos de religiosas en África menciona como práctica común que los sacerdotes impusieran a sus víctimas la realización de abortos cuando estas se embarazaban a consecuencias de las agresiones sexuales[58].

No podemos dejar de mencionar el daño que el abuso causa en la fe. Se ha estudiado sus efectos (en contexto no-eclesial) y la relevancia que eso tiene en la salud mental de las víctimas o sobrevivientes. Se ha especificado, por ejemplo, que las emociones hacia el perpetrador pueden desplazarse hacia Dios y que la persona puede sentirse impotente y con rabia hacia él[59]. También se ha descrito pérdida en la fe y en su relación con Dios[60]. Doyle, quien se ha enfocado a estudiar el efecto en la fe del abuso sexual por parte de clérigos, ha planteado que la relación con el abusador, al ser al mismo tiempo "espiritual" y tóxica (comillas es nuestro énfasis), está al centro del carácter destructivo de esta experiencia. Además, el autor resalta que para comprender el efecto en la fe es necesario considerar la reacción de la Iglesia a las denuncias de abusos sexuales. Como esta históricamente

---

[56] En 2014, Vincent Doyle, un psicólogo e hijo de un sacerdote irlandés fundó la organización Coping International (http://www.copinginternational.com) para apoyar a hijos de sacerdotes a enfrentar su situación. Documentos que se encuentran en el sitio de la organización describen ser hijo de sacerdote como un "secreto culpable", develando el dolor de una identidad que se forja desde sus inicios desde el secreto, la vergüenza y la culpa.

[57] https://www.jornada.com.mx/2010/03/04/index.php?section=politica&article=003n1pol

[58] http://natcath.org/NCR_Online/documents/McDonaldAFRICAreport.htm

[59] Doehring, C. *Internal desecration: Traumatization and representations of God*. University Press of America, New York, 1993; Kane, D., Cheston, S. E., & Greer, J. "Perceptions of God by survivors of childhood sexual abuse: An exploratory study in an underresearched area". *Journal of Psychology and Theology*, 21, 1993, pp. 228-237. En: http://web.a.ebscohost.com.ezproxy.ub.gu.se/ehost

[60] Ver, por ejemplo revisión realizada por McGraw, D. M., Ebadi, M., Dalenberg, C., Wu, V., Naish, B., & Nunez, L. "Consequences of abuse by religious authorities: A review". *Traumatology*, 25(4), 2019, p. 242.

ha tendido a ser de incredulidad u ocultamiento, la víctima termina siendo traicionada dos veces: por el perpetrador y por la Institución de la Iglesia. De esta forma, la persona puede llegar a un sentimiento de vacío espiritual y una clara imposibilidad de participar en rituales religiosos y familiares, como funerales o casamientos. Cada una de estos eventos pueden funcionar como dolorosos recordatorios del abuso[61].

Los estudios mencionados no se enfocan en mujeres exclusivamente, por lo que nos falta conocer en mayor profundidad los efectos en la fe que sufre este grupo en particular. Recordemos que la literatura las ha descrito como usualmente devotas y muy comprometidas con la religión católica, por lo que podemos imaginar que esta experiencia va a tener un impacto central en su experiencia de vida e identidad, así como también en su sentido de pertenencia a una comunidad, que, como veremos a continuación, comienza desde su origen en un lugar de subordinación.

El lugar de la mujer en la Iglesia católica

En la introducción del volumen *Las mujeres y el desarrollo humano* (2002), la filósofa estadounidense Martha Nussbaum señala: "Las mujeres carecen de apoyo en funciones fundamentales de la vida humana en la mayor parte del mundo. Están peor alimentadas que los hombres, tienen un nivel inferior de salud, son más vulnerables a la violencia física y al abuso sexual"[62]. Estadísticas que confirman este análisis son reportadas a partir de los Informes del PNUD, así como de diversos casos de vida de mujeres en países en vías de desarrollo. Asimismo, en el marco de su *Teoría de las Capacidades*, Nussbaum ahonda en el lugar que las personas deben ocupar en la reflexión y la planificación de la política, y especifica que ellas deben ser consideradas "como fines en sí mismos, nunca como medios para los fines

---

[61]   Doyle, T. P. "The spiritual trauma experienced by victims of sexual abuse by Catholic clergy". *Pastoral Psychology*, 58(3), 2009, pp. 239-260.

[62]   Nussbaum, M. *Las mujeres y el desarrollo humano. El enfoque de las capacidades*. Herder, Barcelona, 2002, p. 27.

de otros"[63]. El cumplimiento de esta premisa, por otra parte, habilita a las instituciones para participar como interlocutores válidos en la esfera pública, ofreciendo a la comunidad moral propuestas basadas en su propia visión de la vida en común.

En el caso de las mujeres nos encontramos con que —a menudo— han sido consideradas como medios para los fines de otros, situación que adquiere matices particulares cuando esos "otros" son las instituciones que dan forma a la vida social. En efecto, cuando la violencia afecta a ellas de forma sistémica —en virtud de un entramado conceptual y simbólico que fundamenta las prácticas que las vulneran— estamos en presencia no solo de un contexto adverso, sino también de un foco que causa abuso.

En este escenario, las grandes tradiciones religiosas deben hacer un detenido análisis autocrítico de su historia, puesto que es plausible afirmar que ellas muchas veces han visto a las mujeres como medios para sus propios fines, más que como sujetos en sí mismos. Para Nussbaum, un buen ejemplo tiene que ver con las ideas que sustentan la regulación de los deberes de cuidado al interior de la familia y la manera en que las mujeres han sido usadas para cubrir tales deberes de cuidado mediante un discurso que naturaliza en ellas la entrega, el sacrificio, la subordinación y la receptividad pasiva:

> el daño que las mujeres sufren en la familia asume una forma particular: la mujer es tratada (…) como un agregado o un instrumento de las necesidades de los otros, como una mera reproductora, cocinera, fregadora, lugar de descarga sexual, cuidadora, más que como una fuente con capacidad para elegir y perseguir metas y como una fuente de dignidad en sí misma[64].

El ASCE contra mujeres adultas no puede ser abordado ni entendido, por lo tanto, sin tener como interrogante de fondo aquella más amplia sobre el rol que las mujeres, a lo largo de la historia, han ocupado tradicional e institucionalmente en la Iglesia. Las referencias magisteriales y teológicas son todavía marcadamente

---

[63]   Leal, C. "La noción de Justicia en Martha Nussbaum". *Moralia*, 35.(3), 2012, p. 409.

[64]   Nussbaum, M. *Las mujeres y el desarrollo humano*, 2002, p. 322.

genéricas y dejan sentir una aproximación esencialista a la experiencia de ellas: se habla preferentemente de "la mujer", sin distinguir en dicho universo las experiencias de laicas, consagradas, niñas, adultas, etc. Se tiende a ignorar, asimismo, mediante una dialéctica de contraste y exaltación, el lugar de minoridad y vulnerabilidad en que las mujeres despliegan sus vidas. En este sentido, su rol como madre y agente de cuidado se ha vivido mucho tiempo como una hegemonía simbólica de la identidad de "la" mujer, y han permanecido clausurados espacios para otras imágenes, metáforas y experiencias en el contexto institucional.

Por estas razones, los movimientos feministas han visto en la Iglesia católica el ícono del patriarcado. Y es que, al día de hoy, sigue siendo una institución dirigida por varones. Ellos son los únicos que pueden acceder al sacerdocio ministerial y, por tanto, —debido al modelo eclesial operante—[65] quienes ejercen la autoridad y la toma de decisiones. La comprensión del rol de la mujer como esposa, madre o virgen consagrada ha relegado tanto a laicas como religiosas, al espacio privado. Interpretaciones literales del *Génesis*, que culpabilizan a la mujer del pecado y la entienden como causa y tentación para el varón, han llevado a que, por mucho tiempo, "las mujeres fueran vistas como peligrosas, objetos de pecado, seductoras. Se la consideraba un factor de amenaza, generadora de miedo, por eso se las mantenía silenciadas dentro del hogar o en el convento"[66]. Es razonable pensar, entonces, que si de una manera discursivamente normativa se ha estimulado y reconocido una idea naturalizada de "femineidad", existan condicionantes culturales e institucionales que

---

[65]   A pesar de que el Concilio Vaticano II redescubrió una eclesiología de comunión, nos parece que —de facto— sigue todavía operando una eclesiología pre Conciliar que, con un modelo piramidal, entiende a los clérigos como los protagonistas. Los demás, los "simples bautizados" son comprendidos con un rol pasivo y como receptores de los bienes de la salvación que los clérigos son encargados de administrar. Así, existen dos géneros de cristianos: los clérigos, consagrados al servicio divino, y los laicos, grupo al cual pertenecen necesariamente todas las mujeres por estarles negado el acceso al sacramento del orden. Cf. Corpas de Posadas, I. "Mujeres teólogas: ¿cuál es nuestra identidad y nuestro aporte al quehacer teológico?" *Franciscanum. Revista de las ciencias del espíritu*, 151, 2009, pp. 37-76, 47-48.

[66]   Silveira, M. del P. "La mujer en la Iglesia hoy. Mayoría portadora de esperanza", *ITER* 40, 2006, pp. 155-212,193.

han favorecido o invisibilizado las situaciones de injusticia padecidas por las mujeres[67].

En consonancia con los movimientos feministas del siglo XIX y XX, un sector de la teología despertó la conciencia a los problemas de justicia asociados a las experiencias de las mujeres y la pregunta por su lugar, rol y participación en la estructura eclesial. Surgen así las teologías feministas, cuyas autoras, convencidas de la radical igualdad y dignidad de todo ser humano, comienzan una reflexión con perspectiva de género que busca reconciliar la teología cristiana con la comprensión contemporánea de la mujer. Para esto, las teólogas feministas revisan las imágenes, símbolos y lenguaje de la tradición cristiana, cuyo discurso predominante ha sido marcadamente androcéntrico. El fundamento para su trabajo es que el patriarcado y el androcentrismo están en conflicto con una fe en Dios que se define a sí mismo como amor. En esta línea, en 1950 las teólogas abren el debate sobre el acceso de las mujeres al ministerio ordenado, una reflexión que continúa abierta hasta el día de hoy. Si bien en la actualidad todos los documentos magisteriales reconocen la igualdad del varón y la mujer por ser creados a imagen y semejanza de Dios[68], hay todavía un largo trecho por recorrer para que esta igual dignidad se refleje en las estructuras eclesiales con una mayor y real participación de las mujeres. Un paso reciente en esta línea es la modificación que el Papa Francisco hizo al número 230 § 1 del Derecho Canónico, respecto al acceso de las laicas a los ministerios del lectorado y del acolitado. Sin embargo, ¿significa esto un paso hacia la posibilidad de que accedan al sacerdocio ministerial? ¿O se trata más bien de una admisión no sacramental y que, por tanto, sigue reservando la función mediadora exclusivamente a los varones?

Ahora bien, a pesar de la rica discusión teológica que se encuentra todavía en curso y de los pequeños cambios que poco a poco se han ido implementado, el ministerio sacerdotal sigue siendo un derecho exclusivo de los varones. Nos parece que el carácter masculino del sacerdocio, y el imaginario simbólico que lo rodea, puede haber estado en muchos casos a la base de la configuración de la

---

[67]   Cf. por ejemplo, Juan Pablo II, Carta Apostólica *Muglieris Dignitatem*, 1988, n. 10.

[68]   *Gen* 1, 26.27.

comprensión del pecado/delito de abuso sexual en contexto eclesial. En otras palabras, a la hora de acercarnos al fenómeno del abuso sexual en contexto eclesial no podemos excluir la dimensión cultural y sacramental del sacerdocio, su performance litúrgica, el celibato, los tabúes de pureza e impureza y las imágenes de Dios eminentemente masculinizadas. La contrapartida de este carácter masculino del sacerdocio es la construcción de una identidad femenina que solo tiene acceso a lo sagrado a través de mediadores masculinos.

Los vacíos

El fenómeno del abuso sexual contra mujeres adultas en el contexto eclesial, en general, representa todavía en nuestra cosmovisión cultural un desafío ético que, a su vez, está ligado a nuestra progresiva comprensión de temas tales como la configuración del consentimiento, el modelamiento de las respuestas sociales en la búsqueda de justicia y la comprensión de los niveles individuales e institucionales del comportamiento. En el ámbito religioso, estos y otros desafíos adquieren matices particulares, condicionados por sistemas de creencias específicos y códigos de conducta, así como por el carácter maximalista de toda ética religiosa.

A continuación, y sin ánimo de ofrecer una lista cerrada, señalamos algunos de los vacíos que creemos demandan un abordaje más exhaustivo y completo, tanto por parte de las ciencias humanas en general, como de la reflexión teológica en particular.

Identificar la multiplicidad de expresiones del abuso sexual de mujeres en contexto eclesiástico

Para poder tener una visión comprensiva del abuso sexual en el contexto eclesial, debemos partir por decidir a qué llamaremos agresión sexual[69]. Seguramente muchos lectores, al pensar en abuso

---

[69]   Otras formas de abuso de poder son también posibles (abuso de consciencia, utilización de la mujer para el servicio de las necesidades de las comunidades religiosas masculinas, etc.). Ver, por ejemplo, Bouclin, "Dancers empowering (some) dancers: The intersection of race, class, and gender in organizing erotic labours". *Race, Gender & Class*, 2006, pp. 98-129. Pero escapan al foco de nuestro trabajo.

sexual en mujeres adultas, pensarán en abordajes inesperados y violentos. Sin embargo, la fenomenología del abuso sexual en este contexto parece ser mucho más compleja. Por un lado, muchas acciones que podríamos llamar abusivas ocurren en un contexto institucional. Podríamos, por lo tanto, considerar aquí situaciones de acoso sexual que usualmente se asocian a los contextos laborales. Este acoso puede incluir conversaciones sexualizadas por el ofensor, tocar y abrazar de manera inadecuada, sabotear el trabajo de mujeres, utilizar lenguaje y bromas sexistas, y tocar "accidentalmente" algunas partes del cuerpo de la víctima; todas situaciones que son minimizadas por el ofensor y atribuidas a la hipersensibilidad de la víctima, cuando es confrontado por ello[70].

Por otro lado, podemos considerar las relaciones abusivas que se esconden detrás de una aparente relación consensuada entre adultos. Se ha estimado que alrededor del 50% de los sacerdotes ha roto o romperá el celibato[71,72], y que la mayoría de ellos establecerán vida sexual de larga data o de manera transitoria con mujeres adultas[73]. Ellas pueden ser religiosas, laicas, funcionarias involucradas en organizaciones sociales que dirigen, o vinculadas a sus labores pastorales. ¿Son estas relaciones consensuadas realmente? Algunas autoras han establecido que "cuando personas con poder (sacerdotes, pastores, profesionales de la salud, etc.) intentan seducir en una relación

---

[70] Garland, 2006, *op. cit.*

[71] Weger & Death, 2017, *op. cit.*

[72] La cuestión del celibato eclesiástico requiere un tratamiento que sobrepasa los límites de esta exposición. Por un lado, muchas de las investigaciones que aquí revisamos incluyen también casos de abuso por parte de líderes religiosos no católicos que no practican celibato, lo que significa que el celibato en sí mismo no es suficiente para explicar o comprender la temática. Una comprensión normativa del celibato en el sacerdocio contemporáneo puede ser vista en: Congregación para el Clero, *El don de la vocación sacerdotal, ratio fundamentalis institutionis sacerdotalis* (8 diciembre 2016). Para una reflexión sobre el celibato y sus implicancias en el abordaje de la crisis de abusos sexuales en contexto eclesial, son de referencia entre otros: Roberto Noriega, *La responsabilidad ética en el ministerio sacerdotal: el arte de servir*. Desclée de Brouwer, Bilbao, 2016; G. Cucci - H. Zollner, *Iglesia y pedofilia: una herida abierta: Una aproximación psicológico-pastoral*. Sal Tarrae, Santander, 2010; Michael Papesh, *Clerical Culture: Contradiction and Transformation*. Liturgical Press, Collegeville, 2004.

[73] Sands, K. M. Speaking out, 2003, *op. cit.*

sexual a las personas sobre las que ejercen el poder, esta relación no es consensuada"[74].

Dos conceptos que pueden ayudar a entender la existencia del abuso contra mujeres son los de poder y vulnerabilidad posicional por un lado, y de poder y vulnerabilidad personal, por el otro[75]. La noción de poder/valor posicional para explicar la asimetría que rige muchas relaciones humanas y sin la cual es imposible comprender adecuadamente tópicos tales como consensualidad, abuso y contenido de las relaciones en general. Es importante señalar que estas ideas carecen de una carga moral y no dependen del sujeto particular que desempeña el rol. En el caso que nos ocupa, una mujer encarna esta vulnerabilidad posicional en su relación con un sacerdote (y en numerosos contextos simplemente frente a un varón) independientemente de sus características personales subjetivas[76]. Es decir, no es relevante cuán vulnerable es la víctima y no puede ponerse sobre ella el peso o la responsabilidad del abuso. Lo relevante es que existe un clérigo dispuesto a hacer uso de su poder y tomar ventaja de la posición de vulnerabilidad del otro[77].

Marie Fortune, una de las primeras autoras que focalizó el abuso sexual de mujeres en contexto religioso, enfatizó la necesidad de construir nociones más sofisticadas de consentimiento para explicar adecuadamente el fenómeno. Ella nos ayudó a comprender que el abuso por parte de ministros consagrados es, ante todo, una violencia que acontece en una relación asimétrica donde no es posible hablar de consensualidad[78]. Este aspecto es especialmente relevante cuando la relación abusiva se da dentro de una relación pastoral y donde, desde el ofensor, puede haber una lectura del abuso "desde

---

[74]   Énfasis propio. Garland, 2006, *op. cit.*

[75]   De Weger, S. E., & Death, J. "Clergy Sexual Misconduct Against Adults in the Roman Catholic Church: The Misuse of Professional and Spiritual Power in the Sexual Abuse of Adults". *JASR*, 30, 2017, pp. 129-159.

[76]   La literatura ha ido construyendo la noción de "adulto vulnerable" asociada en la mayor parte de los casos a adultos mayores de edad que presentan algún tipo de discapacidad o disfuncionalidad cognitiva, física o psíquica. En algunos casos, se integran también en este concepto categorías como pobreza, dependencia económica y analfabetización.

[77]   Cf. Weger & Death, 2017, *op. cit.*

[78]   Cf. Flynn, K. A. 2008, *op. cit.* p. 217.

lo consagrado". Por ejemplo, en 1994, Gordon Benson publicó un estudio donde da cuenta de la experiencia de nueve religiosos (incluyendo protestantes y católicos) que habían tenido conductas sexuales con mujeres a quienes guiaban espiritualmente. Entre otros factores personales, los entrevistados asumieron un "rol grandioso de cuidado en la relación, que la mayoría de ellos percibió como algo positivo y 'salvador' para las mujeres acompañadas espiritualmente"[79].

Hoy es ampliamente aceptado que no es necesario que exista violencia física para que una figura de autoridad pueda abusar de un menor de edad, pero esta convicción no ha permeado —ni en la justicia ordinaria ni en la justicia canónica— la comprensión del abuso sexual de mujeres adultas.

Desarrollar una visión institucional y no solo individual del abuso

Algo relevante sobre los aspectos institucionales es que los abusos podrían ser facilitados por cierta posición del sacerdote en su institución. El informe de la Comisión UC dio cuenta, por ejemplo, que en el 31% de los casos identificados, el primer abuso denunciado habría ocurrido cuando el sacerdote tenía entre 31 y 40 años, y el 36% cuando tenía entre 41 y 50 años[80]. Esto habla de un "comienzo" relativamente tardío, que puede vincularse al logro de cierta posición al interior de la Iglesia, donde alcanza mayor autonomía y, por lo tanto, menos *accountability*, como es ser párroco. Esta falta de monitoreo o seguimiento es un elemento que, efectivamente, se ha identificado como facilitador del abuso contra niños o adultos: mientras se espera que estén en la calle respondiendo a las necesidades de la comunidad, estos no informan con quien pasan el tiempo, pudiendo pasar almuerzos y tardes en las casas de sus víctimas y familias[81].

---

[79]   Benson, G. L. "Sexual behavior by male clergy with adult female counselees: Systemic and situational themes", *Sexual Addiction & Compulsivity, The Journal of Treatment & Prevention*, 1:2, 1994, p. 111, 1994.

[80]   *Comprendiendo la crisis de la Iglesia católica en Chile*, Comisión UC para el análisis de la crisis de la Iglesia católica en Chile, 2020.

[81]   Cf. Garland y Argueta, 2010, *op. cit.*

Si esto es así, podríamos hipotetizar que las diferentes formas de abuso que hemos mencionado (abordaje violento, acoso sexual, manipulación psicológica) no tendrían necesariamente que darse en agresores con perfiles específicos, sino que los victimarios pueden variar su forma de aproximación dependiendo del contexto en que se encuentran y el poder/validación social que disfrutan.

El conjunto de la información recabada y el panorama que ella describe, nos mueven a concluir que una de las grandes aporías del abordaje del abuso sexual en contexto eclesial es la de una visión institucional/sistémica del ejercicio del poder y de sus alcances. Hasta ahora observamos que persiste una lectura de los casos singularmente considerados, una invitación a que las iglesias locales revisen sus procesos y una hiperproducción de cursos de prevención y protocolos de denuncia. Estas acciones, sin embargo, no han ido de la mano de la incorporación de normas vinculantes para las autoridades y líderes de la institución, de modo que el incumplimiento de las nuevas directrices no tiene consecuencias públicamente conocidas. Asimismo, persiste una gestión de la información que evade el dato de las ciencias sociales según el cual la confidencialidad ha protegido a los agresores más que a las víctimas, y que el recurso a la anonimización garantiza de manera suficiente la discreción de las partes[82].

El abuso sexual en la Iglesia, como cualquier abuso sexual en contexto institucional, no depende solo de sus individuos, sino también de las instituciones: de su organización, cultura, mecanismos que permiten la responsablización de sus miembros. Uno de los factores institucionales que más se ha asociado con este delito es el clericalismo. Compte lo define como la "comprensión errónea e indebida del lugar que ocupan los sacerdotes en la Iglesia y en la sociedad, así como la creencia de que son un grupo o élite especial a causa de los ministerios sacramentales desempeñados, lo que les confiere superioridad frente a los laicos"[83]. Este fenómeno confiere, dice la autora,

---

[82]   Sobre la gestión de la información, es de notar que ninguno de los informes de iglesias locales producidos hasta hoy ha tenido acceso a los archivos eclesiales, y que la información recabada responde a metodologías tales como cuestionarios, entrevistas, registros selectivamente entregados.

[83]   Compte, M. T. C. "Dimensiones ignoradas", *op. cit.* 2020, p. 122.

plena confianza y poder a la figura (siempre masculina) del sacerdote, donde descansa todo el poder de decisión.

Dado este contexto, es menester indicar que, así como existe una responsabilidad individual por parte del sacerdote profesional para identificar los límites de su labor y de hacerse cargo de aquellos que traspasa, la Iglesia como institución también debe reconocer los limites institucionales y promover acciones de responsabilización y reconocimiento de las víctimas, por un lado, y de compromisos serios de no repetición, por el otro.

Esta responsabilización institucional tendría, en el caso de las víctimas mujeres de violencia sexual, dos niveles: por un lado, es necesario reconocer la necesidad de promover la equidad de género, para pasar de una representación simbólica de la mujer en contados espacios a una valoración de la diversidad de las mujeres que ya forman parte de la institución y que esperan participar en igual dignidad en la construcción de esta. Por otro lado, es también necesario el reconocimiento de las agresiones que han ocurrido y siguen ocurriendo al alero de la Iglesia católica y que más allá de las responsabilidades individuales, se acepte que ocurren por mecanismos institucionales que facilitan el ocultamiento de esta realidad. Como se ha planteado en el informe Deetman, la cultura del silencio sobre las situaciones de abuso puede corresponder a una necesidad imperiosa de la Iglesia por poner la reputación de su institución y el bienestar de los ofensores por sobre el sufrimiento de las víctimas y sus comunidades[84]. Dichos intereses institucionales no solo ayudan a aumentar el sufrimiento de quienes han experimentado la violencia generando victimización oculta[85], sino que además corroen a la propia institución, al transformarse en el aliado ideal del abuso por reforzar estas prácticas con el silencio y la impunidad[86].

---

[84]   Willems, W. "From apology to excuse: Abuse cases within the Catholic Church as public and scientific objects of research". In *Public Apology between Ritual and Regret*, 2013, pp. 189-208.

[85]   Jupp, V., Davies, P., & Francis, P. "The features of invisible crimes". In *Invisible Crimes*, Palgrave Macmillan, London, 1999, pp. 3-28.

[86]   Compte, M. T. C. "Dimensiones ignoradas", *op. cit.* 2020.

Visibilizar la necesidad de desarrollar una ética profesional del sacerdocio

Los procesos judiciales —civiles y canónicos— ponen en evidencia que no es suficiente una aproximación pedagógica al fenómeno del abuso sexual en contexto eclesial. En otras palabras, el establecimiento de protocolos de denuncia e investigación, así como la creación de recorridos formativos sobre la prevención, deben ir acompañados de una reflexión moral que dé lugar a una ética profesional del sacerdocio. Entendemos por ética profesional del sacerdocio una visión normativa de los derechos y deberes vinculados al ejercicio de la labor sacerdotal, una lectura institucional que nace desde la experiencia de la comunidad y que explicita las legítimas expectativas, los mínimos indispensables, las fronteras que deben ser cuidadas en las diferentes relaciones que los sacerdotes establecen en el ejercicio de su ministerio. Se trata de una ética que pone especial énfasis en las personas que, desde una posición de vulnerabilidad, reciben la asistencia del sacerdote, pero también se ocupa de proteger al ministro en sus necesidades más personales y su propia vulnerabilidad de frente a sus superiores[87].

Esto implica asumir la condición sacerdotal como una profesión. El sacerdote no es amigo, confidente, ni padre en el sentido afectivo de sus acompañadas y acompañados. El sacerdote cumple un rol profesional como referente espiritual, que, así como psicólogos, psiquiatras y otras profesiones de ayuda, debe tener un código de ética respecto de su quehacer. Sin embargo,

> a diferencia de otras profesiones, la posición del clérigo y la necesidad de mantener limites sexuales con sus relaciones ministeriales no ha sido bien definida en la literatura (Garland and Argueta, 2010), lo que es en parte debido a que se asume

---

[87]   Para una visión de la ética profesional del sacerdocio que la Iglesia católica ha comenzado a desarrollar, ver: Congregación para el Clero, *El don de la vocación sacerdotal, ratio fundamentalis institutionis sacerdotalis* (8 diciembre 2016); Roberto Noriega, *La responsabilidad ética en el ministerio sacerdotal: el arte de servir*. Desclée de Brouwer, Bilbao 2016; Claudia Leal / Fernando Valdivieso, "Tres elementos para la renovación de la práctica sacerdotal", en *Teología y Vida*, vol. 61 nº 3, pp. 355-372, 2020.

—al menos en lo que respecta a víctimas adultas— que cualquier involucramiento en conductas sexuales inapropiadas es un quiebre de los votos más que un abuso de poder (Songy, 2003; Garland, 2013)[88].

Desde este punto de vista, la vulneración de los límites morales y éticos de un rol profesional, siempre implica el alto riesgo de ser, en sí mismo, abusivo, debido a la diferencia de poder en que ambos se encuentran. En el caso del abuso sexual en contexto eclesial hay espacios sacramentales que aparecen especialmente críticos, donde el fiel abre su conciencia y su intimidad al sacerdote —que actúa como *alter Christus*— y donde el riesgo de manipulación aumenta drásticamente. Es de notar además que las normas canónicas que rigen prácticas tales como el ejercicio de la confesión y la dirección espiritual, son escasamente conocidas por los fieles, quienes prácticamente no reciben formación teológica ni normativa sobre estos espacios de la vida espiritual. En este mismo sentido, muchos testimonios dan cuenta de que ha sido una práctica frecuente por parte de los sacerdotes introducir preguntas directas de materia sexual en el ámbito de la confesión, y que la conciencia del creyente muchas veces ha sido sustituida por la del presbítero, especialmente en ámbitos vinculados a la gestión de la propia sexualidad.

Que la Iglesia no defina el sacerdocio como una profesión facilita el establecimiento de límites ambiguos respecto de sus funciones y acciones. Esto puede aumentar aún más en el caso del abuso contra mujeres, pues históricamente el abuso contra ellas ha sido normalizado en otros ámbitos de la vida social, como la familia y el trabajo. En efecto, muchas veces, al interior de las instituciones ellas no han sido vistas como fines en sí mismos, sino como medios para la realización de los fines de otros —también de las instituciones[89]—, y esta visión ha condicionado las expectativas de justicia a las cuales pueden aspirar de frente a la vulneración de sus derechos. Todos los sistemas culturales están, en este sentido, en deuda con las mujeres, y las instituciones religiosas, por cierto, no son una excepción.

---

[88]   Weger y Death, 2017, *op. cit.* p. 2047.

[89]   Cf. Martha Nussbaum, *Las mujeres y el desarrollo humano, op. cit.* 2012.

Reflexión final

Habiendo llegado al final de nuestro capítulo, existen dos reflexiones que quisiéramos hacer: una desde las ciencias victimológicas y otra desde la teología. Desde las primeras, queda evidente en este artículo la gran necesidad de conocer en profundidad la envergadura, naturaleza e impacto del abuso sexual hacia la mujer en el contexto religioso. Es necesario desarrollar esta investigación no solo desde el entendimiento de factores de riesgo individuales (del agresor, particularmente), sino también desde los factores de riesgo organizacionales, asumiendo que este es un delito que se da en el seno de una institución con características culturales y estructurales específicas, que deben ser tomadas en cuenta seriamente para comprender el origen y mantenimiento del fenómeno. Si nuestras hipótesis son ciertas y las cifras y casos que conocemos son solo la punta del iceberg, hay mucho entonces por entender, conocer, develar, proteger y reparar.

Desde un punto de vista teológico, la crisis de abusos sexuales en la Iglesia católica universal es un evento traumático que ha puesto en evidencia penosas dinámicas de vulneración y daño al interior de la institución. Esto no impide que, para muchas personas a lo largo de su historia, el cristianismo haya sido una poderosa herramienta de búsqueda de sentido, así como también una fuente de comprensión de los valores que sustentan nuestra vida en común: la compasión, la misericordia, la justicia. Este momento puede ser una buena ocasión para que la Iglesia católica renueve aspectos importantes de su entramado doctrinal y simbólico, y comprenda uno de los aspectos medulares del mensaje evangélico, esto es, que la dignidad del más pequeño y vulnerable de los seres humanos está por encima de la dignidad de cualquier institución o poder temporal del que se trate.

Dicho objetivo —poner al centro la dignidad de los seres humanos— es otra manera de expresar lo que el Papa Francisco ha requerido de la Iglesia chilena: volver a poner a Cristo en el centro[90]. Este horizonte —del cual depende hoy la credibilidad de la institución y especialmente la de sus líderes— es imposible de alcanzar si no

---

[90]   Cf. Francisco, Carta al pueblo de Dios que peregrina en Chile, 2018. Disponible en: http://www.vatican.va/content/francesco/es/letters/2018/documents/papa-francesco_20180531_lettera-popolodidio-cile.html

se mira directamente a los rostros de los miembros que conforman la comunidad eclesial, dando prioridad a aquellos cuya dignidad ha sido deprivada durante largo tiempo en una espiral de silencio, invisibilidad e impunidad. No se trata solo de las víctimas de abusos sexuales, sino de sus familias, sus comunidades de pertenencia y, en fin, de toda la sociedad en su conjunto.

Un conocimiento acabado y profundo de las experiencias de las mujeres, tanto de quienes han encontrado en la tradición cristiana herramientas para defender y robustecer su propia dignidad, así como de quienes al interior de sus muros han padecido dolorosas injusticias, es un paso importante para llegar a ser una comunidad responsable y justa, una comunidad donde las personas sean vistas y tratadas como fines en sí mismas y nunca como medios para los fines de otros.

El daño espiritual de los abusos sexuales desde la antropología de Edith Stein

Por Pamela Chávez

Diversos estudios han descrito los aspectos bio-psicosociales del daño causado en las víctimas de abuso sexual intraeclesial, pero a menudo es ignorada la profunda afectación producida en la dimensión espiritual de ese individuo. Si bien es difícil separar la unidad personal, sí es posible distinguir diversas dimensiones de la persona con el fin de no invisibilizarlas e integrarlas en una comprensión holística del problema. Así, es posible designar dentro de una dimensión biológica a los efectos o síntomas somáticos de un trauma. En una segunda dimensión se sitúan las respuestas psíquicas al estrés e impacto del trauma en el individuo, entre las que es posible verificar repercusiones tan diversas como pensamientos y emociones no deseadas; miedo, terror, conmoción; pesadillas, flashbacks y alucinaciones; estrés prolongado por las altas exigencias que la situación impone a las personas; ruptura de la sensación habitual de bienestar; estrés postraumático, depresión y ansiedad[1]. Finalmente, en el ámbito social es posible situar el impacto en la familia, en las funciones sociales, en la vida laboral y, en general, en la capacidad de establecer relaciones interpersonales, comunitarias y sociales[2].

---

[1]   Magezi, Vhumani y Manda, Charles; "The use of spiritual resources to cope with trauma in daily existence". *In die Skriflig/In Luce Verbi* (November 2016), p. 2.

[2]   Manda, Charles; "Re-authoring life narratives of trauma survivors: Spiritual perspective", *HTS Teologiese Studies/Theological Studies* 71, 2, 2015, pp. 2; 4.

Junto con distinguir esos efectos, este capítulo busca caracterizar las dimensiones del daño propiamente espiritual, mediante tres pasos: primero, se propone describir lo que se entiende por dimensión espiritual con apoyo en la antropología filosófica y teológica de Edith Stein (1891-1942), autora reconocida por la integralidad de su planteamiento fenomenológico. En segundo lugar, se intenta caracterizar el daño a la persona como sujeto espiritual, con apoyo en la literatura de los últimos años. Finalmente, confrontando los dos pasos anteriores, se reúnen elementos que puedan servir de base para comprender y emprender los caminos de reparación.

La persona como sujeto espiritual

La primera dificultad que encontramos para caracterizar lo que llamamos dimensión espiritual, es el error de entenderla como un aspecto separado. La persona es una unidad integral y dinámica, en quien se da una vida de conciencia con sus procesos afectivos, cognitivos, volitivos y comunicativos, en conexión con su corporalidad; en relación con otras personas, otros seres vivos, y en conexión con un entorno social, cultural y natural, en un proceso temporal, biográfico e histórico. ¿En qué consiste, pues, lo espiritual?

La fenomenóloga Edith Stein describe la persona como una unidad psico-física, de carácter espiritual (*geistige*), individual y social, buscadora de Dios, en despliegue temporal. La corporalidad aparece como un sistema orgánico, formado por estructuras conectadas entre sí, físicas, químicas y biológicas, unidas a un sistema neurobiológico que posibilita la vida psíquica. Esta integra actos de sensación, percepción, sentimiento, pensamiento, voluntad, imaginación y voluntad.

El carácter espiritual radica en la posibilidad de aperturidad y libertad. Aperturidad es la capacidad de recibir un mundo externo e interno, pero con una hondura tal que no solo puede captarlo cognitiva y afectivamente, sino comprender su significado y apreciar su valor de verdad, belleza, bondad, sacralidad, justicia, utilidad. En otras palabras, puede comprender el sentido (*Sinn*) que otro ser espiritual da a una obra o acción, pudiendo nombrarlo mediante el lenguaje conceptual y simbólico. Y, finalmente, puede adherir o no mediante su querer a ese sentido, mediante su libertad. Por libertad puede entenderse el poder autodeterminarse a sí mismo, a sí misma, desde dentro; poder adherir a fines comprendidos y valorados; poder dar el *fiat* —o no— ante aquello que se presenta ante nosotros, como voz propia del "santuario interior", cuyo señorío nos constituye como individuos dignos, dignas. Para la mirada cristiana, el culmen de este movimiento es la autodonación o entrega libre al querer del Ser Absoluto. Ambas —aperturidad y libertad— remiten al centro o núcleo personal, que llamamos alma (*Seele*).

El complejo entramado del ser personal es una tensión entre ser individuo —único, especial e irrepetible— y las diversas influencias que va recibiendo durante la trama de su vida, en la interrelación con otros seres personales, en un ambiente natural y cultural, enfrentado a diversos acontecimientos y sucesivas tomas de conciencia. En dicho proceso, la persona es también causa y agente en otros —individuo, sociedad, medio natural— de diversos efectos. Cada una de esas influencias va *"tocando"* el ser espiritual, promoviendo, permitiendo, obstaculizando o anulando el despliegue del ser individual. En la persona humana, se da una gravitante tensión entre el ser que se es y el *llegar a ser quien se es*, como expresa la incomparable sentencia del poeta Píndaro: *"Llega a ser el que eres"*. El ser personal no se disuelve en las influencias vitales que recibe —positivas o negativas— pero tampoco puede aislarse de ellas; le son constitutivas como experiencias, pero no le determinan absolutamente, puesto que son un encuentro vivo entre elementos que le afectan y la respuesta del ser individual. Por ello, no puede haber una vida idéntica a otra, pese a la similitud de influencias recibidas.

De esta manera, lo espiritual de la persona humana es el mundo que brota de su ser individual, en contacto con el medio, dada la profundidad de su captación (valor, sentido, significado), la fineza de sus aptitudes (entender, comprender, nombrar) y la capacidad de autodeterminarse desde dentro, de aceptar o rechazar aquello con que se encuentra y de crecer en libertad.

El alma que se capta a sí misma, a otras almas y al mundo, es, entonces, espiritual, en cuanto remite al sentido, es decir, a una finalidad orientadora experimentada como valiosa. Ella descubre en sí misma estratos de profundización, que también presiente y conoce empáticamente en otros. En el nivel más hondo del alma hallamos lo amado, lo que san Agustín llama su «peso»[3]: su amor, lo que es primero en el corazón y que le guía. Podemos decir que conocemos con mayor profundidad a alguien cuando captamos el sentido y el amor de los cuales brotan las obras de su alma.

La cuestión del sentido lleva a hacer la pregunta por la propia existencia y la del mundo circundante: no solo qué es todo y de dónde viene todo, sino ¿para qué existe todo? ¿Cuál es el sentido del propio vivir? La pregunta se torna acuciante cuando emerge en momentos críticos, en aquellos momentos que Karl Jaspers llamó en su tiempo situaciones límite como la enfermedad, la vejez, la muerte, la culpa. La persona va descubriendo sentidos compartidos o creando otros: la autorrealización individual, la cooperación humana, la pertenencia comunitaria, la contemplación, la acción, la paz, la virtud, la creación, la libertad, el amor, la justicia, la compasión, el goce, la solidaridad, el conocimiento, la donación.

Dada la estructura personal humana —abierta, libre y finita— la pregunta por el sentido le es innata. La conciencia de lo que es y de su enigmaticidad, le anuncian el sentido trascendente de su ser, de los otros y del mundo en general. Aquí el alma manifiesta su ser buscador; indaga y, en su investigación, puede abrirse a sentidos transmitidos por otros, pero que solo le alcanzarán totalmente cuando sean aceptados desde su conciencia y libertad. Uno de estos sentidos es el de la fe religiosa, que en el caso de la fe católica, es recibida a través de otros —familia, comunidad, Iglesia— y cuyo origen último se remonta a la revelación que Dios ha hecho a su pueblo y que ha sido transmitida en la Escritura y la tradición. Aquí se hace posible una nueva modalidad de relación con seres personales, a causa de la fe; por ejemplo, la vivencia de pertenencia a una comunidad de hermanos y hermanas espirituales. De algún modo, existe cierta fraternidad espiritual humana universal, que alcanza a quienes nos antecedieron, nuestros contemporáneos y quienes vendrán; existe también una comunión con los distintos grupos de pertenencia y sus fines específicos, como una institución o un voluntariado; además, puede experimentar la comunión con seres espirituales puros. Pero la

---

[3]   San Agustín; *conf.*, XIII, 9, 10.

relación de sentido en materia de fe tiene una particularidad, pues se trata de una relación con un Ser Absoluto.

El alma establece relaciones y conexiones diversas, en virtud de su ser individual y de las ampliaciones del universo de interrelación, en la que son cruciales la educación y socialización. Dichas interrelaciones no se limitan al entender cognitivo, sino que son acompañados de afectividad, generando vínculos intersubjetivos de diversa proximidad. En cuanto a la relación con el Ser Absoluto, el alma la aprehende como radicalmente diferente a la que puede establecer con un ser finito. Pese a la hondura que puede alcanzar el amor humano, el amor de Dios es experimentado como algo de magnitud infinita, que, como señala Adolf Reinach, no tiene posibilidad de incremento[4]. La persona —desde su libertad y en su momento de despliegue biográfico— se abre o no a la relación personal con el Ser Infinito y, por tanto, a recibir la gracia, el don del amor divino, que lleva a plenitud su despliegue. Y la forma del vínculo propia de la persona es la más profunda acción del alma espiritual: el amor.

De esta manera, podemos caracterizar la dimensión espiritual como el espacio interior en que suceden los siguientes actos de conciencia. Yo aprehendo el mundo, mediante imágenes, palabras y símbolos; interpreto sus significados y estimo su valor. Espontáneamente, ello me atrae o me hace retroceder, lo que conozco mediante mi sentir sentimientos: tristeza, culpa, rabia, compasión, etc. Yo puedo autodeterminar mis actos, aceptando o rechazando aquello que me sale al encuentro en mi interior o exterior. Yo me relaciono y me comunico con otros seres personales, especialmente a través del lenguaje y la empatía; además, puedo experimentar la conexión con otros seres no espirituales, como animales, plantas, espacios de naturaleza libre. Yo busco y me entrego a un sentido, es decir, a una causa que experimento como máximamente valiosa; el compartir este sentido y el convivir en torno a él me hace sentirme perteneciente a una comunidad. Mediante el sentido religioso, puedo sentirme en comunión con seres espirituales puros y establecer una relación personal con un Ser Absoluto, abriéndome a recibir la gracia de su amor como

---

[4] Reinach, Adolf; "Lo Absoluto". En: *Anotaciones sobre filosofía de la religión*. Encuentro, Madrid, 2007, p. 40.

fundamento último de toda mi vida. Todas estas dimensiones van acompañadas de la acción más personal, que es el amor. Yo amo seres amados, que puede ser una/o misma/o, otro próximo o más lejano, una comunidad de sentido, Dios.

Sería equivocado separar este entramado vital. En cada uno de los elementos identificados como aspectos bio-psicosociales, está presente e implicada la totalidad de la persona y las «cualidades del alma»: la capacidad de admirarse, aprender, comprender, imaginar, interpretar, pensar autónomamente, valorar, sentir, relacionarse, comunicarse, dar sentido y amar[5].

Abuso intraeclesial y daño espiritual

¿Cómo comprender el trauma espiritual causado por el abuso intraeclesial, que Thomas P. Doyle ha descrito como un verdadero "asesinato del alma" (*soul murder*)?[6] En términos generales, se puede entender por abuso —del latín abusus— sexual "el acto por el que se utiliza a otra persona para obtener algún tipo de placer, forzándola a través de la fuerza física o de la autoridad moral o espiritual que se tiene sobre ella"[7]. Esta última estrategia es la usada mayoritariamente en el abuso sexual intraeclesial, es decir, el abuso ejercido por personas en razón de su pertenencia y funciones al interior de la Iglesia católica, especialmente sacerdotes, religiosos, religiosas y diáconos. Dichos actos están normalmente acompañados de abuso de conciencia y de autoridad, en el marco de espacios o instancias relacionadas con la fe o la educación religiosa. Dado que las víctimas son con frecuencia niños, niñas, adolescentes y jóvenes, tales actos se configuran, además, como delitos[8].

----

5   Lyon, Emily; "The Spiritual Implications of Interpersonal Abuse: Speaking of the Soul", *Pastoral Psychol*, 59, 2010, pp. 234s.

6   Doyle, Thomas P.; "Sexual Abuse by Catholic Clergy: The Spiritual Damage", en Th. G. Plante, K. McChesney; *Sexual Abuse in the Catholic Church. A Decade of Crisis: 2002-2012.* ABC-CLIO, 2011, p. 177.

7   Murillo, José Andrés; "El abuso: crimen atroz, pecado grave". *Mensaje,* 2010, p. 158.

8   Para la caracterización actual de estos delitos en la legislación chilena, cfr. V.V.A.A., *Violencia sexual contra la infancia. El avance legislativo y sus desafíos.* Biblioteca del Congreso Nacional de Chile, Santiago, 2015.

Un trauma puede entenderse como un evento que irrumpe e interrumpe dolorosamente el curso natural de la vida. Ahora bien, el trauma causado por el abuso sexual intraeclesial tiene alcances profundos en la biografía de la persona, constituyendo una verdadera violencia ejercida contra el Yo personal. Comienza horadando los muros o defensas identificados como más débiles por el sujeto depredador; continúa socavando los límites afectivos, corporales, morales, ideológicos, familiares, comunitarios, y llega a destruir los supuestos últimos del mundo personal. Así, el sujeto abusador logra traspasar y violar los límites personales de la víctima, instalándose como nuevo poseedor de ese reino íntimo, ahora anulado. La toma de posesión llega a su culmen cuando la víctima cree que es ella misma quien piensa, elige, siente, ama, actúa y no el victimario. Incluso si es consciente de su situación, no logra encontrar el camino de salida, pues experimenta el daño como su culpa y sus lazos sociales han sido minados, por lo que no le será fácil buscar "fuera" a alguien que pueda ampararlo. Y si logra gritar pidiendo auxilio, pero no es creído o atendido por una familia o una comunidad de sentido, la desolación es máxima. La persona ha perdido la creencia en que puede ser dueña de sí misma y en su libertad de elegir, destruyéndose su sentido de dignidad y respeto de sí misma, juicio negativo que puede ahondarse a medida que la memoria y la reflexión se profundizan[9]. Llegado a este punto, el núcleo personal se encuentra completamente devastado. ¿Dónde está, entonces, Dios, el Sumo Bien?

Así, el impacto producido por el trauma del abuso es multidimensional y no puede entenderse cabalmente solo desde los arrasadores efectos bio-psicosociales, sin atender al daño moral y espiritual[10]. Asumiendo esta visión holística, nos preguntamos cómo es afectada la persona por el abuso sexual intraeclesial, en la relación consigo mismo como sujeto espiritual, con otros entes espirituales finitos y con Dios.

---

[9]   Manda, Charles; "Re-authoring life narratives of trauma survivors: Spiritual perspective", *Theological Studies* 71, 2, 2015, pp. 3; 6.

[10] Manda; "Re-authoring life narratives of trauma survivors", p. 1; Berry, Barbara Olivia; "Spiritual abuse in the Christian Community". Dissertation presented to the Faculty of Asbury Theological Seminary, 2010.

En primer lugar, cada persona aprehende, interpreta y valora su mundo interior y a sí misma/o en relación con su corporalidad, como unidad psico-física. Cuando su propio cuerpo es asociado a vivencias de violencia, degradación u objetivación, puede producirse una disociación y experimentar su ser físico como un "no-yo", que conlleva mucho más daño espiritual de lo que se piensa[11]. Al respecto, son significativas dos imágenes del cuerpo y la *physis*: en la primera, Emily Lyon describe el impacto causado por el abuso en una víctima con la metafóra de un tren que atraviesa un jardín de flores; en la segunda, Agustina Irarrázaval testimonia su proceso de liberación espiritual, que comienza con la cotidiana repetición de un mantra sanador "no soy mi cuerpo" —es decir, podemos interpretar, mi ser no se agota en el daño que me han hecho— y continúa con un proceso sanador de su relación con los cuatro elementos: el barro que atrapa y ahoga, el fuego del dolor y la rabia, el agua que lava y renueva y el aire liberador y pacificador. El camino culmina en la restauración del amor a sí misma y su corporalidad[12]. Aparece como significativa también la idea de la recuperación de la sabiduría orientadora del cuerpo, integradora del pensar y el sentir[13].

El daño en la memoria corporal va unido tanto a la memoria sensorial —que guarda señales, sonidos, olores— que no es fácil para el cerebro trabajar[14] como al ámbito del autoconocimiento, la autoimagen y la autoestima. Según Sandra Bloom, la víctima de abuso, después del trauma, sufre un derrumbe o colapso del sí mismo; su mundo interior se tiñe de inmensa soledad y sobrevive, pero a expensas de la destrucción o "extinción" de sí misma, de experimentarse como un "no-yo"[15]. La memoria de sí mismo, de sí misma, queda rota; la trama de su propia vida que el tejedor devanaba, es cortada por otro (*Is* 38, 12). Esta irrupción es demoledora porque es la

---

[11]   Lyon; "The Spiritual Implications", pp. 234-240.

[12]   Irarrázaval Leighton, Agustina; "No soy mi cuerpo". *Fundación para la Confianza, Testimonios*, 8 de julio de 2020. En: https://www.paralaconfianza.org/2020/07/08/no-soy-mi-cuerpo/

[13]   Murillo, José Andrés; *Confianza lúcida*. Uqbar, Santiago, 2012, pp. 74s.

[14]   Manda; "Re-authoring life narratives of trauma survivors", p. 5.

[15]   Bloom, Sandra; "Trauma and the nature of evil. Community Works", www.sanctuaryWeb.com, 1996. Citada en Lyon, p. 235.

obra deliberada de otra voluntad finita, que impedirá para siempre a la persona conocer quién habría llegado a ser de no mediar esta experiencia, qué estratos de sí misma no llegará a descubrir[16].

La irrupción abusiva del otro en la trama de la propia vida, daña el autoconcepto y la autoestima, a la vez que provoca miedo y desconfianza hacia los otros. Se ha dicho que hay cuatro relaciones espirituales clave para una persona: con otras personas, consigo mismo, con el mundo que le rodea y con la "vida" o la existencia[17]. Emily Lyon señala que el trauma o fractura de cualquiera de las tres primeras, puede dañar la relación con la existencia misma, pues lo que se juega en ellas es, al mismo tiempo, la imagen interior —del centro personal o alma— sobre las relaciones, la amistad, el amor, la confianza, etc. Si esta imagen se rompe, puede experimentarse el sinsentido y que ya nada tiene significado. Es una verdadera rotura de la trama narrativa de la vida y si, como sucede en el abuso intraeclesial, la víctima es llevada por diversas vías a romper su código moral o religioso, puede sentirse, bajo el dolor de la pérdida y del sentido, el sufrimiento de la culpa, descrita como un "dolor bajo otro dolor". El ahondamiento de tal sentimiento es propiciado por el mismo abusador, quien frecuentemente hace creer a la víctima que no es tal, sino «cómplice» libre y responsable[18]. Ahora bien, si quien abusa es un sacerdote, alguien tan significativo para un católico, el trauma ocasiona profunda confusión y, muchas veces, por muy largo tiempo sentimiento de vergüenza o depresión[19].

El rompimiento relacional, que va de la mano del secreto propio de la situación de abuso, puede ahondarse con el silencio de la comunidad que lo sabe, se niega a asumirlo o prefiere ocultarlo[20]. En

---

[16]   Easton, Scott D.; Leone-Sheehan, Danielle M. y O'Leary, Patrick J.; "«I Will Never Know the Person Who I Could Have Become»: Perceived Changes in Self-Identity Among Adult Survivors of Clergy-Perpetrated Sexual Abuse". *Journal of Interpersonal Violence*, Vol. 34(6), 2019, pp. 1139-1162.

[17]   "Spiritual Pain". En Marcovitch, Harvey (ed.); *Black's Medical Dictionary, 43rd Edition*, A&C Black, 2018. https://search.credoreference.com/content/entry/blackmed/spiritual_pain/0?institutionId=5056

[18]   Murillo; "El abuso: crimen atroz", p. 158.

[19]   Lyon; "The Spiritual Implications", p. 234.

[20]   Murillo; "El abuso: crimen atroz", pp. 156s.

este nivel, se daña profundamente el sentido compartido con otros que hace a la persona sentirse perteneciente a una comunidad. El abuso en una relación interpersonal fractura los sentidos asociados a ella; así como en el abuso infantil intrafamiliar se fractura la seguridad y confianza en la familia, en el intraeclesial se rompe la confianza en la Iglesia como comunidad que debía no solo protegerlo, sino acompañarlo en el camino a la plena realización de su ser[21]. Más aún, se derrumba la creencia cristiana en el cuidado fraterno y parece cobrar sentido la violenta respuesta de Caín a la interpelación de Dios: ¿Soy yo acaso el guardián de mi hermano? (*Gn* 4,9)[22]. Aún más, la Iglesia, comunidad de sentido trascendente es, como recuerda Murillo, el cuerpo místico de Cristo, en que el dolor de una parte hace sufrir al cuerpo completo; por ello, además de las responsabilidades individuales, hay una responsabilidad comunitaria y eclesial de la cual hacerse cargo. Pues experimentar la traición por parte de hombres instituidos "en nombre de Dios", puede experimentarse como traición de Dios y de la Iglesia en su totalidad, un auténtico "trauma por traición de confianza espiritual e institucional"[23].

Pero el daño moral va aún más allá de la violencia ejercida a los códigos éticos de la persona, a sus valores y conciencia moral. El origen más profundo de lo moral en el ser humano es la experiencia de la *ligatio*, de la ligazón que nos hace experimentar que estamos vinculados a otros y estos a nosotros y que, por ello, nos debemos mutuamente respeto, sentido de responsabilidad y cuidado, fraternidad universal. El abuso transgrede el lazo ético originario de la relación con el otro; lo traiciona, por lo que pone en riesgo la creencia en el sentido vincular humano.

El quiebre de la confianza en el otro conlleva también la interrogante sobre los significados comunes. ¿Cómo seguir compartiendo

---

[21]   Lyon; "The Spiritual Implications", p. 234; Gomez, Anne I.; "The lived experience of a response of denial from Christian Community after trauma". Thesis for the degree of Master of Arts in the Faculty of Graduate Studies, Trinity Western University, 2004.

[22]   Lyon; "The Spiritual Implications", p. 235.

[23]   Murillo; "El abuso: crimen atroz", p. 157; Varona, Gema y Martínez, Aitor; "Estudio exploratorio sobre los abusos sexuales en la iglesia española y otros contextos institucionales: marco teórico y metodológico de una investigación victimológica abierta". *Eguzkilore*, 29, 2015, pp. 17; 29.

ámbitos de sentido con quienes han sido los victimarios del propio ser? En efecto, la persona aprehende, interpreta y valora el mundo en referencia a otros, mediante imágenes, palabras, símbolos, valoraciones. Esto es particularmente relevante en la vivencia religiosa, expresada fuertemente mediante lenguaje simbólico. El talante afectivo que acompaña todo acto de conciencia, tiñe los significados asociados a la experiencia del abuso: hasta lo más sagrado y santo puede producir rechazo y hacer retroceder. De esta manera, los símbolos más trascendentes para la fe pueden cobrar un significado terrorífico en la memoria de la víctima[24].

Una de las dimensiones humanas más propiamente *espiritual* es la libre adhesión a una finalidad. A través de ella, la persona busca y se entrega a diversos sentidos: cooperación humana, contemplación, acción, paz, creación, libertad, amor, justicia, compasión, solidaridad, conocimiento, donación; sentido trascendente de su ser, de los otros y del mundo en general. El abuso intraeclesial traumatiza el significado de estas finalidades y el sentido de la dignidad personal y de la confianza en otros, de la pertenencia comunitaria, del amor y de todo lo recibido a través de otros —familia, comunidad, Iglesia—. Así, se pone en riesgo todo el sistema de creencias y, en particular, la creencia en la revelación que Dios ha hecho a su pueblo, transmitida en la Escritura y por la tradición.

El alma que ha vivido la desoladora experiencia del abuso por parte de seres espiritualmente significativos, en medio de una comunidad eclesial, se topa con una cuestión decisiva: la relación con el Ser Absoluto, fundamento último de la existencia abierta a su amor plenificador. ¿Dónde está Dios? ¿Por qué calla ante tal monstruosidad? ¿Se puede seguir creyendo en su amor y poder incondicionado? La dolorosa experiencia del abuso puede crear la impresión de la ausencia de Dios y al rompimiento de la creencia en que nada es imposible para Él o que puede intervenir en forma positiva y relevante en las situaciones de crisis. No solo el concepto intelectual sino, sobre todo, la imagen de Dios que brota de lo que las personas experimentan, es impactado en el contexto del abuso intraeclesial; por ejemplo, Dios guardián y protector, con cuidado paterno. El camino de sanación

---

[24]   Lyon; "The Spiritual Implications", p. 237.

espiritual requerirá de una nueva imagen y concepto de Dios y de los recursos espirituales relacionados a él, de una fe que logre dar respuesta a algo tan exigente y grave como integrar el trauma, el sufrimiento o el mal[25].

En camino hacia la reparación

Considerando la profundidad del daño, nos preguntamos por los caminos de reparación. Es importante comprender que no significa olvidar lo vivido o volver al estado anterior, sino "reconocer la realidad tal como fue, con el daño que ha producido, y elaborar lo padecido o lo hecho padecer en la memoria biográfica y social"[26]. En la dimensión psicológica, reparación podría entenderse como la capacidad de la persona —ahora emocionalmente contenida— de revisitar el trauma y resignificarlo[27]. Este camino requiere varios pasos, el primero de los cuales es, sin duda, "extraer" la causa inmediata de la herida, librarse de la situación de abuso, salir del círculo de su poder, para cantar con el salmista: *Nuestra vida escapó como un pájaro del lazo del cazador* (*Sal* 124, 7). La salida es ya un acontecimiento en el camino de reparación, que puede ocurrir de modos infinitamente diversos, tanto como lo son las almas y las experiencias humanas. No obstante, hay al menos tres voces que resuenan con fuerza y la posibilitan: el propio ser, cuyo grito más profundo es sobrevivir y abrirse paso en el espesor de la tiniebla; el ser del otro —en diversos grados de proximidad, hasta incluso el otro "Estado"— cuyo rostro, palabra, gesto, oído o mano tendida nos muestra que hay algo más allá de la penumbra y nos ayuda a encontrar la salida; el Espíritu divino, que ilumina y fortalece el alma en su búsqueda y proporciona auxilios para la liberación.

---

[25] Manda; *Re-authoring life narratives of trauma survivors*, p. 7. Magezi y Manda; "The use of spiritual resources to cope with trauma in daily existence", p. 1.

[26] Montero, Carolina; *Vulnerabilidad, reconocimiento y reparación. Praxis cristiana y plenitud humana* UC-Centro teológico Manuel Larraín, Santiago, 2012, p. 136.

[27] Agradezco al psiquiatra Ricardo Capponi, en forma póstuma, su valiosa aclaración sobre este punto durante una visita a la Comisión UC de análisis de la crisis de la Iglesia (Santiago, 4 de septiembre de 2019).

Pero la salida como ruptura de las cadenas, es solo el comienzo de un largo camino de reparación, algunos de cuyos pasos son comprender que se ha experimentado una situación traumática de gran magnitud y nombrarla como tal —abuso, delito, manipulación—; vivir el tiempo de duelo y de legítimo lamento por las pérdidas —personas, lugares, edades, vivencias—; aprender formas de relaciones saludables; ir reestableciendo la serenidad y la confianza[28].

Puesto que hemos asociado la dimensión espiritual con la aperturidad al sentido y la libre adhesión a él, reparación espiritual podría entenderse como la capacidad de revisitar el abismo existencial del evento vivido y reencontrar después de ello la trama de la propia vida. Es recobrar la capacidad de adherir libremente a un horizonte de sentido y a significados compartidos, que integran la experiencia traumática de un nuevo modo, permitiendo continuar con la propia vida de una manera fecunda y restaurando su ser relacional en contextos nuevos.

En dicha dirección, es relevante la reparación por la palabra: nombrar el trauma como tal, pero también relatar a otros la experiencia, ser escuchado y comprendido. La sanación es en gran parte "narrativa", es decir, involucra el poder contar la propia historia y poder nombrarse primero como víctima —y en cuanto tal no culpable— y después como sobreviviente. La distinción de los términos expresa por sí misma la recomposición de la persona como autora de su propia biografía, alguien que ha recorrido el camino que Capponi describió como "sumergirse, rescatarse y volver a construirse"[29]. En la literatura se encuentran investigaciones sobre la importancia del hablar y compartir en grupos pequeños y sinceros, con experiencias comunes, acogiendo el dolor de otros[30]; encontrando nuevos significados comunes, en cuanto sobrevivientes. De especial relevancia son las experiencias en que la persona resignifica el trauma, construyendo creativamente sobre él sendas de prevención, liberación o reparación para otros en situaciones similares. De esta forma, al poner las propias heridas pasadas al servicio de la curación y cuidado de las heridas

---

[28]   Manda; *Re-authoring life narratives of trauma survivors*, p. 2.

[29]   Cfr. nota 26.

[30]   Manda; *Re-authoring life narratives of trauma survivors*, p. 3.

de otros, la persona se construye no solo como sobreviviente, sino como sanador[31].

Ahora bien, en la reparación de la vida de fe, es fundamental encontrar en las comunidades —de sentido o iglesias— el reconocimiento no solo de los hechos de abuso causados por individuos o grupos, sino también de los propios errores institucionales en el tratamiento a los casos: ausencia de disposición a escuchar, indiferencias, tardanzas, incomprensiones, medidas insuficientes o erróneas e, incluso, eventualmente abiertos encubrimientos. Es difícil que el victimario se reconozca como abusador y asuma las responsabilidades, pero es esencial la vía del reconocimiento comunitario e institucional y los ineludibles procesos de justicia[32]. Junto a ello, las comunidades e iglesias contribuyen a la reparación creando ambientes de relaciones sanas[33]. Si bien esto es también responsabilidad de cada miembro, en una comunidad de fe en que es fundamental la acción de anuncio y seguimiento, cobra especial relevancia la conciencia por parte de los líderes, guías, ministros o pastores del modo en que ejercen su liderazgo, en cuanto ayuda u obstruye las relaciones sanas y, eventualmente, puede constituir un abuso espiritual[34]. En realidad, las comunidades religiosas tienen por sí mismas un potencial inigualable de ayuda a la sanación, si son capaces de dar el paso valiente del reconocimiento de los hechos y de las propias responsabilidades, de la colaboración con la prevención y la justicia, de la transformación de las relaciones. Sin estos pasos, no es posible que las personas sobrevivientes, en caso de quererlo, se reintegren a sus comunidades con el respeto legítimo que les es debido, tomando incluso roles significativos.

A mediano y largo plazo, la reparación requiere una contribución teológica para recrear y desarrollar caminos de «espiritualidad post-traumática», que involucre deconstrucción de los discursos

---

[31]   Manda; *Re-authoring life narratives of trauma survivors*, pp. 3-4.

[32]   Murillo; "El abuso: crimen atroz", p. 159.

[33]   Lyon; "The Spiritual Implications", p. 240.

[34]   Berry, Barbara O.; "Spiritual abuse in the Christian community". Dissertation for the Doctor of Ministry degree at Asbury Theological Seminary, 2010, p. 1.

dominadores que impiden el diálogo, las voces diversas o el disenso[35]; ruptura de las "creencias tóxicas", es decir, aquellas que pueden ser usadas para concientizar, facilitar o perpetuar el abuso[36]; y la reflexión sobre los modos de incorporar la subjetividad en la experiencia religiosa eclesial, integrando más profundamente la conciencia individual, la libertad, el sentimiento, el dolor, la fragilidad, el bienestar emocional, la belleza, la corporalidad. También, el sentido de la absoluta trascendencia de Dios —que libre de toda idolatría de doctrinas o líderes carismáticos— y del sentido de la Encarnación —que permita experimentar al mismo tiempo la proximidad de Dios que acoge la propia fragilidad, personalidad y temporalidad—; la importancia del discernimiento como parte irrenunciable de la formación de todo creyente.

Conclusión

En la experiencia del abuso, la persona como criatura espiritual es afectada en su conciencia y estima de sí como persona libre y digna, como conciencia encarnada e integrada en un ambiente social y cultural, cuya vida interior está mediada por imágenes, símbolos y relaciones. Experimenta el daño en lo más profundo de su ser relacional, sintiendo derrumbarse la confianza en el otro en cuanto humanidad o comunidad de fe; por último, puede ser quebrada en sus supuestos fundamentales, en su sentido último de amparo en el Ser Absoluto que sostiene todo.

La reparación —como posibilidad de revisitar el trauma y resignificarlo— existe, como lo demuestra la vida y testimonio de muchos sobrevivientes, pero es un camino arduo, a la vez personal y colectivo. Incluye diversos pasos como la salida de la situación de abuso, el reconocimiento, el dar nombre, el duelo, el compartir el propio relato, el reencuentro consigo mismo como autor o autora principal de su existencia, la resignificación de lo padecido en un nuevo sentido de donación, la reconstrucción de nuevas relaciones. Se ha sostenido que una experiencia central en el trauma es el desempoderamiento y

---

[35]   Manda; *Re-authoring life narratives of trauma survivors*, p. 4.

[36]   Doyle; "Sexual Abuse by Catholic Clergy: The Spiritual Damage", p. 172.

la desconexión con los demás, por lo que la recuperación pasa por el empoderamiento del/de la sobreviviente y la creación de nuevas conexiones[37].

Las iglesias y comunidades pueden y deben comprometerse en esta tarea de alcance eclesial y social, creando renovados caminos y formas de relacionarse, tras la experiencia del trauma que se ha producido a su alero. Esto es una responsabilidad profunda, además, si pensamos que las comunidades de fe guardan valiosos recursos espirituales para afrontar los momentos de crisis existencial.

Según diversos relatos, también la conexión con espacios de naturaleza libre y con seres vivos no espirituales —es decir, animales y plantas sin una voluntad percibida como amenaza— pueden resultar compañeros sanadores de la relación del sí mismo con el sentido y significado de la corporalidad dañada y de la capacidad del alma de relacionarse con otro ser viviente. Dado que lo espiritual en la persona es un tipo de vida, que solo conocemos por sus obras o expresiones —sentimientos, palabras, acciones— también el contacto con otros seres vivos —plantas, animales, ecosistemas— puede ser coadyuvante en el camino de recrear y reconstruir el sentido de toda vida.

Finalmente, el reencuentro consigo mismo como ser en relación con el Ser Absoluto, pertenece al ámbito del misterio de la libertad y del santuario interior del alma personal. Se requerirá, luego de la crisis, una reestructuración teológica de la imagen de Dios y un empoderamiento por parte de la persona de sus recursos espirituales y religiosos. Podría constituir una puerta a la restauración de esa relación el simple y callado ponerse delante de Dios; solo su mirada de misericordia absoluta puede devolver al espíritu herido la verdad de sí mismo, de sí misma, que creía perdida, como hijo amado, como hija amada.

---

[37]   Magezi y Manda; "The use of spiritual resources to cope with trauma in daily existence", p. 6.

Estrategias desplegadas por clérigos para el abuso sexual a menores

Por Cristóbal Emilfork sj y Pilar Larroulet

Introducción

El abuso sexual infantil es un fenómeno que acontece en diversos contextos culturales, económicos e institucionales afectando a millones de niños, niñas y adolescentes en todo el mundo[1]. En los últimos años ha habido un creciente interés en estudiar el abuso sexual infantil que ocurre al interior de la Iglesia católica, institución que a pesar de exigir a sacerdotes y religiosos el apego a un estricto código normativo de vida[2], pareciera proveer oportunidades específicas para la ocurrencia del abuso sexual infantil[3].

---

[*] Esta investigación es parte de la tesis "¿Qué está pasando aquí? Comprensiones de agresores y víctimas sobre el abuso sexual a menores en la Iglesia católica chilena", realizada por Cristóbal Emilfork y dirigida por Pilar Larroulet, en el programa de Magíster en Sociología de la Pontificia Universidad Católica de Chile.

[1] Murray, L., Nguyen, A., & Cohen, J.; "Child Sexual Abuse". *Child and Adolescent Psychiatric Clinics of North America*, 23(2), 2014, pp. 321-337; Terry, K.; "Child sexual abuse within the Catholic Church: A review of global perspectives". *International Journal of Comparative and Applied Criminal Justice*, 39(2), 2015, pp. 139-154.

[2] Keenan, M.; *Child Sexual Abuse & The Catholic Church. Gender, Power, and Organizational Culture*. Oxford University Press, 2012.

[3] Spraitz, J., & Bowen, K., "Examination of a Nascent Taxonomy of Priest Sexual Grooming". *Sexual Abuse: A Journal of Research and Treatment*, 31(6), 2019, pp. 707-728.

Si bien este fenómeno data de siglos[4], solo comenzó a ser investigado recientemente, a propósito de diversos reportajes periodísticos[5] en los que se denunciaron a sacerdotes que cometieron estos delitos de manera impune durante años[6]. Dichas investigaciones constataron no solo la extensión del abuso sexual infantil en contextos eclesiales, sino también la deficiente gestión institucional llevada a cabo por la Iglesia católica para enfrentar el problema. Por lo mismo, se ha hablado de una "política del encubrimiento", encabezada por sus autoridades, quienes —directa o indirectamente— aplicaron medidas negligentes o de protección hacia los abusadores[7], lo que habría facilitado la perpetuación de estos atentados.

Chile también se ha visto impactado por este tipo de delitos. Si bien se conocen casos de abusos sexuales previos, en abril de 2010 se hicieron públicas las acusaciones contra el sacerdote chileno Fernando Karadima, dando pie a un aumento en el número de denuncias, tanto canónicas como civiles, de clérigos por delitos de abusos sexuales[8]. Algunos de estos sacerdotes gozaban de alto prestigio social y, por ende, poseían fuertes vínculos con el poder, lo que contribuyó a aumentar el impacto público de estos sucesos. A octubre de 2019, y desde que en 2000 se pusiera en práctica la Reforma Procesal Penal, se cuenta con cerca de 200 personas vinculadas a la Iglesia investigadas por la Fiscalía[9]. Las denuncias, además, condujeron a la peor crisis de confianza que vive la Iglesia chilena en toda su historia. De acuerdo con los datos de la serie Latinobarómetro para

---

[4]   Doyle, T. P.; "Roman Catholic Clericalism, Religious Duress, and Clergy Sexual Abuse". *Pastoral Psychology*, 51(3), 2003, pp. 189-231.

[5]   La más reconocida de estas investigaciones fue la llevada a cabo por el equipo *Spotlight* de investigación periodística del diario *Boston Globe*, de Estados Unidos, el año 2002. El *Special Report* se puede encontrar en: https://www3.bostonglobe.com/arts/movies/spotlight-movie/?arc404=true

[6]   Rossetti, 1996; como se cita en Böhm, B., Zollner H., Fegert J. M. & Liebhardt H.; "Child Sexual Abuse in the Context of the Roman Catholic Church: A Review of Literature from 1981-2013", *Journal of Child Sexual Abuse* 23(6), 2014, pp. 635-656.

[7]   Terry, K.; "Stained Glass: The Nature and Scope of Child Sexual Abuse in the Catholic Church". *Criminal Justice and Behavior*, 35(5), 2008, pp. 549-569.

[8]   Comisión UC para el análisis de la crisis de la Iglesia católica en Chile, 2020. *Comprendiendo la crisis de la Iglesia en Chile*. Pontificia Universidad Católica de Chile.

[9]   Ídem.

Chile, en 2018 solo un 27% declaraba confiar en la Iglesia, cifra que alcanzaba casi el 80% en el año 2000[10]. La caída en la confianza se observa no solo a nivel general, sino también entre los católicos y católicos observantes[11].

La investigación sobre el abuso sexual en la Iglesia, aunque escasa, se ha centrado, principalmente, en indagar sobre la prevalencia del fenómeno, perfil de los abusadores y en la determinación de las causas y alcance de los abusos[12]. Los escándalos públicos que acompañaron a la divulgación de estos delitos llevaron incluso a que la misma Iglesia católica, en diferentes países, encargara investigaciones al respecto. Los estudios más comprehensivos sobre la temática estiman que la prevalencia de sacerdotes con acusaciones de abuso sexual infantil alcanza porcentajes que van desde un 4%[13] hasta un 7%[14]. Las estimaciones para Chile rondan también el 4%[15].

Las cifras anteriores, sin embargo, deben ser consideradas como conservadoras, dado lo complejo que es el estudio empírico del fenómeno. Las dificultades estriban, por un lado, en la llamada "cifra negra" del delito —ilícitos perpetrados, pero no reportados—, y que se hace más crítica aún en el caso de crímenes de tipo sexual[16]. Por otra parte, empíricamente se ha demostrado que la dinámica del reporte del abuso sexual, por lo general, difiere en un extenso período de tiempo del momento de su ocurrencia, lo que, por lo mismo, entorpece su investigación[17]. A lo anterior se suma la dificultad de acceso a la información por parte de la Iglesia católica, cuya justicia considera

---

[10]   Ídem.

[11]   Ver Encuesta Nacional Bicentenario, 2019

[12]   Böhm, *et al.*, 2014.

[13]   John Jay College of Criminal Justice, Estados Unidos; MHG-Forschungsprojekt, Alemania, como se cita en Schickendantz, C.; "Fracaso institucional de un modelo teológico-cultural de Iglesia. Factores sistémicos en la crisis de los abusos", *Teología y Vida*, 60(1), 2019, p. 26.

[14]   Royal Commission into Institutional Responses to Child Sexual Abuse, Australia

[15]   Comisión UC para el análisis de la crisis de la Iglesia católica en Chile, 2020.

[16]   Terry, 2008.

[17]   Smith *et al.*, 2008; como se cita en Böhm *et al.*, 2014; Terry, 2008.

gran parte de los procedimientos canónicos llevados a cabo para determinar los hechos, como altamente confidenciales o secretos[18].

Respecto de las causas que explicarían el abuso sexual a menores en contextos eclesiales, la literatura ha establecido distintos tipos de factores. Una primera distinción separa variables individuales de institucionales. Los factores individuales se relacionan, sobre todo, con las características de los individuos que cometen los abusos sexuales, los que Böhm *et al.* denominan intereses sexuales desviados (principalmente desórdenes parafílicos de tipo pedofílico o efebofílico[19]), factores psicológicos (inmadurez sexual y/o emocional, perturbaciones psiquiátricas significativas) o ciertas características específicas de personalidad que podrían explicar la ocurrencia del abuso[20]. Hoy en día existe cierto consenso en que estas causas jugarían un rol limitado en la explicación del abuso sexual eclesial, en contraste con factores situacionales e institucionales[21].

En relación a las variables institucionales, se ha distinguido de manera general entre factores situacionales o de oportunidad, por un lado, y dinámicas sociales de la cultura y/o estructura institucional por otro[22]. Los primeros apuntan a aquellos elementos contextuales que permiten, favorecen o incentivan un acto criminal[23], mientras que los segundos refieren a los elementos propios de la organización

---

[18]   Emilfork, D. "¿Qué está pasando aquí? Comprensiones de agresores y víctimas sobre el Abuso Sexual a Menores en la Iglesia católica chilena". [Tesis para optar al grado de Magíster en Sociología, Pontificia Universidad Católica de Chile], 2020.

[19]   La efebofilia corresponde a la atracción sexual por niños post-púberes o adolescentes en un rango etáreo que va desde los 14 a los 18 años. Si bien este tipo de atracción no está descrita como un desorden en los manuales DSM (Bailey, M. J., Hsu, K. J., Bernhard, P. A., & Goodman, S.; "An Internet Study of Men Sexually Attracted to Children: Sexual Attraction Patterns". *Journal of Abnormal Psychology*, 125(7), 2016, pp. 976-988), sí es una distinción que suele hacerse en la literatura al constatar que un porcentaje importante de agresores sexuales en el clero abusan de menores situados dentro de este rango etáreo (McGlone, G. J.; "Prevalence and Incidence of Roman Catholic Clerical Sex Offenders". *Sexual Addiction and Compulsivity: The Journal of Treatment and Prevention* 10(2-3), 2003, pp. 111-121).

[20]   Böhm *et al.*, 2014.

[21]   Leygraf, König, Kröber y Pfäfflin, 2012, como se cita en Böhm *et al.*, 2014; Terry, 2008.

[22]   Böhm *et al.*, 2014.

[23]   Wortley, R. & Smallbone, S.; "Applying situational principles to sexual offenses against children". *Crime prevention studies*, 19, 2006, pp. 7-35.

eclesial y su cultura que facilitarían la desviación[24]. Estos factores, sin embargo, están estrechamente interrelacionados. Por ejemplo, la evidencia ha mostrado que tanto la estructura como la cultura organizacional han posibilitado la situación y oportunidad para el abuso[25].

Adicionalmente, son justamente estas últimas variables las que facilitan y entregan el contexto en que ocurren los procesos relacionales mediante los cuales el agresor se vincula con la víctima y genera una relación de confianza con el objetivo de cometer el abuso. Este fenómeno, que la literatura sobre abuso sexual infantil ha denominado *grooming*, ha sido recientemente incorporado en el estudio de la etiología del abuso sexual infantil[26]. Sin embargo, los informes que miran específicamente las dinámicas relacionales en el marco del abuso clerical son aún escasos, a pesar de las particularidades institucionales y culturales que podrían facilitar el *grooming* en el contexto eclesial[27].

Este capítulo busca justamente describir las principales estrategias desplegadas por los agresores para propiciar el abuso sexual, vinculándolas con la idea de oportunidad enmarcada en una institución y función determinada como es la del sacerdote. Para responder a esta pregunta se desarrolló un análisis de textos de carácter iterativo e inductivo de 20 sentencias de sacerdotes y religiosos condenados por abuso sexual infantil en Chile entre 2001 y julio de 2018, las que totalizan 1.887 páginas. Las sentencias consideradas son el total de sentencias definitivas de los procesos llevados a cabo por la justicia civil en contra de clérigos acusados de abuso sexual a menores durante este período. A continuación, se revisa la literatura relativa a

---

[24]   White, M., & Terry, K.; "Child Sexual Abuse in the Catholic Church: Revisiting the Rotten Apples Explanation". *Criminal Justice and Behavior*, 35(5), 2008, pp. 658-678.

[25]   Terry, K.; "Child sexual abuse within the Catholic Church: A review of global perspectives". *International Journal of Comparative and Applied Criminal Justice*, 39(2), 2015, pp. 139-154.

[26]   Elliott, 2017; Seto, 2008; como se cita en Spraitz, J., & Bowen, K.; "Examination of a Nascent Taxonomy of Priest Sexual Grooming". *Sexual Abuse: A Journal of Research and Treatment*, 31(6), 2019, pp. 707-728; Craven, S., Brown, S., & Gilchrist, E. Sexual grooming of children: Review of literature and theoretical considerations. *Journal of Sexual Aggression*, 12(3), 2006, pp. 287-299.

[27]   Spraitz & Bowen, 2019.

factores asociados al abuso sexual, enfatizando la comprensión de la dinámica relacional que lo facilita.

El rol del contexto y de la cultura eclesial en el abuso sexual infantil

La investigación sobre abusos sexuales a menores en la Iglesia católica ha transitado desde una perspectiva centrada sobre todo en la indagación de variables individuales que explicarían el comportamiento delictivo, hacia el estudio de características propias de la cultura y estructura institucional que facilitarían la comisión del abuso. De manera consistente con la descripción que emerge en el *John Jay Report* y en otros estudios, los factores situacionales y de contexto han sido destacados como elementos claves en la ocurrencia del abuso sexual infantil cometido por clérigos[28]. El que la mayoría de los abusadores se inicien tardíamente en la conducta delictual, los bajos niveles de comportamientos pedofílicos, el escaso porcentaje de víctimas abusadas que son extrañas a los abusadores y el uso de lugares donde el clérigo tiene facilidades para tener privacidad con la víctima[29], confirmarían la importancia de los elementos de oportunidad en la comisión de los delitos, por sobre características individuales del agresor.

A nivel general, la mirada situacional asume que quienes delinquen son actores racionales que sopesan los costos y beneficios de sus acciones[30]. De acuerdo con esta teoría, la conducta desviada disminuiría la probabilidad de su ocurrencia en el caso de que esta conlleve demasiado esfuerzo o demasiado riesgo por parte del agresor. En el caso concreto del abuso en contexto eclesial, como argumentan White y Terry, hay una serie de factores de oportunidad que

---

[28]   Smallbone, S., & Wortley, R. *Child sexual abuse in Queensland: Offender characteristics and modus operandi.* Queensland Crime Commission, 2000.

[29]   Terry, 2015; Terry, K., & Ackerman, A.; "Child Sexual Abuse in the Catholic Church: How Situational Crime Prevention Strategies can Help Create Safe Environments". *Criminal Justice and Behavior* 35(5): 2008, pp. 643-657.

[30]   Cornish, D. B., & Clarke, R. V. *The Reasoning Criminal: Rational Choice Perspectives on Offending.* Transaction Publishers, 2014.

facilitan este abuso y que limitan los costos asociados al mismo[31]. Los autores refieren a los vínculos de confianza que el clérigo puede establecer en base al supuesto de virtud que supone su autoridad, y al acceso a menores de edad sin supervisión de otros adultos. Adicionalmente, y en línea con la literatura criminológica[32], la baja probabilidad de castigo que ha caracterizado el abuso sexual infantil en la Iglesia[33], podría asociarse con una mayor probabilidad de delitos futuros.

Por otro lado, y como señala Kennan, el solo hecho de constatar la ocurrencia del abuso como un fenómeno extendido en la Iglesia católica, obliga a analizar las características organizacionales propias que podrían incidir en su ocurrencia[34]. Al respecto, la literatura señala que existen dinámicas sociales institucionales que facilitarían el abuso sexual infantil, las que pueden distinguirse entre elementos de la estructura organizacional (como políticas, recursos, controles e indicadores de responsabilidad) y aquellos de la cultura organizacional (normas, valores, formas de liderazgo, dinámicas de poder, confianza en los miembros, etc.)[35].

Dentro de los factores culturales, la investigación ha hecho hincapié de manera particular en los roles de poder y autoridad dentro

---

[31]   White y Terry, 2008.

[32]   Cohen, L. E., & Felson, M. "Social change and crime rate trends: A routine activity approach". *American Sociological Review* 44(4), 1979, pp. 588-608; Nagin, D. S.; "Deterrence in the twenty-first century". *Crime and Justice*, 42(1), 2013, pp. 199-263.

[33]   Ver, por ejemplo, John Jay College of Criminal Justice. *The Nature and Scope of Sexual Abuse of Minors by Catholic Priests and Deacons in the United States, 1950-2002.* United States Conference of Catholic Bishops, 2004; Comisión UC para el análisis de la crisis de la Iglesia católica en Chile, 2020.

[34]   Keenan refiere a características que podrían considerarse como institucionales y que son distintivas de la composición de los clérigos, como el hecho de ser solo hombres, similarmente educados, sujetos a una sola autoridad, que profesan la misma creencia, así como un voto o promesa de obediencia, castidad y/o celibato y servicio a los demás. Por otra parte, la autora señala que el hecho de que el abuso sexual infantil contradiga totalmente lo que la institución declara como su misión —la protección de los más jóvenes y vulnerables— y los problemáticos patrones comunes que pueden encontrarse en el manejo que se ha hecho en los distintos países de los abusos sexuales, evidencian la necesidad de mayor investigación sobre estas materias. Kennan, 2012.

[35]   Harris, A., & Terry, K.; "Child Sexual Abuse in Organizational Settings: A Research Framework to Advance Policy and Practice". *Sexual Abuse: A Journal of Research and Treatment*, 31(6), 2019, pp. 635-642.

de la institución, tanto en su conceptualización como en las prácticas en las que se los verifica. Así también, en el papel que juegan valores como la confianza y la privacidad en una lógica organizacional excesivamente cerrada, donde operan la discreción y el "espíritu de cuerpo", definido por el relativo aislamiento del resto de la sociedad y la solidaridad de grupo[36].

Este "espíritu de cuerpo" podría relacionarse con la idea de una institución total, concepto acuñado por Goffman en su obra *Asylums*[37] para referirse a aquellas organizaciones que capturan prácticamente la totalidad de las vidas de sus miembros, proveyéndoles de una suerte de mundo paralelo. En estas entidades "el *staff* tiene un control cuasi total sobre las vidas de los *internos*, incluyendo cuándo y dónde duermen, comen y socializan"[38]. Sin querer hacer un ejercicio exhaustivo, Goffman clasifica las instituciones totales en cinco grandes grupos, las que pueden ser, entre otras, hospitales psiquiátricos, cárceles, internados, ciertos establecimientos militares y monasterios o conventos. Los miembros de una institución total tienden a estar separados —física o simbólicamente— del resto de la sociedad, en una lógica de "ellos versus nosotros"[39], y tener reglas que guardan claras diferencias con el mundo exterior. Con estas reglas, logran fusionar las distintas esferas de la vida en el mismo espacio, algo que, en el contexto del abuso sexual eclesial, parecen experimentar tanto víctimas como victimarios[40].

A pesar de la relevancia que la literatura les otorga, los factores institucionales han sido considerablemente menos estudiados que los individuales y situacionales[41], hecho que es altamente problemático,

---

[36]   White & Terry, 2008.

[37]   Goffman, E. *Asylums: Essays on the Social Situation of Mental Patients and Other Inmates*. Doubleday, Anchor, 1961.

[38]   Mechling, J.; "Total Institutions: Camps, Boardig Schools, Military Bases, Hospitals and Prisons in American Folklore and Folklife". En: S. Bronner (Ed.) *The Oxford Handbook of American Folklore and Folklife Studies*. Oxford University Press, 2019.

[39]   White & Terry, 2008.

[40]   Palma, I. Institución eclesiástica y sexualidad intergeneracional. Cómo entender los abusos de poder. En: C. Del Río, & M. O. Delpiano (Eds.). *La irrupción de los laicos. Iglesia en Crisis*. UQBAR, 2011.

[41]   Harris & Terry, 2019.

debido a que estos elementos podrían también explicar la deficiente respuesta de la Iglesia católica frente al abuso sexual infantil.

Clericalismo

Un análisis detenido merece el modo de comprender el poder dentro de la Iglesia católica, el que ha sido particularmente problematizado a raíz de los abusos sexuales a menores. Así, ha adquirido relevancia el concepto "clericalismo" como una de las mayores explicaciones para dar cuenta tanto del fenómeno en cuestión como de su posterior encubrimiento. El clericalismo "denota un sistema jerárquico-autoritario que puede llevar al sacerdote a adoptar una actitud de dominio en las interacciones sobre los individuos no ordenados [los laicos], porque él ocupa una posición superior en virtud de su ministerio y ordenación. El abuso sexual es una manifestación extrema de tal dominio"[42].

El clericalismo sería la encarnación en la Iglesia del modo que tienen las élites para autocomprenderse como un estrato que se ubica por encima de la ley y que, por lo mismo, goza de particulares privilegios. Esta forma de entender la propia posición posibilitaría la tolerancia hacia la corrupción moral de los sacerdotes y la noción de que estos —o la institución— estarían libres de pecado[43] o dispensados de cualquier mecanismo de control de gestión, evaluación y responsabilidad[44].

Doyle puntualiza que el clericalismo es una radical incomprensión respecto del lugar de los clérigos en la Iglesia, que supone que estos, en razón de su rol, merecen un trato preferencial, ya que por sus facultades estarían "más cerca de Dios". Esta forma de pensar sería compartida tanto por presbíteros como por los laicos[45], y estaría influida por la cultura de la organización.

---

[42]   MHG Forschungsprojeckt, como se cita en Schickendantz, 2019, p. 26.

[43]   Valenzuela, E.; *Algunas reflexiones sobre el poder dentro y fuera de la Iglesia católica*. [Ponencia]. 2da. sesión Seminario interno de profesores y alumnos de postgrado de la Facultad de Teología de la Pontificia Universidad Católica de Chile, 7 de mayo de 2019.

[44]   Wilson, 2008, como se cita en Quezada, N. *Estamento Sacerdotal.* [*Field paper* no publicado para tesis de Doctorado, Pontificia Universidad Católica de Chile], 2014.

[45]   Shaw, 1993; como se cita en Doyle, 2003; Wilson, 2008; como se cita en Quezada, 2014.

Esta desviación en la forma de ejercer el poder ha sido también recientemente reconocida por la propia Iglesia católica. En su 'Carta al Pueblo de Dios que peregrina en Chile', el Papa Francisco definió al clericalismo como una práctica "que busca siempre controlar y frenar la unción de Dios sobre su pueblo"[46], y en numerosas ocasiones lo ha identificado como el principal factor responsable tanto del abuso sexual, como de los abusos de conciencia y poder que se han evidenciado en la Iglesia[47]. Como se ha señalado, el concepto de institución total de Goffman asume la articulación de una autoridad que concentra un enorme poder sobre los individuos bajo su control, y que observa y supervisa el comportamiento de sus miembros. Este concepto también podría extrapolarse desde el mundo clerical al mundo eclesial, a elementos que articulan los vínculos entre sacerdotes y laicos, y que han sido reconocidos como perniciosos por el mismo Francisco. El Papa, llamando al empoderamiento de los laicos en los procesos eclesiales[48], no repara en que esta invitación a la toma de una posición más activa por parte de estos no sería fácil. Bordieu, por ejemplo, considera que la división social del trabajo religioso, a través de la cual se produce un cuerpo de productores especializados en los discursos y ritos religiosos (el clero) "conduce, entre otras consecuencias a desposeer a los laicos de los instrumentos de producción simbólica"[49]. Lo anterior cristalizaría en prácticas autoritarias muchas veces irreconocibles, que son naturalizadas, como una imposición enmascarada y, por lo mismo, aceptada de forma acrítica.

El *grooming* y su especificidad en el abuso sexual en la Iglesia católica

En la literatura sobre abuso sexual infantil, se denomina *grooming* a los procesos relacionales mediantes los cuales el agresor se vincula

---

[46] Francisco; *Carta del Santo Padre Francisco al Pueblo de Dios que peregrina en Chile* [Cartas]. La Santa Sede, 31 de mayo de 2018, n. 5.

[47] Schickendantz, 2019.

[48] Francisco; *Carta del Santo Padre Francisco al Pueblo de Dios que peregrina en Chile*, 2018, n. 1.

[49] Bourdieu, P.; "Sur le pouvoir symbolique". En: *Annales. Economies, sociétés, civilisations.* 32e année, N. 3. 1977, pp. 405-411.

con la víctima con el objetivo de cometer el abuso[50]. Al definir este concepto, Craven *et al.* lo articulan en torno a los actos preparatorios que preceden al abuso:

> A process by which a person prepares a child, significant adults and the environment for the abuse of this child. Specific goals include gaining access to the child, gaining the child's compliance and maintaining the child's secrecy to avoid disclosure. This process serves to strengthen the offender's abusive pattern, as it may be used as a means of justifying or denying their actions[51].

La definición refiere a una "preparación" que comprende diversos actores y que no acontece en un solo momento determinado, sino que se realiza como parte de un proceso. Si bien no hay un modelo validado de *grooming*, Winters & Jeglic, consideran la literatura que refiere a etapas en este proceso para identificar ciertos patrones comunes de comportamientos, los que, procesualmente, pueden ser desplegados por los agresores. Estos son, primero, la selección de la víctima (considerando factores como el atractivo físico, características de su situación familiar —baja supervisión del menor, disfuncionalidad en dicho núcleo, etc.—, vulnerabilidad psicológica, etc.). Una segunda etapa corresponde a la obtención del acceso a esta para aislarla física y emocionalmente de su entorno. Los agresores buscan entrar a su círculo familiar o desempeñan roles que los llevan a tener cercanía constante con menores en razón de su trabajo (choferes de transporte escolar, profesores, sacerdotes, etc.). Una tercera etapa del proceso consiste en el "reclutamiento emocional" mediante el cual el victimario busca generar un vínculo de confianza que facilite, posteriormente, el acceso a la intimidad del menor: conocer sus intereses, asistencia constante, regalos, etc. que generan la convicción en la

---

[50]   Elliott, 2017; Seto, 2008; como se cita en Spraitz & Bowen, 2019.

[51]   Craven *et al.*, 2006, p. 297. "El proceso mediante el cual una persona "prepara" a un niño, a sus adultos significativos y al entorno de este menor, con el objetivo de abusarlo. Los objetivos específicos del proceso incluyen, conseguir acceso al menor, obtener la conformidad del niño, así como la mantención del secreto para evitar la develación. Este proceso permite fortalecer el patrón abusivo del agresor, así como también puede ser utilizado por parte del agresor para justificar o negar sus acciones" [traducción libre de los autores].

víctima de que es parte de una relación privilegiada con su agresor. Finalmente, una cuarta etapa consiste en aumentar el contacto físico con la víctima, con el objetivo de insensibilizarla frente a futuros contactos de índole sexual. Usualmente comienzan con "toques por error", o como parte de juegos que, poco a poco, van adquiriendo mayor contenido sexual[52].

De acuerdo a la literatura, este proceso de acercamiento y preparación que permite el abuso se vuelve aun más relevante en un contexto como el eclesial, donde características propias de la cultura y reglas de la institución, así como el prestigio y confianza en la figura sacerdotal, podrían facilitar esta dinámica y dificultar la identificación de la misma como problemática. En su rol de sacerdotes, los agresores actúan *"in persona Christi"*, es decir, como representantes preeminentes de Dios[53]. Esta característica genera reverencia por sus figuras[54], y les permite manipular espiritualmente a sus víctimas garantizando su silencio[55]. Más aun, el acceso a bienes y la baja supervisión que experimentan los sacerdotes[56] facilitarían también el proceso de *grooming* y, con él, el abuso.

Investigaciones empíricas han mostrado que los sacerdotes utilizan técnicas de aproximación de modo similar al resto de abusadores sexuales a menores, incorporando, sin embargo, algunas particularidades. Spraitz *et al.* elaboraron una taxonomía del *grooming* perpetrado por sacerdotes que contempla ocho tácticas: uso de alcohol, cigarrillos y drogas; entrega de obsequios; viajes y salidas que contemplan pasar la noche fuera; contacto físico; constituirse en mentores o amigos de las víctimas; favoritismos; establecer amistad con las familias; y, finalmente, una octava táctica que es exclusiva de la condición sacerdotal: el abuso en el respeto y la reverencia que se

---

[52]   Winters, G., & Jeglic, E.; "Stages of Sexual Grooming: Recognizing Potentially Predatory Behaviors of Child Molesters". *Deviant Behavior*, 38(6), 2017, pp. 724-733.

[53]   Código de Derecho Canónico (CIC), 1009 § 3. "Aquellos que han sido constituidos en el orden del episcopado o del presbiterado reciben la misión y la facultad de actuar en la persona de Cristo Cabeza (…)".

[54]   Spraitz & Bowen, 2019.

[55]   Farrell, D. P., & Taylor, M.; "Silenced by God-An examination of unique characteristics within sexual abuse by clergy". *Counselling Psychology Review*, 15, 2000, pp. 22-31.

[56]   White & Terry, 2008.

da a la figura religiosa[57]. En un estudio posterior, Spraitz & Bowen destacan como las estrategias más prevalentes la referencia al respeto y reverencia del sacerdote y su constitución como amigos y mentores[58], dos de las técnicas a las que otras profesiones e instituciones no tienen igual acceso.

Craven *et al.* plantean justamente la necesidad de profundizar la investigación sobre estos procesos relacionales preparatorios en el contexto eclesial para complementar el enfoque situacional o de oportunidad con que es observado el fenómeno, considerando, por tanto, cómo los mismos agresores construyen la ocasión para el delito[59]. Es justamente esto lo que se busca analizar en el presente estudio.

Metodología

Datos

Siguiendo otras investigaciones en el tema[60], este estudio utiliza sentencias definitivas dictadas por el sistema de justicia penal chileno tras juicios orales y procedimientos abreviados[61] en casos de abusos sexuales a menores cometidos por clérigos[62] y consagrados religiosos[63].

---

[57]   Spraitz, J., Bowen, K., & Strange, L. "Proposing a Behavioral Taxonomy of Priest Sexual Grooming". *International Journal for Crime, Justice and Social Democracy*, 7(1), 2018, pp. 30-43.

[58]   Spraitz & Bowen, 2019.

[59]   Craven *et al.*, 2006.

[60]   Spraitz J. & Bowen K.; "Techniques of neutralization and persistent sexual abuse by clergy: A content analysis of priest personnel files from the Archdiocese of Milwaukee". *Journal of Interpersonal Violence* 31(15), 2016, pp. 2515-3538; Spraitz, J., Bowen, K., & Bowers, J. "Neutralizations and a history of "keeping the lid" on it: How Church leaders handled and explained sexual abuse in one diocese". *Journal of Crime & Justice*, 39(2), 2016, pp. 264-281; Spraitz, J., Bowen, K., & Arthurs, S.; "Neutralisation and sexual abuse: A study of monks from one Benedictine Abbey". *Journal of Sexual Aggression*, 23(2), 2017, pp. 195-206.

[61]   Los procedimientos abreviados son llevados a cabo fundamentalmente cuando el imputado acepta los hechos materia de la acusación (cfr. Ley 1.552, 1902, art. 406 y 413).

[62]   Para el término clérigo nos remitimos a la definición de la Real Academia Española de la Lengua: "Hombre que ha recibido las órdenes sagradas". Los diáconos en tránsito corresponden a hombres que están en proceso de formación para el sacerdocio y que reciben el "orden diaconal" como un paso previo al "orden presbiteral" (sacerdotal).

[63]   Los consagrados denominados religiosos corresponden a hombres que no reciben el sacramento del orden presbiteral (sacerdocio) pero que profesan votos perpetuos de castidad,

Las sentencias ofrecen, en general, una posibilidad excepcional para aproximarse al fenómeno en estudio, y, en particular, a las estrategias situacionales y de oportunidad que lo permiten, así como al modo de relación que los victimarios desarrollan con sus víctimas. Esto, dado que contienen relatos que permiten conocer las características del hecho que se está juzgando, las circunstancias que lo provocaron y las argumentaciones de los intervinientes con respecto a los motivos que fundan las acciones en juicio.

De acuerdo con el Código de Procedimiento Civil, se entiende por sentencia definitiva a la que pone fin a la instancia, resolviendo la cuestión o asunto que ha sido objeto del juicio (Ley 1.552, 1902, art. 158). El Código Procesal Penal, en su artículo 342, establece que estas contienen, entre otros elementos, la enunciación de los hechos y circunstancias objeto de la acusación, y la exposición clara, lógica y completa tanto de las circunstancias, como de los hechos probados. Todas las sentencias fueron obtenidas por medio de una solicitud de acceso de información presentada al Poder Judicial a través de la Ley de Transparencia.

Se consideran las sentencias definitivas dictadas desde que entró en vigor la Reforma Procesal Penal (2001) hasta julio de 2018, lo que da un total de 20 sentencias definitivas, con un promedio de 94 páginas por sentencia.

Tabla 1. Tipos de sentencias analizadas

Tipo de sentencia	Nº	%
Sentencias de juicios orales	17	85
Sentencias de procedimientos abreviados	3	15
Total	20	100

---

obediencia y pobreza. Para efectos del análisis se considerarán a todos los subgrupos como 'agresores', 'imputados' o 'victimarios'.

Tabla 2. Extensión de las sentencias analizadas

Extensión	Páginas
Mínima	8
Máxima	486
Total	1.887
Promedio sentencias	94,4
Promedio sentencias juicios orales	109
Promedio sentencias procedimientos abreviados	11

Temporalmente, las sentencias dictaminadas se distribuyen heterogéneamente. Considerando como hito la develación del caso Karadima (abril de 2010), 7 sentencias (35%) son previas a esta fecha. (2006=2; 2009=5). El 65% restante (13) son posteriores al año 2010 (2011=4; 2012=2; 2013=3; 2014=1; 2015=1; 2016=1; 2017=1).

Las veinte sentencias estudiadas reúnen un total de 58 delitos imputados y 4 demandas civiles (por perjuicios morales (3) y por perjuicios por responsabilidad extracontractual (1)). El promedio de delitos imputados por sentencia es de 2,9.

En la totalidad de las sentencias (100%) el imputado es procesado en calidad de autor del (de los) delito(s) cometido(s). En solo 2 de los 58 delitos imputados (3%) el ilícito es denunciado en grado de tentado; es decir, el 97% de los delitos son juzgados en su grado de crímenes consumados.

De las 20 sentencias analizadas, 18 determinaron algún grado de culpabilidad en el agresor. En los dos casos en que estos resultaron absueltos, las razones giran en torno a la duda razonable, es decir, no hay suficientes pruebas para acreditar la veracidad de las imputaciones realizadas. En estos dos juicios que culminaron en absoluciones los delitos imputados habrían sido cometidos en el contexto de una celebración sacramental: la confesión y al finalizar una misa.

De las veinte sentencias estudiadas, el 100% corresponde a imputados de sexo masculino. Dieciséis (80%) corresponden a casos de sacerdotes, dos a hermanos religiosos (10%), 1 a un diácono en tránsito hacia el sacerdocio (5%) y 1 a un agente pastoral que, aunque laico (5%), trabajaba con jóvenes en actividades parroquiales, contexto en el cual comete el abuso. De los 19 hombres consagrados al momento de la comisión del delito, 9 (47,3%) pertenecían al clero diocesano y 10 (52,6%) a órdenes religiosas.

Con respecto a la edad de los agresores, se tienen datos en 14 de las 20 sentencias analizadas. De acuerdo con esta información, el promedio de edad de los agresores al momento de la comisión del primer delito es de 43 años. Tres consagrados se ubican en el tramo 30-39 años; ocho en el tramo 40-49 años; uno en el tramo 50-59 y uno en el tramo 60 o más. Un caso —correspondiente al agente pastoral— se ubica en el tramo 20-29 años. La moda de la muestra es de 47 años.

En términos de características de personalidad de los agresores, las sentencias son muy heterogéneas. De las 20 unidades analizadas, solo 9 (45%) refieren a información relativa a rasgos psicológicos de los imputados. En una sentencia el informe psicológico evidencia que el agresor padece una parafilia de tipo pedófilo[64]. En los ocho casos restantes no se explicitan patologías, aunque sí emergen ciertos rasgos en la personalidad que, como se señala en las sentencias, podrían tener incidencia en las conductas imputadas: rasgos de tipo narciso, obsesivo, manipuladores, baja empatía, rasgos depresivos, etc.

En las 20 sentencias se contabilizan 49 víctimas menores de edad, con un promedio de 2,5 víctimas por agresor. Con respecto al sexo, 22 corresponden a personas de sexo masculino (45%) y 27 a personas de sexo femenino (55%)[65]. Sin embargo, de las 20

---

[64]   Ello es consistente con la teoría sobre abusos sexuales a menores en la Iglesia, que muestra cómo solo una minoría de los casos de abusos son cometidos por sujetos que responden a un trastorno de personalidad de tipo pedófilo (Keenan, 2012).

[65]   Estas cifras difieren de las proporciones de género que se hallan en la evidencia internacional con respecto al abuso sexual eclesiástico contra menores (Boston Globe, 2002; Haywood *et al.*, 1996; Murphy Report, 2009; Rosetti & Lothstein, 1990; como se cita en Keenan, 2012). A pesar de que la muestra con la que este estudio trabaja no pretende ser representativa, la razón de esta distorsión puede atribuirse a que en los juicios que involucran a agresores que cometen abusos contra víctimas mujeres, la cantidad promedio de víctimas es mayor que en aquellos procedimientos donde se juzgan delitos cometidos contra menores de sexo masculino (3,5 vs. 2 víctimas por agresor). Este mayor número de víctimas es particularmente destacable en solo 2 de las sentencias.

sentencias, 11 corresponden a juicios que involucran a víctimas masculinas (55%), y 8 (40%) a víctimas mujeres. Solo una sentencia comprende un caso de tenencia de pornografía infantil de menores de ambos sexos.

En términos etarios, el promedio de edad de las víctimas es de 13,8 años; los hombres víctimas de abusos consignados en este estudio tienen un promedio de edad de 14,1 años, mientras que en el caso de las mujeres es de 13,4 años. Con respecto a los tramos de edad, 7 víctimas son de 10 años o menos (14,3%); 10 (20,4%) se encuentran en el tramo 11 a 13 años, y 32 (65,3%) en el tramo que abarca entre los 14 y los 17 años.

En la mayor parte de los casos (36 víctimas - 73%) existe un vínculo cercano entre el agresor y las personas abusadas[66]. En once casos (22%) el agresor era coordinador de pastoral de estas. En 10 casos (20%) era su guía o director espiritual. En diez hechos (20%) el imputado era capellán o párroco de las víctimas. Entre otros tipos de relaciones nombradas, los agresores correspondían al director del hogar en el que vivían los afectados, el profesor jefe de estas o un familiar[67].

Los delitos fueron de carácter reiterado en el caso de 27 víctimas, lo que corresponde al 55% del total. Las tocaciones son las acciones más prevalentes a la hora de describir qué actos concretos hay tras los tipos de delitos imputados (en las zonas genitales, anales y en vellos púbicos, besos y caricias en glúteos u otras partes del cuerpo). Estas se dan en 27 de las 49 víctimas (55%). Por otra parte, las sentencias reportan información variada relativa a la producción y almacenamiento de pornografía infantil, el uso de internet para fines sexuales con menores u otro tipo de acciones afines. Doce víctimas (24%) fueron objeto de fotografías o filmaciones de índole sexual. Asimismo, en cuatro sentencias los imputados están en posesión de pornografía infantil. Finalmente, cuatro víctimas (8%) experimentaron algún

---

[66]   Para efectos de este análisis, se comprendió como relación no cercana a aquéllas en que la víctima se vincula con el agresor sin mediar una relación construida: por ejemplo, un encuentro de solo una oportunidad en el contexto de un sacramento, una relación mediada a través de la prostitución, o un vínculo ocasional realizado a través de Internet.

[67]   Se considera solo el rol principal en que se fundaba la relación, ya que, en muchos casos, existía más de uno. Por ejemplo, el victimario podía ser guía espiritual y, a la vez, párroco.

tipo de seducción a través de internet y sus redes sociales o por medio del envío personal de fotografías de carácter sexual. La masturbación a la víctima por parte del agresor o viceversa (14% de las víctimas), la penetración anal y/o vaginal (14%) y el pago de servicios sexuales (14%) figuran como otras acciones reiteradas en el total de acciones imputadas.

Finalmente, no es posible determinar con exactitud dónde se produjeron todos los delitos contenidos en estas sentencias, ya que —como se ha señalado— estas contienen ilícitos en calidad de reiterados en más de la mitad de los casos, los que, además, son registrados sin especificar la cantidad ni el lugar exacto en el que fueron cometidos. Pese a ello es posible estimar cuáles son los lugares más recurrentes en los que acontecen los abusos de acuerdo con la propia narración de las sentencias. De los 65 sitios recogidos, 14 (21,5%) corresponden al domicilio del agresor, 10 (15,3%) a su oficina privada y 9 (13,8%) a dependencias religiosas (capilla, parroquia, catedral, sacristía). En menor medida figuran agresiones en el contexto de actividades que conllevan dormir fuera de casa (10,7%) o en otros espacios dependientes de la Iglesia (9,2%), como casas de descanso, hogares de niños, oficinas administrativas o casas de huéspedes.

Análisis

A fin de identificar elementos comunes dentro de las estrategias utilizadas para el abuso, se procedió con una codificación inductiva de análisis textual por medio de una metodología de análisis de marcos (*frame analysis*). Los marcos corresponden a esquemas de interpretación[68]; es decir, "principios organizativos socialmente compartidos y persistentes en el tiempo, y que trabajan simbólicamente para estructurar significativamente al mundo social"[69]. Ellos permiten determinar, desde la perspectiva de los participantes, qué es lo

---

[68]   Porter, A. J. & Hellsten, L.; "Investigating Participatory Dynamics through Social Media using a Multideterminant 'Frame' Approach: The case of Climategate on Youtube". *Journal of Computer-Mediated Communication* 19(4), 2014, pp. 1024-1041.

[69]   Reese, S. "Framing public life: A bridging model for media research". En: S. Reese, O. Gandy Jr., & A. Grant (Eds.). *Framing Public Life. Perspectives on Media and Our Understanding of the Social World.* Lawrence Erlbaum Associates, 2003, p. 11.

que está sucediendo en una situación determinada[70] y, en este caso, identificar patrones comunes en las distintas sentencias. Los patrones emergen como marcos determinados, que permiten a los individuos localizar, percibir, identificar y etiquetar eventos que ocurren dentro de su espacio vital y el contexto que habitan[71]. Siguiendo a Entman (1993) los marcos pueden elucidarse prestando atención tanto a la inclusión como a la exclusión de ciertas palabras clave, imágenes estereotipadas y oraciones que refuerzan juicios[72].

La indagación se realizó en cuatro etapas. En un primer paso, se leyeron *in vivo*[73] las 20 sentencias. La lectura de los datos permitió visibilizar argumentos, ideas o puntos de vista contenidos en los textos y que eran pertinentes para la pregunta de investigación. De esta primera lectura, además, emergieron una serie de temáticas transversales, relacionadas con distintas dimensiones[74] del abuso sexual relevantes para los objetivos de este trabajo. En un segundo momento, se realizó una nueva lectura de los textos seleccionados, agrupándolos bajo las distintas temáticas obtenidas tras la primera lectura.

En un tercer momento se etiquetaron los textos contenidos dentro de cada temática, en marcos desde los cuales se desarrolló

---

[70] cfr. Goffman, E. *Frame analysis: An Essay on the Organization of Experience.* Northeastern University Press, 1986.

[71] Snow *et al.* 1986, como se cita en Porter & Hellsten, 2014.

[72] Entman, R.; "Framing: Toward clarification of a fractured paradigm". *Journal of Communication* 43(4), 1993, pp. 51-58; como se cita en Correa, T.; "Framing Latinas: Hispanic women through the lenses of Spanish-language and English-language news media". *Journalism*, 11(4), 2010, pp. 425-443.

[73] La lectura y codificación *in vivo* apunta a valorar las expresiones y el lenguaje de los participantes, encontradas en las frases literales que éstos emplearon (Bonilla-García, M., & López-Suárez, A.; "Ejemplificación del proceso metodológico de la teoría fundamentada". *Cinta Moebio* 57, 2016, pp. 305-315.

[74] Las áreas de análisis fueron: Antecedentes sobre las víctimas, características de personalidad o psicológicas (cuando hay informes periciales); antecedentes de los agresores, características de personalidad o psicológicas (cuando hay informes periciales); elementos de interés de las declaraciones de las víctimas sobre el hecho y sus circunstancias; elementos de interés de la declaración del imputado —en el caso de que éste testificase o declarase— sobre el hecho y sus circunstancias; relación entre el imputado y la(s) víctima(s); efecto del acto abusivo en las víctimas; develación del hecho delictivo; reacción a dicha develación por parte de las personas a quienes se devela el hecho; estrategias de los imputados para la comisión del delito; otras características de oportunidad que posibilitaron la realización del hecho; el encuadre de la Iglesia para tratar el hecho.

el análisis en extenso para responder a la pregunta de investigación. Los marcos no son "compartimentos estancos", por lo que se optó por aquel atributo de mayor relevancia en la declaración analizada. El análisis fue ilustrado por medio de citas textuales de las propias sentencias. Se mantuvo la redacción de estos textos tal cual como se hallan en el documento judicial, y solo fueron intervenidos para reemplazar los nombres propios por sustantivos comunes que resguardasen el anonimato de las partes.

La iteración buscó realizar el análisis de la forma más exhaustiva posible, de manera de contar con el máximo de textos para el trabajo posterior, así como de someter la selección de las unidades a más de un escrutinio, garantizando —en parte— la fiabilidad de la selección. Para casos que resultaron problemáticos el criterio consistió en contrastar la pieza con algún miembro revisor.

Resultados

Los relatos contenidos en las sentencias muestran que el victimario enmarca la realidad cotidiana como un ámbito que ofrece tiempos y espacios susceptibles de ser aprovechados para la comisión del delito. Dos temáticas emergen como claves para comprender las estrategias desplegadas por los victimarios: primero, el tipo de personas con las cuales se relaciona el abusador; segundo, las maneras y formas que escoge para relacionarse con sus víctimas[75].

La vulnerabilidad

Cuando la literaratura refiere a una condición de vulnerabilidad, alude a la carencia sustantiva de elementos suficientes para el desarrollo de una vida considerada sana, lo que comporta, por ejemplo, ambientes familiares deficientes, con bajos niveles de apoyo

---

[75] Es importante señalar que no es el victimario quien formula de manera explícita los marcos desde donde emergen las oportunidades de abuso. Son las huellas que las acciones dejan en las circunstancias que rodearon los hechos así como en los testimonios de testigos y víctimas las que nos permiten pesquisar las claves esenciales a las que recurre para propiciar el abuso.

psicoemocional a los menores, altos niveles de estrés doméstico, uso de sustancias, pobreza material, vulnerabilidad emocional, etc.[76].

Las sentencias analizadas dan cuenta de cómo los clérigos acusados buscan y eligen víctimas en situación de vulnerabilidad, lo que podría estar asociado a un mayor riesgo de abuso. Encontramos entre las personas abusadas, por ejemplo, a jóvenes de escasos recursos que no pueden salir del contexto en el que acontece el abuso, porque ello implicaba consecuencias económicas tanto para la víctima, como para su familia.

> (…) me pedía que le tocara el pene, o sea, las llevaba hacia allá mis manos con sus manos, tenía unos 15 a 16 años, a pesar de ello seguí yendo a la oficina por los beneficios recibidos, ya que mis padres estaban separados, no había capacidad de financiamiento para poder seguir estudiando, el padre me decía que para obtener algo debía entregar algo (…)[77].

Como se refleja en las citas que siguen, en algunas sentencias se describen situaciones en las que el abusador buscaría satisfacer carencias afectivas en las personas abusadas, originadas, por ejemplo, en experiencias de vida como la ausencia paterna o conflictos en el hogar.

> la figura del acusado, cuando se acerca más a la iglesia, fue para él ese padre ausente que tuvo, fue aquel padre que remplazo esa figura que él veía distante, y el consejo y disciplina que perdió con su padre en algún momento, la vio recuperada con él; entonces fue respeto y obediencia, había cariño, comenzó como cariño amigos, luego transformó uno de hijo a padre y luego como de amigo a papá, pero nunca pasó más allá, él no lo veía de otra forma; lo respetaba y obedecía (…)[78].

---

[76]   Murray *et al.*, 2014.

[77]   Declaración de víctima, sentencia n° 19.

[78]   Declaración de víctima, sentencia n° 5.

A nivel del área emocional se encuentran elementos de vulnerabilidad que tienen que ver con un precario desarrollo de su autoestima, con experiencias marcantes durante la enseñanza básica en donde refiere haber sido discriminado por sus compañeros, esto se da en el contexto de un funcionamiento sicológico caracterizado por a la introversión, una timidez exacerbada, dificultad de relacionarse con los pares, lo que se restringe a algunas figuras en su entorno, a lo anterior se suma problemática familiar principalmente con el padre. Esto también lo hacía vulnerable ya que tenía poca contención y apoyo desde el ámbito familiar. El mismo se caracteriza como una persona tímida de bajo perfil y que estas características lo habrían llevado a sufrir victimizaciones en distintos aspectos de su vida[79].

También se encuentran personas caracterizadas como particularmente tímidas y sumisas, lo que se vincula en las sentencias con una menor probabilidad de hacer frente al abuso sufrido. En algunas ocasiones, está imposibilidad de reacción estaba asociada directamente con la edad del NNA.

En otro orden de ideas esgrimió que el acusado identificó a NN [víctima] como un niño vulnerable, que le regaló juguetes a modo de seducción tal como fue señalado por el psiquiatra en estrados; que tal circunstancia fue relatada por el niño; que el acusado se dio cuenta que NN [víctima], por sus características de personalidad, no huía y soportaba las agresiones; que tal conducta generó en el menor sentimientos de humillación e inmovilidad que aún persisten en su alma luego de dos años de tratamiento (…)[80].

(…) sí, lamentablemente era una persona muy voluble, era como ingenua, esa es la palabra, todo esto era como un sueño para ella, estar con el padre era como el máximo de sus logros, era como más chica que sus compañeras[81].

---

[79]   Declaración de perito psicóloga, sentencia n° 2.

[80]   Declaración abogado querellante, sentencia n° 1.

[81]   Declaración de testigo, sentencia n° 18.

Estos relatos son consistentes con la literatura en la materia que considera la vulnerabilidad como un factor decidor al momento en que el abusador escoge a su víctima[82]. Ahora bien, en el caso de los sacerdotes, la predisposición hacia el establecimiento de vínculos más estrechos con personas consideradas "vulnerables" adquiere una justificación adicional en razón de su oficio: los sacerdotes deberían volcarse hacia ese tipo de población. El programa doctrinario de la fe católica mandata a una ocupación privilegiada por los desposeídos o personas en situación de necesidad. De hecho, esa ha sido la razón por la cual la Iglesia ha comprendido históricamente su misión de asistencia social entre los grupos más desfavorecidos de la población o hacia personas sufrientes. Sin embargo, esta misión se constituye, al mismo tiempo, en una de las razones por las que la cercanía con jóvenes y menores que cumplieran con diversas características de vulnerabilidad no habría levantado mayores sospechas en los círculos inmediatos de víctimas o victimarios, generando, con ello, oportunidades adicionales para el abuso, como se refleja en la siguiente cita:

> … se le decía a la madre que (…) tuviera una figura masculina más significativa y ella dice que apoyaba mucho en padre [acusado], que en realidad el lo apoyaba mucho, porque él supo de esta separación matrimonial, indica que se siente muy apoyada con el sacerdote y que este ofreció a prestarle ayuda, que si NN [víctima] se portaba mal podían hablar con él y el hablaría con NN [víctima] en el colegio[83].

Finalmente, en las sentencias emerge un tipo de vulnerabilidad que es propia del contexto eclesial, y que denominamos como vulnerabilidad espiritual. En este marco, consideramos a adolescentes —tanto hombres como mujeres— que se relacionan con sacerdotes y/o religiosos para pedir orientación frente a diversas dificultades que experimentan o bien ayuda en la toma de importantes decisiones de

---

[82] Gartner, 1999; como se cita en Frawley-O'Dea, M. & Goldner, V.; *Predatory Priests, Silenced Victims. The Sexual Abuse Crisis and the Catholic Church.* The Analytic Press, 2007, p. 24.

[83] Declaración de perito sobre actitud de madre del menor abusado, sentencia n° 5.

vida. Particularmente críticos parecen ser los casos en que estos discernimientos consideran acompañamientos para definir un potencial ingreso a la vida religiosa, lo que ubica a las víctimas en una particular asimetría de poder respecto de sus agresores, más aún en los casos en que pareciera que el victimario controla la posibilidad de realizar esa vocación.

> …Se empieza a dar cuenta que el sacerdocio es lo suyo cuando lo invitan a la primera jornada vocacional (…) entonces escogió al director del colegio que era NN [agresor]. La misión del guía espiritual es Aconsejarlo, ayudarlo, hacer florecer la vocación, ayudarle a resolver las dudas que puedan tener para poder tomar la mejor decisión, se contaba hasta lo más íntimo que una persona se puede imaginar, es un momento muy personal, que uno no tiene ni con los padres ni con la polola, con nadie, no es algo fácil. Esta persona es tu guía espiritual que te guía en una decisión que no es fácil. En ese tiempo estaba pasando por un gran problema familiar, sus padres se habían empezado a separar, volvían y no volvían, fue tanto el quiebre que a su hermana le fue mal en la PSU, su hermano repitió, él trataba de aislarse de los problemas involucrándose más, le contaba a su guía hasta lo más íntimo, para que lo ayudara lo aconsejara. Le preguntaba si había tenido relaciones sexuales, si le gustaba alguna chiquilla, si había dado besos, si había pololeado, cosas así (…). La relación con el padre se empezó a quebrar cuando empezaron las tocaciones, esto no fue un tema de un día, esto fue creciendo dentro de las direcciones espirituales…[84].

> NN [agresor] representaba para él, se manifestó como una persona cercana, amigable. NN [fundador congregación religiosa] se caracterizaba como un padre y maestro para la juventud. Él [agresor] en parte demostraba esto, pero guardaba otra cosa detrás, estos hechos de connotación sexual, más cariñosa, no tanto de guía, sino que buscaba algo. El manipulaba con estos informes

---

[84]   Declaración de víctima, sentencia n° 2.

[propios del proceso vocacional], le decía que tenía que cambiar y ser más cariñoso con él (…)[85].

Formas de relación

Las sentencias permiten establecer una distinción entre víctimas que se relacionan ocasionalmente con sus victimarios (en cuyo caso no hay mayor "estrategia" en la construcción prolongada de una relación) y aquellos en que los agresores pertenecen a esferas cotidianas de las personas vulneradas, y en las que es posible desarrollar una relación perdurable en el tiempo. Como se mencionó anteriormente, en el 73% de los casos estudiados se constata la existencia de un vínculo cercano entre el agresor y su víctima. Ya que lo que se estudia aquí es la forma de relación que se configura entre ellos, es en estos casos sobre los cuales se realiza el análisis.

En general, los agresores buscan avanzar progresivamente en intimidad y cercanía con sus víctimas, de manera consistente con la relevancia que la literatura otorga al *grooming* como un elemento clave en la comprensión del abuso sexual a menores[86]. Las formas en que este proceso se desarrolla dependerá de las necesidades que muestran o parecen manifestar las víctimas, tales como la contención, guía, acompañamiento, amistad, relativas a la fe, e, incluso, necesidades financieras. A pesar de estas diferencias, el fin es el mismo: conseguir ubicarse en un sitial de importancia para la vida afectiva de las personas abusadas. Los agresores parecen desplegar roles "a la medida", particularmente ideados para seducir a sus víctimas.

A partir del análisis, emergen cuatro encuadres principales que reflejan las razones de oportunidad que tiene el victimario para cometer el abuso, y que hemos denominado: la horizontalidad, el apadrinamiento, la ubicuidad y el oficio. Es clave destacar que estos encuadres no buscan describir taxativamente la estrategia que

---

[85]   Declaración de víctima, sentencia n° 2. Esta referencia fue editada para mejorar la comprensión. A nivel general, las sentencias incorporan la transcripción literal de lo que ocurre en el juicio. Por lo mismo, se encuentran faltas ortográficas o redacciones confusas.

[86]   Craven *et al.*, 2006; Winters & Jeglic, 2017.

deviene en el abuso, sino, más bien, relevar distintos elementos que pueden estar presentes en ellas y que nos refieren a las distintas condiciones de posibilidad que visualizan los victimarios para la comisión del delito. A continuación se explican cada uno de los encuadres señalados.

a) La horizontalidad

En las distintas sentencias se encuentran repetidamente descripciones de relaciones supuestamente horizontales entre el consagrado y las víctimas. Esta horizontalidad en la relación desconoce el vínculo asimétrico en términos de poder que existe entre ambas partes. Es justamente esta percepción de igualdad la que resulta especialmente novedosa para las víctimas, las que son atraídas por un tipo de vínculo que perciben más cercano, "juvenil" y amistoso. La horizontalidad se manifiesta en la utilización de un lenguaje más cercano a los jóvenes y/o coloquial por parte de los agresores, como el uso de garabatos, así como en un estilo bromista. Las sentencias muestran cómo esta aparente desinhibición o relajo para abordar todo tipo de tópicos parece habilitar a los agresores para abordar temas que, en otros contextos, podrían resultar inadecuados, como manifiesta una víctima en la siguiente cita:

> (…) él comenzó a insinuar cosas de tipo sexual, no recuerdo qué en este momento y cuando le pregunté la hora, me dijo que si se me había parado y yo le dije que sí, respondiendo por mi reloj, pero él me dijo, se te paró entremedio de las güeas, por lo que entendí que se refería a mi pene, esto me lo dijo hartas veces y se reía (…)[87].

> Con los jóvenes empleaba palabras juveniles, con las frases típicas, cachai, okay, wevón, leso, maraco. Se contactaba con el menor por Messenger igual que con otros jóvenes, le mandó una o dos veces mensajes de texto a su celular. Lo llamaba por teléfono como a muchos, mas de una vez, no recuerda si más de

---

[87]   Declaración de víctima, sentencia n° 8.

10 veces. Le mandaba cartas con monitos, los jóvenes siempre le pegaba pegatinas que ellos llevaban. Estas muchas veces tenía leyenda o mensajes[88].

La horizontalidad no se remite solamente al ámbito del lenguaje. Las sentencias también describen a jóvenes que comparten en "carretes" con los consagrados, quienes permanecen con ellos —en ocasiones— hasta altas horas de la noche, en celebraciones que incluyen la ingesta de alcohol. Las casas y oficinas parroquiales, además, sirven como espacios adecuados para estas actividades, donde puede ocurrir que no haya más supervisión que la que podría realizar el propio sacerdote, a la vez "dueño" o encargado del recinto donde se realizan estos encuentros. Los jóvenes encuentran en la figura del agresor un "amigo" que, además, tiene el poder para organizar actividades atractivas para las víctimas; así también, dispone de medios que no suelen estar al alcance de los menores.

> empezaron a conversar en los pasillos del colegio, donde era profesor de religión, aunque a él no le hacía clases, naciendo con el tiempo entre ellos, una relación muy cercana, con lazos fuertes, ya que le entregaba "demasiado cariño" e incluso ofreció enseñarle a manejar, por lo que él y sus amigos, consideraban que era una persona muy buena, extrañándoles que un cura, un profesor, tuviera tan buena relación con los jóvenes, lo que hacía que sintieran tranquilidad al estar junto a él[89].

En NN [localidad a la que un grupo de jóvenes asistió junto al sacerdote como viaje escolar] jugaba, se tiraban encima de otros, era como una demostración del movimiento del perro levantaba el pie y hacía movimiento con el pene, se tocaban el trasero los testículos todo como un juego, de repente el padre NN [agresor] entraba a los juegos, se tiraba encima, hacía de perros, se ponía atrás, movía la parte pélvica, pero no había contacto con el cuerpo de adelante. Puntear es tocar con los testículos, es el movi-

---

[88]   Declaración de inculpado, sentencia n° 11.

[89]   Declaración de víctima, sentencia n° 16.

miento pélvico que señaló, el no vio al NN [agresor] puntear, aún cuando así lo dijo en la declaración del Fiscal[90].

A lo anterior se suma cierto nivel de complicidad entre agresores y víctimas, que alimenta un tipo de relación que los abusados no tendrían con otra figura de autoridad. Los victimarios transgreden explícitamente ciertos límites tácitos en la relación adulto-joven, permitiéndoles la realización de acciones no aceptadas socialmente, o bien, guardando secretos que logran transmitir cierta incondicionalidad en el vínculo, haciendo sentir "importante" al potencial abusado. Se construye así una relación que se alimenta, especialmente, de esas transgresiones a la institucionalidad o a las formas tenidas por correctas socialmente. "(…) le llamaba la atención del trato que tenía con los alumnos era de mucha confianza los saludaba de besos, un día entró a la oficina de improviso y los alumnos estaban sentados sobre el escritorio"[91].

b) El apadrinamiento

El apadrinamiento, como estrategia a partir de la cual se construye la relación, apunta a que el agresor se convierte en una "fuente de recursos" para la víctima, con lo que se genera una poderosa dependencia hacia este.

A través de esta estrategia, el victimario seduce a su víctima, ofreciéndole un set constante de gratificaciones, que se concreta en regalos, viajes, vacaciones y la manutención de otro tipo de gastos de consumo (pago de celulares, tarjetas de casas comerciales) u diversas necesidades que el abusado tiene dificultad de solventar (arriendos, herramientas, útiles educacionales, mensualidades escolares, comida, etc.).

La oferta de "gratificadores" también se relaciona con la labor profesional del agresor: "ofrece" constante guía y orientación ante todo tipo de dificultades. Como se ha señalado, los agresores parecen buscar, por ejemplo, a personas con carencias afectivas, originadas

---

[90]   Declaración de testigo, sentencia n° 11

[91]   Declaración de testigo, sentencia n° 2.

a partir de la ausencia del padre o de una relación dificultosa con ellos, supliendo esa falta. Además, en ocasiones buscan satisfacer la necesidad de pertenencia de la víctima, quien encuentra, a través de las posibilidades que les ofrece este vínculo, un principio de referencia que le permite afianzar su identidad. En otras oportunidades, ese sentido de pertenencia no se satisface solamente con el vínculo institucional que media el sacerdote, sino que también a través de la conformación de ciertos "grupos exclusivos", revestidos de poder y privilegios. La incorporación a estos eleva la autoestima de la víctima, la que puede encontrarse particularmente baja por dificultades de socialización.

> (…) en razón a esto él señala que concurrió más de una vez a la casa del padre NN [agresor], en estas visitas lo que más le llama atención, era la cercanía que tenía con uno de los acólitos, pues NN [joven amigo del agresor], aparte de manejar la camioneta de la iglesia una NN [marca del vehículo], tenía cierto acceso a las partes de la casa particular del padre, se vestía bastante bien, de forma muy similar al párroco; NN [joven, amigo del agresor] usaba buen perfume, siempre muy bien vestido, buena camisa a diferencia de lo que era su hermano NN, que no lo hacía de la misma manera, siendo que provenían del mismo grupo familiar; este perfume, esta ropa, estas cosas, según él menciona se los compraba el sacerdote, ahí hacia la diferencia con NN [hermano del joven, amigo del agresor], pues viniendo de la misma familia, cuyos padres tenían una situación económica normal promedio, ellas no eran suficientes como para darle ese tipo de lujos a su hijo; años anteriores el párroco le habría estado pagando un tema del colegio, a él no le gustó y se retiró, por lo que él maneja el padre le habría estado pagando a NN [joven, amigo del agresor] en el NN [establecimiento educacional][92].

> (…) estaban los chupa del cura, los protegidos, y los víctimas, los chupas ese día el alumno NN andaba con los pantalones abajo, tomaba un escobillón, se lo ponía en el ano y decía así me lo mete

---

[92]   Declaración de testigo, sentencia nº 5.

> el cura, el grupo de los chupa del cura eran varios alumnos, estaba NN1, NN2, NN3, NN4, NN5 [adolescentes], ellos eran los que andaban para todos lados con el padre, dos de ellos se ganaban de jefe cuando el padre no estaba en la parroquia e internado, incluso, me daban órdenes, estos chiquillos bebían, salían en los vehículos de la parroquia, chocaban los vehículos (…)[93].

c) La ubicuidad

Las sentencias muestran que otra estrategia que siguen los agresores consiste en que, progresivamente, comienzan a trabar amistad con los amigos de las víctimas, e, incluso, con sus familiares. Pareciera que extendieran una red translúcida alrededor de sus víctimas, adquiriendo una presencia ubicua en las distintas esferas en las que estas se desenvuelven cotidianamente, constituyéndose en referentes indiscutidos para ellas, estando "a la mano" ante cualquier eventualidad, y copando sus diversos ambientes vitales.

La intimidad creciente que comienzan a mantener con los abusados les permite conocer sus gustos, metas e intereses. A los grupos primarios de las víctimas dichos conocimientos no les parecen sospechosos, sino manifestaciones de preocupación genuina por ellas lo que, incluso, puede facilitar la presencia del agresor en el entorno de la víctima.

> (…) más o menos al mes de su divorcio, él [agresor] fue a su negocio, la secretaria le dijo que la andaba buscando, a ella le extrañó, llegó el padre y le dijo si podían conversar, le prestó toda su ayuda, que sabía que estaban pasando por un mal momento, que sería un padre para NN [víctima], que quería ayudarlo en el colegio, en las notas, para que no se portara mal, como un apoyo para él; hasta antes de eso no tenía contacto con él, asistía a misa, solo de saludo. (…) Cada vez que NN [víctima] se ponía rebelde, lo llamaba a él, le contaba sus actitudes, la última vez que NN [víctima] dejó casa patas para arriba, incluso tiró un zapato e hizo tira un ventanal, ella se sintió sola y desesperada,

---

[93]   Declaración de testigo, sentencia n° 19.

lo llamó (…) ella sentía que era como un apoyo para ella, estaba sola, entre el trabajo y negocio (…) NN [víctima] le criticó, que cada vez que hacia desorden, llamaba al padre NN [agresor] y ella le decía que se portara bien entonces (…). Para ella el acusado es la persona que dañó a su hijo, pues incluso él lo iba a elegir para padrino de su confirmación, ella estaba orgullosa, y NN [víctima] en 3º medio, dijo que había hablado con la congregación y se iba a ir con ellos, su hijo es una persona bondadosa, ella le dijo que lo hiciera; todavía le da vuelta, que cómo pudo haber sucedido esto (…)[94].

d) El oficio

Para los agresores, el oficio sacerdotal constituye en sí mismo una estrategia que permite la generación de cierto tipo de vínculos con las personas abusadas. Estos clérigos, aprovecharían su misión específica para justificar el modo de proceder que adoptan. Así, por ejemplo, un agresor que trabaja con jóvenes, tomaría ventaja del modo en que en estos ámbitos muchas veces se presenta a la Iglesia (más cercana y lúdica) para adoptar modos de comportamiento (lenguaje, cercanía, presencia en cierto tipo de actividades) propios de estos grupos etarios. Tras estas acciones es posible "disfrazar" una serie de estrategias que buscan, como se ha visto en estos casos, el abuso y la transgresión sexual.

Ahora bien, existen otras prácticas de corte sacramental instaladas en la cultura católica que permiten al sacerdote, en razón de su trabajo, "entrar" en la intimidad de quien se acerca. Por ejemplo, es lo que sucede en la confesión: la persona, en situación de particular vulnerabilidad y bajo un supuesto mandato divino revela al sacerdote contenidos propios de su vida privada, habilitando al sacerdote a acceder, en razón de su oficio, a detalles de su vida privada.

Al ingresar a la sala, se dio cuenta que solamente la iluminaba una vela, estaba "el padre" sentado y le da un beso en la cara. Le preguntó si había efectuado su primera comunión y como ella

---

⁹⁴ Declaración de madre de la víctima, sentencia nº 5.

le dijo que no, le explicó que le haría un "ensayo de confesión". Se le acercó y le preguntó por sus pecados, si era virgen y si tenía una vida sexual buena. Le pide que se pare y que recen. Le puso una mano en la frente y la otra en sus senos. Luego le dijo que se sentara y siguieron hablando. Ella estaba muy incómoda y se quiso parar. Él le dijo que había terminado el "ensayo de la confesión" y que si necesitaba un guía espiritual le pasaba su número telefónico y que podían ser amigos (...). Ese día andaba con una chaqueta abierta y un polerón. Colocó su mano debajo de la chaqueta y le apretó sus senos, haciendo como "círculos sobre sus senos". Eso duró un minuto o minuto y medio. Ella no dijo nada en ese momento, ya que pensó que se podía estar "pasando pensamientos"[95].

El oficio se transforma en oportunidad para el abuso en el marco de otras actividades propias de la labor pastoral y/o sacerdotal. Aprovechándose de la privacidad, se describen, por ejemplo, agresiones en momentos inmediatamente previos o posteriores a la realización de eucaristías, en automóviles mientras se viajaba a sectores distantes para celebrar misas. También en ensayos de coro, durante misiones o campamentos de jóvenes, en el transcurso de acompañamientos espirituales personales, etc. Al ser actividades desarrolladas en el marco de una actividad eclesial, el religioso, sacerdote o, incluso, un coordinador pastoral, está en una posición de ventaja, control y/o poder, lo que le proporciona mayores niveles de agencia para la realización de los actos.

En el año 2005 cuando tenía 11 años, tenía que ir a reunión de acólitos el sábado, seguía prestando servicios en los sectores rurales y en la parroquia central, en el trayecto a los sectores rurales me tocaba la pierna y la vagina por encima la ropa en el automóvil, en ocasiones me llamó a la sala [...] que queda cerca de

---

[95]   Declaración de víctima, sentencia n° 12. Este es uno de los casos donde el imputado resultó absuelto. La razón esgrimida por el juez fue que las conductas impropias requieren de algún tipo de publicidad. Como los actos referidos en la acusación habían ocurrido en el contexto de una Confesión —que es, por definición, un acto privado—, no se pudo tipificar como delito.

la oficina parroquial, donde se encuentra la secretaria, me llamaba cerraba la puerta; la puerta tenia ventanas y protecciones de madera cerraba las ventanas, me apoyaba sobre una muralla comenzaba a tocar mi cuerpo acariciaba pechos, piernas, muslo y mi trasero, en ocasiones por encima de la ropa, se fueron reiterando ese mismo año, me llama a la sala que tenia (…)y un escritorio me empieza a tocar por debajo de la ropa, él se bajó los pantalones; los boxer y puso mi mano sobre sus pene la retire inmediatamente me dio asco y miedo él comenzó a masturbarse en mi presencia, tras la masturbación después tomó mi mano y eyaculó sobre mi mano y me limpio con pañuelo blanco que tenía en el bolsillo, eso se fue reiterando durante todo el año 2005[96].

Las características propias de las actividades eclesiales con jóvenes no se restringen a horarios laborales "habituales". El sacerdote que trabaja con adolescentes lo hace, en muchas ocasiones, cuando estos hacen uso de su tiempo libre, fuera de sus quehaceres académicos o laborales: las tardes después del colegio o trabajo, o, incluso, las noches. Por otra parte, actividades recreativas, como *juntas* o fiestas, también pueden darse "espacios de trabajo" como los salones y casas parroquiales, lo que hace que la presencia del religioso no sea extraña. En este mismo sentido, no es inusual que el sacerdote facilite estas dependencias para la realización de estos encuentros. Esto lleva, además, a que el agresor fortalezca el vínculo de confianza con sus víctimas, haciéndolas, al mismo tiempo, sentir "privilegiadas" por mantener una relación cercana con una persona con poder de decisión y autoridad sobre el entorno social en que estas se mueven.

Los hallazgos son consistentes con la literatura relacionada con el tema. Los factores situacionales son particularmente relevantes en el fenómeno del abuso sexual a menores en espacios institucionales[97] donde existen adultos a cargo de niños, niñas o adolescentes. Los contextos de oportunidad pueden crear o incrementar la motivación

---

[96]   Declaración de víctima, sentencia n° 20.

[97]   Terry, K., & Freilich, J.; "Understanding Child Sexual Abuse by Catholic Priests from a Situational Perspective". *Journal Of Child Sexual Abuse*, 21(4), 2012, pp. 437-455.

del abusador por cometer un delito y, entre estos, la localización ocupa un lugar importante[98]. Así lo revelan las sentencias, que muestran cómo el agresor escoge espacios físicos donde asegure control y privacidad.

> En el año 2007 se acerca más al cura NN [agresor] para la preparación del mes de María. Le dijo que era buena onda y le entregó su Messenger, él le dio su correo, se conectaron esa misma noche, y después lo siguieron haciendo. Un día NN [agresor] lo invitó a la casa del obispo, aprovechando que él no estaba en la ciudad. El joven describe la casa, y dice que en su pieza se sentó en la cama conversaron, el cura le hacía cariño, le decía que a la familia había que quererla, le dio un beso en la boca fue un "piquito" (…) el acusado lo sacaba de la sala de reuniones del obispado y lo llevaba a la cocina (…) y procedía a tocarle con sus manos el trasero y el pene, sobre la ropa, le daba besos con lengua (…)[99].

Finalmente, es importante destacar que el oficio entrega al sacerdote la "garantía" de la virtud, generando una confianza por parte de los adultos responsables que facilitaría el abuso ante la ausencia de supervisión y custodia, y dificultaría las denuncias por parte de las víctimas.

> La relación con el padre NN [agresor] era de mucha confianza, de amistad. nunca imaginé que NN [agresor] podía estar abusando sexualmente de mi hija y después violarla, a él lo tenía como una persona intachable, una persona que el señor lo había puesto para hacer el bien. Yo confiaba en él, por eso era que nosotros dejábamos que mi hija fuera a los sectores rurales a acolitar con él y venia a NN [ciudad] muchas veces a acolitar al NN [nombre del barrio][100].

---

98   Terry & Ackerman, 2008; Wortley & Smallbone, 2006.

99   Declaración de víctima, sentencia nº 11.

100   Declaración de madre de víctima, sentencia nº 20.

(…) indicó que estaba con NN [víctima] mirando el diario con la noticia del cura de [localidad], cuando ella le dijo yo tengo una relación con el padre NN [agresor], a lo que la mujer le contesto niña no digas nunca mas eso que vas a perjudicar al padre[101].

NN, madre de la testigo anterior que sorprendió al acusado besando a su nieto pero no se atrevió a decirle nada por respeto a su calidad de hombre de la Iglesia[102].

Para concluir, a partir del análisis realizado de las sentencias, se propusieron cinco encuadres que permiten comprender las condiciones de posibilidad del abuso sexual infantil y que dicen relación con el proceso relacional particular que ocurre en el contexto clerical (ver Tabla 3). Estos marcos reflejan de manera clara las estrategias adoptadas pero, a la vez, muestran cómo estas estrategias se enmarcarían en una institución que las haría posibles.

Tabla 3. Marcos desde los cuales los agresores enmarcan la oportunidad para el abuso

Temas	Marcos
Tipo de víctima	La Vulnerabilidad
Formas que el abusador escoge para relacionarse con sus víctimas.	La Horizontalidad
	El Apadrinamiento
	La Ubicuidad
	El Oficio

Discusión

Los resultados del análisis de sentencias dan cuenta de cómo las oportunidades que se presentan en el marco del rol sacerdotal y en el entorno eclesial, pueden generar un espacio propicio para el desarrollo de una relación abusiva. En lo concreto, emergen dos tipos

---

[101]   Declaración de testigo, sentencia, n° 20

[102]   Declaración de testigo de contexto, respecto de situación que afectó a otro menor, sentencia n° 6.

de preguntas enfocadas en la oportunidad y el proceso relacional en que se genera el abuso. Por un lado, el tipo de víctimas escogidas por el abusador. Por otro, el modo cómo se relaciona con la víctima. La respuesta a estas preguntas permiten vislumbrar ciertos patrones que enmarcan la oportunidad para el abuso.

Con respecto a lo primero, las sentencias muestran que los abusadores se vinculan con niños, niñas y adolescentes que muestran un alto nivel de vulnerabilidad, entendida esta como la carencia de elementos suficientes para el desarrollo de una vida considerada sana. Las víctimas son niños, niñas y adolescentes o de escasos recursos o con historias de fragilidad afectiva. Estos resultados están en consonancia con la literatura que considera elementos similares como factores de riesgo para el abuso sexual[103]. Dado el espacio de acogida y acompañamiento que provee el ambiente eclesial, este se torna en un campo particularmente susceptible para la generación de algún tipo de abuso en la estructuración de la relación. El potencial agresor, con facilidad, puede establecer vínculos con las víctimas, aprovechándose —eventualmente— de los mayores niveles de vulnerabilidad que las caracterizan y usufructuando de su ascendiente de poder para realizar el abuso.

Hay un elemento que emerge como un factor novedoso y particular al contexto religioso, y que denominamos "vulnerabilidad espiritual": jóvenes que se acercan a los clérigos buscando orientación o guía frente a alguna situación dificultosa o decisión compleja y significativa vitalmente. Dentro de estas últimas, las inquietudes vocacionales a la vida religiosa ocupan un espacio particular. La docilidad que la víctima tiene hacia un agresor que representa, en algún sentido, una vocación en que la persona agredida se proyecta, podría constituirse en un factor de vulnerabilidad a tener en cuenta en espacios religiosos, más aún, cuando las dinámicas propias del acompañamiento vocacional requieren de relaciones de intimidad que pueden ser fácilmente manipulables.

Con respecto a las estrategias desplegadas por los victimarios en su relación con las víctimas, se observa que estos buscan suplir

---

[103]   Davies, E. A., Jones, A. C.; "Risk Factors in Child Sexual Abuse". *Journal of Forensic and Legal Medicine* 20(3), 2013, pp. 146-150; Murray *et al.*, 2014.

aquella carencia o necesidad que detectan. De esta forma, los agresores, en ocasiones, construyen el vínculo desde una supuesta horizontalidad que, al mismo tiempo, manifiesta un trato privilegiado hacia los menores agredidos, cuestión que a estos los hace sentir especiales o predilectos. Quienes abusan, también pueden desarrollar actitudes de apadrinamiento: un interés por atender a sus víctimas, proveyendo todo tipo de asistencia, material o espiritual. Además, tienden a ocupar, e incluso a copar, sus diversos espacios de sociabilización: colegios, parroquias, grupos juveniles, así como por medio de la construcción de vínculos con sus familias. En resumen, siempre están "a la mano", en una aparente ubicuidad que todo lo observa y conoce. La familiaridad con los grupos primarios, así como con las mismas víctimas, reduce la posibilidad de sospecha, cuestión que se ve reforzada mediante una constante remisión a un oficio que justifica estas actitudes, y que constituye un último marco desde el cual se perfila una estrategia que termina por encubrir los verdaderos intereses que hay tras la relación.

Dos conclusiones emergen del análisis de estos marcos. Por un lado, la caracterización de las estrategias de abuso refleja las diversas técnicas del *grooming* perpetrado por abusadores sexuales de menores[104], y que han sido señaladas en investigadores previas sobre abuso sexual infantil en el marco de la Iglesia[105]. Por ejemplo, la entrega de regalos o la generación de relaciones de cercanía en un marco de horizontalidad y complicidad son elementos que se repiten en las distintas sentencias, y que están presente en los análisis de Spraitz y sus colegas[106].

Por otro, algunos de estos marcos se generan gracias a factores de oportunidad que existen en el marco de una institución concreta como es la Iglesia católica. El respeto, reverencia y sabiduría que ostentaría un consagrado, como fruto casi inherente a su oficio, lo habilita para entrar en espacios de intimidad de la víctima que facilitan el terreno para el abuso. Las dinámicas propias de la relación le dan la posibilidad de adquirir una posición ubicua en la vida de

---

[104]   Craven *et al.*, 2006.

[105]   Spraitz *et al.*, 2018.

[106]   Spraitz *et al.* 2018; Spraitz & Bowen, 2019.

estas, la que además, no es fácilmente cuestionada por el entorno. En esta línea, las estrategias ideadas por los agresores empalman con la propuesta de la teoría criminológica de las actividades rutinarias, situacionales y/o de oportunidad[107], pero requieren incorporar también una mirada cultural e institucional dado que, en este caso, hay "rutinas" propias del sistema eclesial que generan oportunidades para el abuso sexual infantil. Además de indagar más profundamente en la "vulnerabilidad espiritual" antes señalada, futuros estudios deben problematizar no solo los factores que incrementan la oportunidad, sino, también, preguntarse en qué medida esos factores institucionales que disminuyen notoriamente las barreras de entrada para el abuso son elementos fundantes del *ethos* institucional, es decir, de la cultura propia de la Iglesia católica.

Desde esta perspectiva, es pertinente continuar enfocando la reflexión sobre las estrategias de oportunidad desde el punto focal de sacerdotes y religiosos, quienes están en posesión de mayores cuotas de control y dominio sobre dichas rutinas, interpelando al contexto no solo desde las tradicionales estrategias de prevención situacional del crimen, sino también desde las peculiaridades de la estructura de oportunidad que brinda la Iglesia. Existen estudios en esta línea[108] que ratifican, por ejemplo, la importancia que toma la posición de poder del sacerdote en la generación de la oportunidad[109] y que, en las sentencias analizadas, aparecen como condiciones *sine qua non* para la ocurrencia del abuso. Estas temáticas, sin embargo, constituyen un tema extremadamente complejo, en razón de que parte de las actividades más propias de la Iglesia (educación de niños y adolescentes, acompañamiento de jóvenes, formación y orientación espiritual, etc.) son, precisamente, las que ofrecen oportunidades excepcionales para un eventual abuso.

---

[107]   Cornish & Clarke, 2014.

[108]   Keenan, J. F., Hinsdale, M. A., Bartunek, J. *Church ethics and its organizational context: learning from the sex abuse scandal in the Catholic Church.* Rowman & Littlefield Publishers, 2006; Terry & Freilich, 2012.

[109]   John Jay College of Criminal Justice Research Team. *The Causes and the Context of Sexual Abuse of Minors by Catholic Priests in the United States, 1950-2010. A Report Presented to the United States Conference of Catholic Bishops by the John Jay College Research Team.* United States Conference of Catholic Bishops, 2011.

Siguiendo a Terry & Freilich, estrategias de prevención como la educación tanto a NNA como a adultos sobre las características del abuso sexual a menores o el establecimiento de medidas de vigilancia y de responsabilidad, son fundamentales para disminuir el riesgo de abuso sexual infantil. Estas, sin embargo, debieran ser complementadas por una reflexión aplicada tanto de las estructuras eclesiales[110], como de las dinámicas que dan pie tanto a modos abusivos de ejercer el poder como a la configuración de marcos de comprensión que, manipulados, son terreno fértil para el abuso sexual. En este sentido, un trabajo institucional que formule criterios y clarifique límites en torno a temáticas como el rol asistencial (material y espiritual) de los clérigos hacia sus fieles, el modo de ejercitar el acompañamiento o guía espiritual, así como las prácticas que es posible implementar para disminuir el centralismo del sacerdote en actividades eclesiales cotidianas, pueden ser especialmente útiles.

Así también, se hace necesario profundizar el análisis al respecto para distinguir claramente entre relaciones de cercanía e intimidad sana que se generan en espacios eclesiales entre menores de edad y consagrados, de aquellas conductas encaminadas directamente a la transgresión sexual, y que, por lo mismo, califican como *grooming*. Esto implica partir por reconocer la asimetría de poder que existe, inevitablemente, entre ambas partes, y reflexionar sobre la formación y desarrollo de una afectividad sana en el marco clerical. Finalmente, la discusión sobre cambios que afecten las comprensiones teológicas sobre el oficio del sacerdote también son urgentes, aunque escapan a las perspectivas de esta investigación.

Como todo estudio, este también tiene limitaciones. Como se señala al inicio de este artículo, esta investigación se basa en el análisis de textos de sentencias jurídicas. Si bien estas son un instrumento excepcional para abordar tanto las características del fenómeno como sus circunstancias, también comportan límites. Más allá de la verdad judicial que se alcanza tras la sentencia, estas comunican lo que se comprende como "verdad" sobre un hecho, desde la perspectiva de

---

[110]   Benkert, M., & Doyle, T. P.; "Clericalism, Religion Duress and its Psychological Impact on Victims of Clergy Sexual Abuse". *Pastoral Psychology* 58(3), 2009, pp. 223-238; Doyle, 2003; Schickendantz, 2019.

los actores involucrados en él. Como ambas partes buscan conseguir objetivos contrarios (la condena, la absolución, o la atenuación de la pena en el caso de procedimientos abreviados) no puede presuponerse neutralidad en la comunicación. Al ser, además, redactada por un juez, supone un trabajo interpretativo de un momento procesal[111], ejercicio en el que se va "creando mundo", es decir, una forma de organizar y tipificar la realidad[112] desde una perspectiva institucional y de alcance público.

Por lo mismo, esperamos que futuras investigaciones puedan analizar el rol de las estrategias desplegadas a partir de otras fuentes de información. Adicionalmente, uno de los autores de este trabajo es sacerdote. Keenan constata que mucha de la investigación sobre el tema en cuestión ha sido llevada a cabo por presbíteros, religiosos o ex consagrados que tienen un interés personal por la materia. Si bien esto puede traer ciertas ventajas en torno a la comprensión de las dinámicas y contextos, también existe el riesgo de reproducir sesgos implícitos que responden a las propias experiencias de vida. La discusión continua de los hallazgos e interpretaciones por parte de los autores buscó, justamente, disminuir el riesgo de estos posibles sesgos.

La evidencia presentada en este artículo refuerza la descripción del abuso sexual infantil como un delito que ocurre en el marco de un proceso relacional, apuntando a las estrategias desplegadas por sacerdotes y religiosos y enmarcadas en un contexto institucional determinado, como elementos fundamentales para la ocurrencia del delito. La dinámica abusiva se extiende más allá del hecho mismo, comenzando con una serie de acciones que apuntan a acercarse a las víctimas, en contextos que son particularmente funcionales para ello: altamente clausurados, que naturalizan fácilmente relaciones que en otros espacios podrían ser cuestionables, no sometidas a controles, y donde se produce una gran concentración de poder en la figura del sacerdote o religioso. En línea con la evidencia internacional, los

---

[111]   Cardoso Amorim, N.; *As Justificativas que formam o convencimento dos juízes no julgamento de crimes da lei de drogas no Rio de Janeiro* [tesis de Magíster no publicada]. Universidad Federal de Río de Janeiro, 2019.

[112]   Vargas, 1994; como se cita en Cardoso Amorim, 2019.

resultados refuerzan los factores de oportunidad así como aquellas características culturales y organizacionales propias de la institución eclesial que generarían oportunidades adicionales para el abuso. Observar el abuso sexual a menores en contextos eclesiales no como un hito que acontece, sino como una red que se despliega en los diversos espacios de la vida de las víctimas, puede ayudar a indagar más profundamente en su densa complejidad. Esperamos con este trabajo aportar tanto a la comprensión del problema como al desarrollo de políticas que prevengan el abuso sexual infantil en este contexto.

Por Enrique Muñoz y Larry Yévenes sj

Clericalismo y elitismo en la Iglesia católica chilena: su influencia en el abuso sexual clerical

Introducción

Los abusos sexuales que algunos obispos, sacerdotes, religiosas y religiosos, principalmente chilenos(as), han infringido sobre niños, niñas y adolescentes, han provocado un profundo desprestigio moral, religioso e institucional de la Iglesia católica. La misma institución que, bajo la dirección del Cardenal Raúl Silva Henríquez, participó de la conformación del Comité Pro Paz (1973) y, posteriormente, de la creación de la Vicaría de la Solidaridad (1976), no le dio la debida importancia y fue negligente ante las atrocidades que se cometían al interior de ella.

Algo de eso sostiene el Papa Francisco cuando afirma, en el documento entregado a los obispos chilenos en mayo de 2018, que la Iglesia católica chilena, la misma que

supo dar "pelea" cuando la dignidad de sus hijos no era respetada o simplemente ninguneada. Lejos de ponerse ella en el centro, buscando ser el centro, supo ser la Iglesia que puso al centro lo importante. En momentos oscuros de la vida de su pueblo, la Iglesia en Chile tuvo la valentía profética no solo de levantar la voz, sino también de convocar para crear espacios en defensa de hombres y mujeres por quienes el Señor le había encomendado velar[1].

Esa Iglesia, en especial su jerarquía, dejó de focalizarse en su núcleo fundamental, Jesucristo, para transformarse en una entidad ensimismada, en la que emergieron perversiones del ser eclesial como el mesianismo, el elitismo y el clericalismo[2].

Estas maneras de ser Iglesia fueron distanciando cada vez más a la institución del Pueblo de Dios que camina junto a ella, al que está llamada a servir. Evidencia de ello son los datos que nos entregan las encuestas Bicentenario UC 2019 y CEP 2019. Según la primera, no solo ha disminuido la percepción positiva de los sacerdotes y de la Iglesia católica en la sociedad chilena (Iglesia católica 26% - los obispos y sacerdotes católicos 9%), sino que también ha disminuido al 45% el número de personas que se declara católicos. Por su parte, la Encuesta CEP (diciembre de 2019) sostiene que la confianza en la Iglesia católica ha bajado, notoriamente, hasta el 14%.

El presente capítulo busca profundizar en las nociones de elitismo y clericalismo para comprender su influencia en la crisis del abuso sexual clerical cometido contra niños, niñas y adolescentes, tal como se ha develado en los últimos años, en vistas a una efectiva prevención de este fenómeno. En consecuencia, dividiremos el presente trabajo en dos momentos principales: una clarificación conceptual necesaria sobre estas nociones, y una reflexión final que busca sugerir mejoras al respecto.

---

[1]   Papa Francisco, Meditación para los obispos de Chile, 15 de mayo de 2018. Disponible en Canal 13: https://www.t13.cl/noticia/nacional/la-transcripcion-completa-del-documento-reservado-papa-entrego-obispos-chilenos.

[2]   Papa Francisco, Meditación para los obispos de Chile, 15 de mayo de 2018. En el presente capítulo, optamos por dejar fuera el término "mesianismo" por dos razones: a) porque está subsumido en el análisis que hacemos del estilo elitista de una parte de la Iglesia católica chilena; b) porque posee una connotación menos explicable e interpretable desde las ciencias sociales.

Una clarificación conceptual necesaria: elitismo y clericalismo

En la carta de mayo de 2018 y en otras diversas instancias[3], el Papa Francisco ha sostenido que existen perversiones del ser eclesial y que estas corresponden al elitismo, al clericalismo y al mesianismo. Detengámonos, primero, en el giro perversiones del ser eclesial. Una expresión como tal, supone, por contraste, que existe un modo de ser "deseable" o "bueno" del modo o forma de vida de la Iglesia que procuraremos describir.

La Iglesia católica es una institución religiosa milenaria compuesta por personas y fundada por Jesucristo. Según el Catecismo de la Iglesia católica, el término "iglesia" (*ekklesia*, del griego *ek-kalein* llamar fuera) significa "convocación". Designa, entonces, las asambleas del pueblo[4], en general de carácter religioso. Es el término frecuentemente utilizado en el texto griego del Antiguo Testamento para designar la asamblea del pueblo elegido en la presencia de Dios, sobre todo cuando se trata de la asamblea del Sinaí, en donde Israel recibió la Ley y fue constituido por Dios como su pueblo santo[5]. Dándose a sí misma el nombre de Iglesia, la primera comunidad de los que creían en Cristo se reconoce heredera de aquella asamblea. En ella, Dios convoca a su Pueblo desde todos los confines de la tierra. El término *Kyriaké*, del que se derivan las palabras *church* en inglés, y *kirche* en alemán, significa «la que pertenece al Señor»[6].

---

[3] Por ejemplo, cabe mencionar las siguientes reflexiones: "Solo una Iglesia liberada del poder y del dinero, libre de triunfalismos y clericalismos testimonia de manera creíble que Cristo libera al hombre. Y quien, por su amor, aprende a renunciar a las cosas que pasan, abraza este gran tesoro: la libertad. No se queda enredado en sus apegos, que cada vez le piden algo más, pero nunca dan paz, y siente que el corazón se expande, sin inquietudes, disponible para Dios y para los hermanos". (Discurso del 5 de mayo de 2018, Encuentro internacional en el 50 aniversario del Camino Neocatecumenal, Tor Vergata, Roma) o "La vida cristiana es un camino humilde de una conciencia nunca rígida y siempre en relación con Dios, que sabe arrepentirse y remitirse a él en sus pobrezas, sin presumir nunca de que se basta a sí misma. Así es como se superan las ediciones revistas y actualizadas de ese viejo mal que Jesús denuncia en la parábola: la hipocresía, la doble vida, el clericalismo acompañado por el legalismo, la separación de las personas". (Homilía del 1 de octubre de 2017, Visita pastoral a Bolonia)

[4] cf. *Hch* 19, 39.

[5] cf. *Ex* 19.

[6] Catecismo de la Iglesia católica, 2020, n. 751.

En el lenguaje cristiano, la palabra Iglesia designa no solo la asamblea litúrgica[7], sino también la comunidad local[8] o toda la comunidad universal de los creyentes[9]. Estas tres significaciones son, de hecho, inseparables. La «Iglesia» es el pueblo que Dios reúne en el mundo entero. La Iglesia de Dios existe en las comunidades locales y se realiza como asamblea litúrgica, sobre todo eucarística. La Iglesia vive de la Palabra y del Cuerpo de Cristo y de esta manera viene a ser ella misma Cuerpo de Cristo[10]. Esta es su bondad o finalidad y a ella está llamada. Por ende, el clericalismo y el elitismo irían en contra de estos principios. Abordemos estos fenómenos a continuación, dejando para una próxima oportunidad la noción de mesianismo, de más compleja caracterización.

Elitismo

No es fácil referirse al tema del elitismo y de las élites, puesto que existen múltiples aproximaciones a este tópico. Se mezclan, por ejemplo, el uso académico con el mediático o del sentido común. Por ello, el análisis de esta noción es complejo y especializado, lo que supera con creces la intención de este capítulo. Con todo, en lo que sigue, intentaremos mostrar dos cuestiones relevantes: el desenvolvimiento del concepto élite y una definición de la misma, con el objetivo de considerar cuán aplicable es este planteamiento al debate planteado por el Papa Francisco sobre el elitismo.

Un estudio reciente[11] sostiene que son tres los modelos que ha seguido la noción de élite en su historia: el paradigma clásico, el paradigma plural-elitista y el paradigma del neo-elitismo. El primero de estos paradigmas está representado por los trabajos de Vilfredo

---

[7]   cf. *1 Co* 11, 18; 14, 19. 28. 34. 35.

[8]   cf. *1 Co* 1, 2; 16, 1.

[9]   cf. *1 Co* 15, 9; *Ga* 1, 13; *Flp* 3, 6.

[10]   Catecismo de la Iglesia católica, n. 752.

[11]   Pelfini, A.; Aguilar, O. y Moya, E. "Hacia una redefinición de las élites: Reflexividad y agencia", en: A. Pelfini (editor) *¿Son o se hacen? Las élites empresariales chilenas ante el reciente cuestionamiento ciudadano*, Ediciones UAH, en prensa.

Pareto[12], Gaetano Mosca[13] y Robert Michels[14]. Para ellos "no resultaba necesario realizar una distinción entre élites políticas, élites económicas y élites culturales. Su conceptualización sobre la élite era monolítica y refleja una sociedad en la cual el centro de las decisiones estaba concentrado en el Estado y en el poder político"[15]. El segundo de estos paradigmas, denominado plural-elitista, representado por Charles Wright Mills[16] subraya la importancia que tienen para la sociedad los círculos políticos, económicos y militares; lo anterior, en el marco de la Guerra Fría. Finalmente, es posible mencionar las perspectivas neo-elitistas que analizan el rol de las élites en las transiciones democráticas y en la institucionalización de procesos de democratización, fundamental de determinadas sociedades[17].

De esta manera, en el mencionado estudio[18], se considera que, independientemente de si se promueve una determinada definición de élite, existen ciertos elementos que están constantemente presentes cuando se examina a sectores que ejercen liderazgo y concentran poder y recursos.

> Entre estos elementos se encuentran las estrategias de reproducción que utilizan, es decir, los mecanismos para excluir o incluir a nuevos miembros; la capacidad que muestran para legitimar su dominio con respecto al resto de los individuos; los criterios de distinción que movilizan para diferenciarse del resto de la colectividad y la capacidad que presentan para tomar decisiones e imponer visiones y modelos de sociedad. En otras palabras, el concepto de élite, independiente del contexto en el que se sitúe, exhibe ciertos elementos, dimensiones y lógicas que son estables

---

[12]   Pareto, Vilfredo; *Forma y equilibrio sociales*, 1980.

[13]   Mosca, Gaetano; *La clase política*, 1984.

[14]   Michels, Robert; *Los partidos políticos*, 1991.

[15]   Pelfini, Aguilar, Moya, p. 5.

[16]   Mills, Charles Wright; *La élite del poder*, 1956.

[17]   Burton, M. y Highley, J. (1989), "The Elite Variable in Democratic Transitions and Breakdowns", en: *Historical Social Research*, Vol. 37, 2012, N° 1, pp. 245-268.

[18]   Pelfini, Aguilar, Moya.

en el tiempo y que se podrían denominar como el armazón o esqueleto conceptual de aquella[19].

Nos parece que este esqueleto o armazón conceptual de la élite puede ser aplicado *mutatis mutandi* a la Iglesia católica chilena: en ella hay estrategias de reproducción (piénsese, por ejemplo, en caso de la Pía Unión Sacerdotal en el entorno de ex sacerdote Karadima, el que seleccionaba jóvenes de la clase alta principalmente santiaguina, piadosos y con buena formación intelectual); la capacidad que tienen para legitimar su dominio (un caso modélico es lo acontecido con el prestigio social alcanzado por Renato Poblete Barth y su conducción del Hogar de Cristo); la diferenciación, que no necesariamente, como bien dicen los autores, se reduce a un sector de la ciudad o una clase social, sino que al reconocimiento social que tuvieron y tienen algunos sacerdotes abusadores (por ejemplo, piénsese en Rimsky Rojas, quien, teniendo un origen social humilde, pasa a formar parte de las élites en las ciudades del sur de Chile); y, finalmente, la influencia que tuvo en la Iglesia católica chilena en su denuncia de las violaciones a los derechos humanos cometidos por la dictadura militar (en cuyo marco se llevaron a cabo algunos abusos del ex sacerdote Cristián Precht).

En consecuencia, si lo anterior es correcto, quisiéramos enmarcarnos en la siguiente definición de élite:

> Considerando varios de los aportes revisados, se puede indicar que la élite puede ser definida como un grupo minoritario con una identidad propia que concentra el poder en una determinada esfera de la sociedad y que se estructura a partir de los siguientes elementos: a) posiciones altas de autoridad, b) alto prestigio, aunque también alta concentración de recursos y competencias en la esfera en que se desenvuelve c) toma de decisiones relevantes en esa esfera. Resumiendo, la élite se conceptualiza como un grupo social determinado que ostenta, ejerce y no pocas veces mono-

---

[19]   Pelfini, Aguilar, Moya, p. 10.

poliza un determinado poder en diversas esferas, tales como la económica, la política, la cultural y la militar[20].

A partir de lo anterior, podemos sostener que el elitismo, al interior de la Iglesia católica chilena, sería una desviación del rol asociado a la institución, que naturaliza una superioridad que alejaría o distanciaría, en especial a la jerarquía eclesiástica, de sus respectivas comunidades. Por ejemplo, transformándose cada vez más en un grupo de personas aislado y con una identidad fija; que tuvo un prestigio y una influencia social relevante, precisamente, hasta que las primeras denuncias de abuso sexual eclesiástico se hicieran públicas. Evidencia de ello, son, como sostuvimos más arriba, las distintas encuestas que demuestran el descenso de la confianza en la Iglesia católica chilena.

Pasamos, entonces, a considerar el concepto de clericalismo.

Clericalismo

El clericalismo, es definido por el *Lexikon für Theologie und Kirche*, en un muy ilustrativo artículo, del siguiente modo:

En sentido estricto, el concepto "clericalismo" alude a una transgresión de los límites del clero en el campo de acción mundano, principalmente en el ámbito de acción político; en un sentido más polémico "clericalismo" significa cualquier influencia de tipo eclesial (en un sentido negativo) sobre ámbitos sociales y privados. El fenómeno del clericalismo no se limita solo al catolicismo, sino que tiene relación con todas las religiones, en las cuales el clero detenta un cierto poder. La existencia de un estado clerical como tal no implica la existencia del clericalismo. El clero como estado privilegiado se origina después del giro de Constantino: este proceso se plasmó en privilegios clericales, en el monopolio de la formación y en el poder económico de la Iglesia. Un clericalismo explícito se evidencia, sin duda alguna, en el tratamiento conducido por Gregorio VII de la libertad eclesial (*libertas eccle-*

---

[20]   Pelfini, Aguilar, Moya, p. 11.

siae), entendida como un predomino de una iglesia clerical sobre el laicado. Este desarrollo culmina en la bula *Unam Sanctam* de Bonifacio VIII, con la pretensión de un rol conductor universal del Papa. Este exagerado clericalismo condujo a la formación del anticlericalismo, en el movimiento de los pobres de la Edad Media tardía y, finalmente, en la Reforma.

El Concilio de Trento acentuó, nuevamente, la legitimidad del clero y se aferra a los privilegios. Esta pretensión fue hecha retroceder por la Ilustración, viviéndose en el siglo XIX una reavivada restauración. De este modo, en la *Enciclopedia de la Iglesia* (1851), bajo la noción de laico se encuentra únicamente una remisión al clero, mientras este concepto todavía aparece bajo el término clérico y espiritual. Solo el Concilio Vaticano II rompe con este acento unilateral del clero frente a los laicos. El Código de Derecho Canónico (CIC) habla todavía del estado clerical (*status clericalis*) (c.285), aunque no se refiere más a los privilegios del estado clerical. Donde el antiguo clericalismo aún sigue viviendo, es rechazado como obsoleto y a menudo como patológico. El clericalismo puede también llegar a ser un insulto ofensivo, que busca estigmatizar cualquier tipo de influencia eclesiástica[21].

En dos palabras, quisiéramos subrayar un elemento clave del clericalismo: la supremacía del poder espiritual por sobre el temporal, que podría estar a la base de muchas prácticas eclesiásticas y que hace irrelevante o poco significativo para algunos miembros de la Iglesia católica el reconocimiento del derecho positivo o el estado de derecho. Es decir, que algunos miembros de la Iglesia católica se sienten por sobre o ajenos a la ley.

En esta línea ha argumentado el informe australiano, conocido como *Royal Commission* y también los trabajos de Carlos Schickendantz. La *Royal Commission* entiende el clericalismo como "la idealización del sacerdocio católico y, por extensión, la idealización

---

[21]   Garhammer, E.; "Klerikalismus", en: *Lexikon für Theologie und Kirche*, Volumen 6, Editorial Herder, Freiburg i. Br. 1997, pp. 130-131. Traducción nuestra.

de la Iglesia católica institucional"[22]. El mencionado estudio refiere, a su vez, al *Informe de los superiores masculinos de los Estados Unidos*, denominado *En solidaridad y servicio: reflexiones sobre el problema del clericalismo en la Iglesia* (1983), que lo comprende del siguiente modo:

> es la conciencia o no conciencia concerniente a promover el particular interés de los clérigos y la protección de los privilegios y el poder que les han sido concedidos tradicionalmente en el estado clerical. El fenómeno del clericalismo encierra dimensiones actitudinales, conductuales e institucionales[23].

Surgen dos comentarios al respecto: uno, la fecha en que la Iglesia de Estados Unidos —1983— reflexiona sobre el clericalismo, que es posterior al Concilio Vaticano II y relativamente reciente si se toman en consideración los dos mil años de la Iglesia católica. El segundo comentario es que el documento norteamericano exprese que el fenómeno del clericalismo es un fenómeno "consciente o no consciente" (*conscious or unconscious*). En especial el término no consciente reforzaría la idea formulada más arriba respecto de la pretendida superioridad ontológica de algunos miembros del clero. La cita al texto norteamericano continúa:

> el clericalismo se presenta tanto en una dinámica personal como social, se expresa en varias formas culturales y, a menudo, es reforzado por las estructuras institucionales. Entre sus manifestaciones se encuentran un estilo autoritario de liderazgo ministerial, una cosmovisión rígidamente jerárquica y una identificación virtual de la santidad y la gracia de la iglesia con el estado clerical y, por ende, con el clérigo mismo[24].

---

[22]   Royal Commission into Institutional Responses to Child Sexual Abuse. *Final Report.* Commonwealth of Australia, 2017, p. 613. Traducción nuestra.

[23]   En: Royal Commission into Institutional Responses to Child Sexual Abuse. *Final Report.* Commonwealth of Australia, 2017, p. 613. Traducción nuestra.

[24]   Royal Commission into Institutional Responses to Child Sexual Abuse. *Final Report.* Commonwealth of Australia, 2017, p. 614. Se sigue aquí la traducción de C. Schickendantz.

Carlos Schickendantz comenta al respecto que el clericalismo "representa un concepto equivocado de autoridad, de ejercicio del poder y del carácter especial de la persona ordenada al sacerdocio ministerial"[25], cuestión que nosotros hemos denominado la calidad ontológica superior del sacerdote. Es decir, que el sacerdote o religioso supone que su naturaleza humana, no solo es distinta al resto, sino que está por encima de ellos y ellas, en la medida que tiene una relación particular con Dios y su Iglesia.

En este contexto, se pueden indicar varios casos emblemáticos, por ejemplo, a nivel jerárquico, cuando el cardenal Francisco Javier Errázuriz desatendió las acusaciones contra el ex sacerdote Karadima, por el prestigio que tenía el ex sacerdote como fuente de vocaciones sacerdotales o episcopales. El cardenal Errázuriz consideró, ante sí mismo, que no era necesario emprender una investigación canónica en su contra. Algo similar, podría afirmarse en el clero diocesano de Santiago del ex sacerdote Cristián Precht, que gozaba de un extendido reconocimiento en algunos sectores de la Iglesia nacional, como ex Vicario de la Solidaridad en tiempos de la dictadura cívico-militar.

¿Cómo unir lo que se ha dicho anteriormente sobre el elitismo con el clericalismo? Doyle nos da una pista en la siguiente de definición:

> Clericalismo se refiere al malentendido radical del lugar de los clérigos (diáconos, sacerdotes, obispos) en la Iglesia católica y en la sociedad secular. Este "ismo" peyorativo se basa en la creencia errónea de que los clérigos constituyen un grupo de élite y, debido a sus poderes como ministros sacramentales, son superiores a los laicos. Estos poderes espirituales han llevado históricamente a una variedad de privilegios sociales que, a su vez, han dado lugar regularmente a diferentes niveles de corrupción[26].

---

[25]   Schickendantz, C.; "Proceso institucional de un modelo teológico-cultural de Iglesia. Factores sistémicos en la crisis de los abusos", *Teología y Vida*, 60/1, 2019, p. 27.

[26]   "Clericalism refers to the radical misunderstanding of the place of clerics (deacons, priests, bishops) in the Catholic Church and in secular society. This pejorative *"ism"* is grounded in the erroneous belief that clerics constitute an elite group and, because of their powers as sacramental ministers, they are superior to the laity. These spiritual powers have historically

El clericalismo sería un factor clave en la transformación de ciertos miembros de la Iglesia católica en élites alejadas, se supone, de la tarea fundamental de esta institución como es el anuncio de la Buena Noticia y la denuncia de las estructuras de pecado que atentan contra la dignidad y la libertad de las creaturas de Dios. Incluso, el clericalismo va más allá de la actuación de un conjunto de clérigos sexualmente disfuncionales y emocionalmente dañados que abusaron de sus víctimas; es, como afirma Doyle, un problema de abuso de poder: "Primero y ante todo es un problema de un profundo abuso de poder eclesiástico. En definitiva, el modo en que la Iglesia institucional ha reaccionado a ella revela una profunda falla en el rol de la religión organizada en la sociedad contemporánea"[27]. Nuevamente en dos palabras: fallas en la formación psicosexual y espiritual de los sacerdotes y religiosos; fallas en sus autoridades que no hicieron un seguimiento humano y profesional del personal consagrado; faltas de las comunidades que endiosaron a algunos sacerdotes, religiosos o religiosas; fallas en algunas autoridades eclesiásticas que no escucharon o no dieron toda la credibilidad a las víctimas, etc. Con todo, hay otra falta respecto de la cual se coloca poca atención: el laicado defensor a ultranza de los clérigos sobre los que había sospechas.

> El modo de respuesta de los obispos (secreto, prevención de la publicidad en la prensa, la persecución criminal y las acciones civiles) no habría sido posible sin la cooperación de un laicado que a menudo ha pensado que tal cooperación con los obispos en esos encubrimientos ha ayudado a la Iglesia. "Iglesia", para esos facilitadores laicales y *cheerleaders* clericales, es primariamente definida como la jerarquía. Sin esa base, la aristocracia clerical se desvanecería[28].

---

led to a variety of social privileges which in turn have regularly resulted in different levels of corruption." Doyle, T.; "Clericalism: enabler of Clergy Sexual abuse", *Pastoral Psychology*, 54, 2006, p. 190.

[27] Doyle, T.; "Clericalism: enabler of Clergy Sexual abuse", 2006, p. 191.

[28] *Íbid*, p. 210.

Reflexiones finales

Dos son las reflexiones que quisiéramos proponer en este punto: la primera, relativa a la estructura de la Iglesia católica y, la segunda, el llamado al regreso a su eje fundamental, Jesucristo. De este modo, nos parece interesante poner de relieve el carácter o la estructura piramidal que permanece, de modo más o menos consciente, en nuestra Iglesia. Eclesiológicamente, interesa aquí subrayar que, desde el Concilio Vaticano II, se ha intentado instalar la imagen de la pirámide invertida, es decir, el paso de una comprensión medieval de la Iglesia a una comunidad que dialoga activamente con el mundo moderno. Clave es aquí la categoría de Pueblo de Dios que postula el Concilio Vaticano II, por ejemplo, a partir de la constitución dogmática *Lumen Gentium*. Un ejemplo muy básico de este cambio de paradigma se encuentra en el siguiente texto de la mencionada constitución apostólica:

> El sacerdocio común de los fieles y el sacerdocio ministerial o jerárquico, aunque diferentes esencialmente y no solo en grado, se ordenan, sin embargo, el uno al otro, pues ambos participan a su manera del único sacerdocio de Cristo. El sacerdocio ministerial, por la potestad sagrada de que goza, forma y dirige el pueblo sacerdotal, confecciona el sacrificio eucarístico en la persona de Cristo y lo ofrece en nombre de todo el pueblo a Dios. Los fieles, en cambio, en virtud de su sacerdocio regio, concurren a la ofrenda de la Eucaristía y lo ejercen en la recepción de los sacramentos, en la oración y acción de gracias, mediante el testimonio de una vida santa, en la abnegación y caridad operante[29].

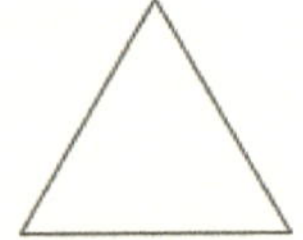

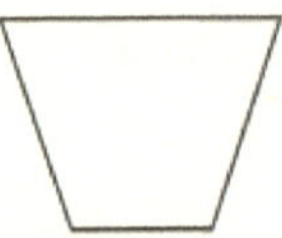

Concepción Medieval   Propuesta del Concilio Vaticano II

---

[29]   Constitución dogmática sobre la Iglesia del Concilio Vaticano II, *Lumen Gentium*, capítulo II, 2020, n. 10.

En el marco del presente capítulo, es interesante detenerse en el carácter problemático que encierra la mencionada estructura, en particular, en la transición entre una concepción medieval (*societas perfecta supernaturalis*) a una concepción post-conciliar (Pueblo de Dios). El punto reside en que la Iglesia no es solo una institución que se comprende a sí misma como "una", "santa", "católica" y "apostólica", sino que su estructura posee un origen histórico específico que, siendo conocido, es poco atendido.

> Al final de la Edad Media y frente a la Reforma protestante, teólogos y canonistas respondiendo a los ataques contra el papado y la jerarquía, acentuaron precisamente aquellos aspectos que ellos negaban. (…) La Iglesia era pensada en ese horizonte de comprensión como una sociedad, una *societas (iuridice) perfecta supernaturalis*, esto es, la comunidad de creyentes unida en la común confesión de fe, de los mismos sacramentos, bajo la autoridad del Papa y visible como la república de Venecia[30].

Esta denominación de *societas (iuridice) perfecta supernaturalis*, tiene un aspecto —el adjetivo perfecta— que encierra un aspecto que, al menos hipotéticamente, puede estar a la base de los abusos eclesiales sobre niños, niñas y adolescentes: "La expresión "perfecta" —comenta Schikendantz— se utilizaba en el sentido de que no está subordinada a ninguna otra y no le falta nada de lo requerido para su plenitud institucional; destaca su autonomía —*iuridice*—, no su moralidad"[31].

Se podría plantear, entonces, que esta autocomprensión de la Iglesia católica —que duró varios siglos— y que determinó sus prácticas o su modo de ser (citando a Aristóteles) de alguna manera está presente todavía. ¿No sería un reflejo de lo anterior el hablar de pecados y no delitos?, ¿de no denunciar, sino que de trasladar a

---

[30] Schickendantz, C. "Sinodalidad en todos los niveles. Teología, diagnóstico y propuestas para una reforma institucional", en: *La eclesiología del Concilio Vaticano II*, José Carlos Caamaño; Carlos María Galli; Virginia Raquel Azcuy (eds.); Ágape Libros, Buenos Aires, 2015, p. 520.

[31] Ídem.

los victimarios (la llamada cura geográfica)?, ¿de qué se privilegiase el Derecho Canónico por sobre los códigos penales? A la luz de los hechos, parece que sí. Dicho de otra manera, permanece en la Iglesia católica una cierta conciencia de sí misma que tiene un carácter distinto (superior, perfecto, ontológico y moralmente distinto), lo que la diferencia de las instituciones políticas o que componen la sociedad civil. ¿Puede ser una explicación de los abusos sexuales cometidos contra niños, niñas y adolescentes la falta de implementación de una institucionalidad más horizontal, como la postulada por el Concilio Vaticano II y su muy conocido concepto de Pueblo de Dios? No siendo el único factor, probablemente, lo es. Por lo que se sabe, una praxis eclesial que siga un cierto sello elitista o clericalista, se contrapone a la intención del mencionado Concilio. ¿No destaca acaso en la conformación de la Iglesia universal la clase gobernante por sobre la comunidad cristiana, más bien pasiva? Por último, ¿no está presente aún una cierta concepción monárquica dentro de la Iglesia?[32].

En síntesis, esta estructura piramidal en que la jerarquía supervisaba todo, hizo que no hubiese los adecuados contrapesos para revisar las medidas que se estaban tomando, tanto para prevenir abusos como para sancionar prontamente a los culpables, y, con ello, proteger a las víctimas actuales y potenciales.

Como propuesta para superar el elitismo y el clericalismo, nos parece necesario que la Iglesia católica vuelva, a través de su *praxis*, a su fuente principal: Jesucristo, que es camino, verdad y vida. Que Jesús sea Camino implica que su modo de vida es el modelo a seguir. Siguiendo la opción radical de Jesús por los pobres y desvalidos[33]; las víctimas, sus familias y comunidades han de ser la prioridad en

---

[32]   "La mayoría del Concilio interpretó la *plenitudo potestatis* del Papa, por una parte, como contraste con las sociedades estatales —marcadas después de la Revolución francesa por la conciencia moderna del derecho y la constitución—, por otra, no teológicamente, sino sobre todo en el plano jurídico conforme al modelo de monarquía absoluta —institución ya desfasada en esa época, por lo demás— y esto, no porque el Papa pudiera actuar arbitrariamente en la Iglesia. El punto comparativo con la monarquía absoluta residía más bien en que la potestad suprema no conoce ninguna barrera de derecho positivo, no puede ser limitada legalmente por ninguna otra instancia y por eso puede imponerlo todo, en principio, dentro del ámbito legítimo de sus decisiones." (Schickendantz, C. "Sinodalidad en todos los niveles", 2015, p. 522).

[33]   Cf. *Lc* 4, 18-19; 7.22.

esta dolorosa situación. Que Jesús sea la Verdad, implica un esfuerzo serio, sistemático y sin contemplación por buscar que las denuncias formales y los rumores continuos de abuso sean diligentemente investigados y aclarados. Solo así se vivirá el mandato evangélico "la verdad los hará libres"[34]. Que Jesús sea la Vida[35] implica poner todos los medios para que aquellos cuya existencia ha sido mancillada y su dignidad pisoteada sean debidamente reparados a nivel terapéutico, simbólico y económico. En este sentido, el enfoque de la justicia restaurativa puede ser muy iluminador para los procesos globales de reparación que recién se están comenzando a implementar en la Iglesia católica Chilena.

---

[34]   *Jn* 8, 32.
[35]   *Jn* 10, 10.

Análisis jurídico y psicológico de la imprescriptibilidad de los delitos sexuales cometidos contra menores de edad

Por María Elena Santibáñez y Alejandro Reinoso

El 18 de julio del año 2019 se publicó y entró en vigencia la Ley Nº 21.160 que declara imprescriptibles los delitos sexuales cometidos contra menores de edad[1], permitiendo con ello, luego de varios años de tramitación, que un proyecto de ley esencial para la protección de menores de edad víctimas de delitos sexuales se hiciera realidad.

Un adecuado análisis de la materia supone hacernos cargo, desde lo jurídico, de la novedad que representa la imprescriptibilidad de la acción penal de algunos delitos en nuestro ordenamiento, en un contexto en que la prescripción, entre los juristas, se sitúa como un dogma de necesidad indudable, y también de las particulares características de los delitos sexuales contra menores de edad que justifican, precisamente, esta notoria excepción a la regla. Psicológicamente, la imprescriptibilidad conlleva un impacto en los derechos de las víctimas a la reparación simbólica, la posibilidad real de la desaparición de la impunidad socio-jurídica que ha perpetuado la vergüenza de lo indecible posibilitando a la víctima dirigir su decir ante el otro y,

---

[1] Con ello, nuestro país se suma a otros que le precedieron estableciendo la imprescriptibilidad de estos delitos en forma directa o mediante la fórmula de que el plazo de prescripción de los mismos comience a correr desde que la víctima denuncia el delito. Países como Argentina, Ecuador, más de 20 estados de los Estados Unidos, Reino Unido, Suiza, Canadá, Australia y Nueva Zelandia ya la han establecido.

finalmente, la incidencia y contribución de la ley a la generación de una cultura no abusiva.

La prescripción de la acción penal para los delitos en general y la imprescriptibilidad de los delitos sexuales cometidos contra menores de edad

Como es sabido, la prescripción de la acción penal consiste en la extinción de la responsabilidad penal por el solo transcurso de un determinado lapso de tiempo desde la comisión de un delito, siempre que no se haya entablado dicha acción en contra del responsable. Una causal de extinción de la responsabilidad penal consagrada en nuestro código punitivo[2] sobre cuya naturaleza jurídica no existe consenso, pues hay quienes consideran que se trata de una institución de carácter procesal, mientras que otros le atribuimos una fundamentación de carácter penal sustantiva[3].

Quienes le asignan carácter procesal a dicha institución se basan, entre otras consideraciones, en la dificultad que existiría para probar el ilícito transcurrido mucho tiempo, pues parte de la prueba pudo desaparecer o perder su calidad probatoria. Para afirmar su naturaleza sustantiva, en cambio, se señala que el transcurso de un lapso prolongado de tiempo debilita la necesidad social de castigar en el caso concreto, hasta el punto de hacerla inferior a la necesidad de preservar la paz social mediante la consolidación de la situación jurídica, máxime si el autor no incurrió con posterioridad en ningún otro ilícito apto para interrumpir la prescripción[4].

El plazo de prescripción de la acción penal depende de la gravedad del ilícito: según la pena asignada prescribirá en quince, diez o cinco años y, tratándose de faltas penales, prescribirá en un plazo de

---

[2]   Artículo 93 N° 6 del Código Penal.

[3]   Parece ser el criterio dominante dentro de la doctrina penal. En este sentido véase Cury; *Derecho Penal. Parte General*, Ediciones Universidad Católica de Chile, 2005, pp. 797 y ss. En el mismo sentido Etcheberry; *Derecho Penal. Parte General. Tomo I*, Editorial Jurídica de Chile, 2001, pp. 372 y ss.

[4]   Artículo 96 Código Penal.

seis meses[5]. El cómputo de dicho plazo comienza a correr desde el día en que se hubiere cometido el delito[6].

Puede verse que todos los delitos prescriben en plazos más o menos largos. Sin embargo, existen ciertos delitos gravísimos, como los de genocidio y lesa humanidad, que han sido declarados imprescriptibles por diferentes tratados internacionales, considerando, además de la altísima gravedad que representan para una comunidad, los contextos de abuso de un aparato de poder y consecuente impunidad con que suelen cometerse[7].

Esta tendencia a la imprescriptibilidad de los delitos contra la humanidad tiene como fuentes los tratados internacionales de protección a los derechos humanos y emana de las doctrinas de lucha contra la impunidad o de "impunidad cero", que han cobrado fuerza en las últimas décadas y que afirman la evitación de la impunidad como uno de los fines del derecho penal[8].

Los delitos sexuales cometidos contra menores de edad forman parte, sin duda, de la criminalidad más intolerable para la comunidad. La agresión sexual infantil constituye un flagelo que marca a las víctimas de manera indeleble y condiciona profundamente todos los aspectos de su personalidad y continuo vital, muy especialmente cuando se trata de dinámicas crónicas de abuso sexual o cuando el agresor ocupa una posición de autoridad o confianza respecto de la

---

[5]   Sin perjuicio de plazos especiales de prescripción contemplados en nuestro ordenamiento jurídico.

[6]   Artículo 95 Código Penal.

[7]   La tipificación chilena del genocidio, los crímenes de lesa humanidad y los crímenes y delitos de guerra se encuentra en la Ley N° 20.357. El artículo 40 de dicha ley consagra la imprescriptibilidad de la acción penal y de la pena de los delitos allí estatuidos, cuestión que también hace el Estatuto de Roma de la Corte Penal Internacional en su artículo 29, promulgado por Chile el año 2009.

[8]   Así se señala en el Preámbulo del Estatuto de Roma de la Corte Penal Internacional: "Afirmando que los crímenes más graves de trascendencia para la comunidad internacional no deben quedar sin castigo (*unpunished*) y que, a tal fin, hay que adoptar medidas en el plano nacional e intensificar la cooperación internacional para asegurar que sean efectivamente sometidos a la acción de la justicia". Lo propio en la jurisprudencia de la Corte Interamericana de Derechos Humanos. Véase también Silva Sánchez, J. M. "Lucha contra la impunidad" y "Derecho de la víctima al castigo del autor" en *Revista de Estudios de la Justicia* (11), 2009, pp. 84-124.

víctima, como ocurre en el caso de la figura paterna o materna o de un guía espiritual[9].

No obstante, estimamos que el fundamento de la imprescriptibilidad de estos delitos no reside en su gravedad, sino en las particulares consecuencias psíquicas que desencadenan en la víctima —sobre las que volveremos más adelante— y que determinan con frecuencia la demora en denunciar o verbalizar la agresión, pues antes deberán reconocerse como tales y reunir las competencias para hacerlo. Ello no ocurrirá en un plazo preestablecido ni con el alcance de la mayoría de edad, sino que dependerá de su proceso personal y de su contexto específico. De ahí que podamos afirmar con propiedad el llamado "derecho al tiempo" de las víctimas de esta clase de delitos, derecho que motiva su imprescriptibilidad.

Tomando en cuenta que las reglas sobre prescripción se fundan, principalmente. en las consideraciones político criminales de la seguridad jurídica y la paz social, parece ser que, en materia de delitos sexuales cometidos contra menores de edad, dichas consideraciones deben ceder ante la evidencia científica según la cual muchas de las víctimas se encuentran impedidas de denunciar en plazos determinados. Como se verá, no hay paz social posible si el ordenamiento jurídico no respeta los tiempos de los y las sobrevivientes de estos delitos.

Génesis y tramitación de la ley de imprescriptibilidad

El proyecto de ley inició su tramitación el 2 de junio del año 2010, por moción parlamentaria de los senadores Rossi Ciocca, Walker Prieto, Quintana Leal y Rincón González[10], y contemplaba un artículo único que modificaba el artículo 369 quáter del Código Penal, estableciendo que "los delitos previstos en los dos párrafos anteriores serán imprescriptibles».

La necesidad de reformar la prescripción de estos delitos ya se había recogido en nuestro ordenamiento jurídico penal el año 2007, con la Ley Nº 20.207, que mediante el referido artículo 369 quáter

---

[9]   Véase "Guía para la Evaluación Pericial de Testimonio en Víctimas de Delitos Sexuales. Documento de Trabajo Interinstitucional", Fiscalía Nacional y otros, 2017, pp. 88 y 89.

[10]   Boletín Nº 6.956-07. Moción parlamentaria en Sesión 23. Legislatura 358.

situaba el inicio del cómputo del plazo de prescripción de delitos sexuales cometidos contra menores de edad en el cumplimiento de su mayoría de edad.

Pese a que la ley del año 2007 constituyó un avance significativo en la materia, fue de todas formas insuficiente, pues un número importante de ilícitos de esta naturaleza permaneció en la más absoluta impunidad, al prescribir la acción penal antes de que las víctimas estuviesen en condiciones de denunciarlos. Esta constatación, expuesta, además, por las distintas asociaciones de víctimas de estos delitos, es la que impulsó el proyecto de ley que, luego de nueve años de tramitación, terminaría con la promulgación y publicación de la ley de imprescriptibilidad de delitos sexuales contra menores de edad.

Favorecieron el proceso de génesis de este proyecto de ley las denuncias por delitos sexuales cometidos en contextos clericales, cuyo caso más emblemático fue probablemente el caso Karadima. Muchas de las víctimas de estos sucesos ya habían alcanzado la adultez y solo luego de muchos años se atrevieron a denunciar.

El proyecto ponía particular énfasis en la gravedad de estos delitos y en el daño devastador que ocasionan en las víctimas, en distintas dimensiones de su personalidad. Además, tenía en especial consideración el hecho de que, respecto de estas víctimas, no parece posible afirmar la renuncia a sus derechos a partir de su inactividad en el tiempo, pues existen otras consideraciones que les impiden ejercerlos. Pese a que la moción parlamentaria se presentó el año 2010, permaneció desatendida hasta el año 2016, en que comenzó a tener movimiento su tramitación, cuando el proyecto pasó a la Comisión Especial encargada de tramitar proyectos de ley relacionados con Niños, Niñas y Adolescentes, para luego ser remitido a la Comisión de Constitución, Legislación y Justicia del Senado. Durante la tramitación parlamentaria fueron invitados a exponer en diversas oportunidades representantes del Ejecutivo, de la Excma. Corte Suprema[11],

---

[11] El representante de la Corte Suprema se manifestó contrario al proyecto por diversas consideraciones sustantivas asociadas a la institución misma de la prescripción y al principio de proporcionalidad en relación con otros delitos, así como también por las dificultades de carácter operativo que traería consigo su aplicación.

del Ministerio Público, de la Defensoría Penal Pública[12], académicos penalistas, constitucionalistas y civilistas, psicólogos, médicos y víctimas emblemáticas de delitos sexuales. Importante participación tuvieron durante toda la tramitación del proyecto la psicóloga infantojuvenil Vinka Jackson[13] y el médico James Hamilton[14], ambos víctimas de delitos sexuales cuya develación no tuvo lugar sino luego de muchos años.

Durante esta etapa de la tramitación legislativa se acordó cambiar la ubicación de la norma al título V del Libro I del Código Penal, que regula la extinción de la responsabilidad penal, en un nuevo artículo 94 bis, que contiene una enumeración de delitos respecto de los cuales sería aplicable la imprescriptibilidad.

La discusión parlamentaria abordó dos cuestiones polémicas: la posible aplicación de la imprescriptibilidad a los casos en que fuesen adolescentes los autores de estos delitos[15], cuestión que fue rechazada

---

[12]   La Defensoría Penal Pública también se manifestó en contra del proyecto, señalando entre otros argumentos que atentaba contra el principio a ser juzgado en un plazo razonable.

[13]   Vinka Jackson se refirió, entre otras materias, al fenómeno psicológico que ocurre en los menores víctimas de estos delitos. Explicó que "en el campo de la psicología se habla de "choque de idiomas", en tanto lo sexual para el adulto y para el menor son una idea completamente distinta, de ahí, resaltó, la complejidad que presenta la víctima para entender completa y acabadamente el acto por ella padecido, proceso que, por cierto, lleva una considerable cantidad de tiempo en desarrollarse" (Informe de Comisión Especial en Sesión 28. Legislatura 366. Historia de la Ley N° 21.120).

[14]   El doctor Hamilton señaló que estos delitos generan daños transgeneracionales, daños de carácter neuronal, produciéndose en la víctima un síndrome de estrés postraumático, lo que conduce a que la misma se encuentre en un estado de alerta permanente, ocasionando, consecuentemente, una atrofia cerebral en las zonas del hipocampo, que constituyen las áreas volitivas de la persona y se relacionan con el proceso de interpretación de la realidad que efectúa el sujeto, por lo que el daño en las mismas afecta su capacidad de interpretar los hechos por ella padecidos. En tal sentido, precisó que si bien la víctima no pierde la memoria sobre lo sucedido, existe un verdadero obstáculo biológico y cerebral para relatar plenamente lo vivido, lo que solo se genera una vez que las condiciones del abuso cesan. (Informe de Comisión Especial en Sesión 28. Legislatura 366. Historia de la Ley N° 21.120).

[15]   En estos casos corresponde la aplicación de la Ley 20.084 de Responsabilidad Penal Adolescente, que se funda en principios muy distintos al derecho penal de adultos: se sostiene que los principios de "tolerancia especial" y "celeridad de la materialización de la reacción punitiva" inspiran el sistema penal de adolescentes. Por lo mismo, en su caso se justifica la aplicación de plazos de prescripción más cortos como los que recoge dicha ley. Por otro lado, la discusión sobre la aplicación de plazos extendidos de prescripción en el caso de adolescentes ya se estaba produciendo en tribunales con el artículo 369 quáter vigente y, por lo tanto, con mayor razón se produciría si se estableciera la imprescriptibilidad. Sobre

ya desde el primer trámite legislativo; y el carácter retroactivo de la aplicación de la imprescriptibilidad, materia que fue objeto de debate hasta el término de la tramitación del proyecto, para ser finalmente descartada.

Surgió también la necesidad de establecer algún tipo de suspensión de la prescripción de la acción civil en estos casos, habida cuenta de que su brevedad deja a las víctimas en la imposibilidad de ser indemnizadas en caso de una develación tardía[16]. De esta manera, se incorporaron al proyecto nuevos artículos que permiten la renovación de la acción civil para la víctima por una sola vez, tanto respecto del responsable por el delito como de terceros civilmente responsables, si se cumplen ciertas condiciones expresamente señaladas.

En el mes de mayo del año 2018, el Ejecutivo presentó una indicación sustitutiva al proyecto, ampliando el catálogo de delitos a los que se aplicaría la norma y otorgando suma urgencia a su tramitación. La celeridad del proyecto coincidió con las crecientes y generalizadas denuncias producidas en contra de eclesiásticos de la Iglesia católica, algunos muy reconocidos, revelándose una verdadera cultura de encubrimiento institucional[17].

El proyecto fue remitido a la Cámara de Diputados en el mes de abril del año 2019, instancia en que se incorporan dos nuevos delitos al catálogo de imprescriptibles[18] y, más relevante, se sustituye el

---

esta discusión véase Mañalich, "Los plazos de prescripción de la acción penal de la Ley de Responsabilidad Penal de Adolescentes frente al art. 369 quáter del Código Penal", *Informes en Derecho. Estudios de Derecho Penal Juvenil IV.* Centro de Documentación Defensoría Penal Pública, Santiago, 2012, págs. 213 a 232.

[16] Aunque en base al texto del artículo 2509 del Código Civil, alguna jurisprudencia de nuestros máximos tribunales había permitido que se suspenda la prescripción civil en estos casos, mientras el demandante sea menor de edad, esta fórmula tiene como tope máximo 10 años, de acuerdo al art. 2520 del mismo texto legal.

[17] Sobre este punto véase Comisión UC para el análisis de la crisis de la Iglesia católica en Chile, *Comprendiendo la crisis de la Iglesia en Chile. Documento de análisis.* Pontificia Universidad Católica de Chile, 2020.

[18] Se propone incorporar el secuestro calificado contemplado en el artículo 141 inc. final del CP cuando recaiga contra persona menor de edad, pues en ciertos casos no era aplicable la figura de la sustracción de menores, y la figura de la violación con homicidio, cuando la víctima fuese menor de edad; sin embargo, este delito se aparta de los fundamentos de la iniciativa, asociado a la imposibilidad de efectuar denuncias por parte de las víctimas, pues la víctima ha fallecido, razón por la que finalmente no se incorporó en la ley.

artículo transitorio del proyecto por otro que da un carácter retroactivo a sus disposiciones, extendiendo su aplicación a aquellos hechos punibles cometidos desde la entrada en vigencia de la Convención sobre los Derechos del Niño[19].

El carácter retroactivo de la ley ya se había discutido profusamente durante el primer trámite constitucional, tanto en el proyecto que aprobó la Comisión Especial de Infancia, como en el proyecto que aprobaron las Comisiones Especiales de Infancia y de Constitución, Legislación y Justicia, y en el propio proyecto aprobado por la Sala del Senado en que, por unanimidad, se prescindió de cualquier regla que declarase la retroactividad, concluyéndose que era más razonable avanzar en la pronta aprobación de este proyecto y evitar controversias constitucionales y penales que retrasarían o impedirían su entrada en vigencia[20].

Las modificaciones propuestas por la Cámara fueron aprobadas por el Senado en el tercer trámite constitucional, rechazando la que incorporaba la figura de violación con homicidio al catálogo y la que establecía el efecto retroactivo de la normativa. Para resolver las discrepancias, se formó una Comisión Mixta durante el mes de junio del año 2019, que acordó por mayoría mantener el rechazo de ambas propuestas[21].

Finalmente, el 18 de julio del año 2019, se publica la ley N° 21.160 que incorpora un nuevo artículo 94 bis al código punitivo, el que establece la imprescriptibilidad de los delitos contenidos en el

---

[19] La referencia de la disposición a la fecha en que entró en vigencia la Convención sobre los Derechos del Niño se explica porque a partir de la suscripción de ese instrumento internacional, el Estado de Chile se obligó a suprimir cualquier obstáculo que impida el ejercicio de los derechos de los niños, niñas y adolescentes víctimas de un ilícito de orden sexual a obtener justicia y reparación.

[20] Se tuvo en consideración una serie de argumentos de carácter constitucional, legal y práctico. Desde un punto de vista constitucional, la doctrina mayoritaria considera a la prescripción una institución penal sustantiva, o a lo más de naturaleza mixta (procesal/sustantiva), y que por tanto se incluye en la garantía de la irretroactividad de las leyes penales, salvo cuando se trate de un criterio que favorezca al imputado. Desde un punto de vista legal, se formularon observaciones considerando las diversas modificaciones legales que han sufrido los tipos penales de carácter sexual. En cuanto a los problemas prácticos, se planteó el problema de capacidad del sistema para conocer de estos casos, entre otras consideraciones.

[21] 8 votos contra 2 rechazando la incorporación de la violación con homicidio en el catálogo de delitos imprescriptibles y 7 votos contra 3 rechazando el carácter retroactivo de la norma.

antedicho catálogo, cuando al momento de su comisión la víctima fuere menor de edad[22]. Asimismo, un nuevo artículo 369 quinquies del Código Penal, establece el carácter de delito de acción penal pública previa instancia particular de estos ilícitos una vez alcanzada la mayoría de edad de las víctimas.

Por otra parte, incorpora un título especial que permite la renovación de la acción civil para la víctima de estos delitos, tanto para dirigirse contra los personalmente responsables como contra terceros que lo fueren civilmente, estableciendo las condiciones que deben cumplirse en cada caso.

Además, establece expresamente en un título final que las disposiciones de la ley no tendrán aplicación respecto de los delitos perpetrados por adolescentes, salvando con ello un posible conflicto en la aplicación de esta ley en relación con la Ley 20.084 de responsabilidad penal adolescente.

En cuanto a los hechos delictivos cometidos con anterioridad a la publicación de la ley, continúa vigente el artículo 369 quáter del Código Penal.

De esta manera, la prescripción de la acción penal de los delitos sexuales cometidos contra menores de edad antes del 31 de agosto del año 2007, fecha en que entró en vigencia el artículo 369 quáter en virtud de la Ley 20.057, comienza a correr desde la fecha de comisión del ilícito y prescribe según las reglas generales. Si la agresión sexual constitutiva de esta clase de delitos acaeció entre dicha fecha y el 18 de julio del año 2019 (en que entró en vigencia la imprescriptibilidad de los mismos), el cómputo del plazo de prescripción, determinado según las reglas generales, principiará desde que la víctima cumple 18 años. Por último, si la agresión es posterior a la última fecha consignada, la víctima contará con la protección que asegura la imprescriptibilidad.

---

[22]   Artículo 94 bis.- No prescribirá la acción penal respecto de los crímenes y simples delitos descritos y sancionados en los artículos 141, inciso final, y 142, inciso final, ambos en relación con la violación; los artículos 150 B y 150 E, ambos en relación con los artículos 361, 362 y 365 bis; los artículos 361, 362, 363, 365 bis, 366, 366 bis, 366 quáter, 366 quinquies, 367, 367 ter; el artículo 411 quáter en relación con la explotación sexual; y el artículo 433, N° 1, en relación con la violación, cuando al momento de la perpetración del hecho la víctima fuere menor de edad.

Aspectos psicológicos involucrados en la imprescriptibilidad de los delitos sexuales contra menores de edad

El sistema judicial y su modo de operar concreto tiene consecuencias terapéuticas y antiterapéuticas en las víctimas de violencia sexual, es decir, que este sistema puede contribuir al bienestar y a la reparación de ellas, pero también puede intensificar el malestar e incluso producir retraumatización. En efecto, las leyes, el sistema judicial y sus procedimientos pueden ejercer y llegar a activar una violencia de tipo psicológico sobre las víctimas de delitos sexuales, se acerquen o no estas a denunciar y pedir justicia. Asimismo, se ha constatado que las víctimas buscan mucho más un reconocimiento, apoyo y reafirmación de sí a nivel público, debido al mal o daño infringido, que cualquier compensación e indemnización monetaria[23].

El deseo de reconocimiento es una coordenada central de la vida psíquica. Inicialmente es una dimensión entregada por los padres o cuidadores, los primeros educadores y figuras de autoridad que ocupan un lugar de valor y amor, así como también con quienes tiene lugares de prestigio y estatus en el grupo social de pertenencia y de referencia. Ese reconocimiento, dependiendo de la edad y, en consecuencia, del desarrollo cognitivo, socio-afectivo y psicosexual tiene códigos y modalidades diversas. Es un tipo de reconocimiento que requiere respeto por el deseo propio de niños y adolescentes, sus búsquedas y exploraciones, sus rasgos, gustos y malestares. Implica ser oído y visto en términos simbólicos, es decir, escuchados y visibilizados por el otro. La función formadora del mundo adulto consiste en contribuir con respeto, libertad y límites en el campo afectivo sexual para que cada sujeto menor de edad pueda ir conociéndose y autorizándose en el ámbito de la palabra, pudiendo de este modo hacerse un lugar y demandar ser escuchado. En efecto, el ámbito del decir ante un otro es uno de los aspectos centrales de los seres hablantes: poder transmitir la propia experiencia, a través de este decir, que incluye las palabras y la comunicación no verbal. Poner esta función en acto tiene consecuencias ante sí mismo y ante los otros, incluso

---

23   N. Des Rosiers, B. Feldthusen & O.A. Hankivsky. "Legal Compensatio for Sexual Violence: Therapeutic Consequences and Consequences for the Judicial System, Psychology". *Public Policy, and Law*, Vol. 4, N° 1/2, 1998, pp. 433-451.

en las áreas y tópicos más indecibles, innombrables y esquivos a la elucidación de la propia experiencia.

Los abusadores de menores de edad se introducen en esa coordenada del reconocimiento, haciéndose imprescindibles, entregando reconocimiento, esencialmente por vía de la imagen, a través de los halagos, del prestigio, de regalos materiales y/o simbólicos, ofreciendo cercanía, escucha y exclusividad, apreciando rasgos del cuerpo, de la inteligencia cognitiva, social y afectiva. El abuso sexual de menores es un tipo de violencia sexual donde el abusador, en el marco de una relación asimétrica, inicia y mantiene una relación que se instala, en primer lugar, como un abuso psicológico para alcanzar sucesivamente el abuso sexual. Por esto, el abuso sexual de menores es siempre un proceso que incluye la seducción y el reconocimiento que captura. Esto ocurre con mayor gravedad en el caso de los abusos en contextos religiosos, a través del uso de símbolos y de la invocación espiritual a Dios y a la comunidad de pertenencia, donde la función mediadora que los religiosos tienen, se transforma en un fin, y el registro más íntimo y espiritual termina siendo una meta con un uso claro: acceder al cuerpo del menor de edad.

Cuando el abusador entra en la función del decir de la víctima, la enunciación ante otros deviene trunca, amordazada y el sujeto queda finalmente silenciado. El abusador con ello viene a desactivar la validación de la experiencia del afectado y a introducir la voz del abusador como la única autorizada. Esto produce en la víctima un quiebre del sí mismo, una fractura en dos escenas sociales: una pública, que tiene la dimensión del reconocimiento social y la otra donde el sujeto victimizado es objeto sexual del abusador. Esta coexistencia produce una experiencia de vacío psicológico y un sufrimiento ahogado. Esta distancia se intensifica cuando el abusador utiliza estrategias y amenazas anticipadas ante la eventualidad y posibilidad de develación por parte de la víctima.

En consecuencia, la escena abusiva sexual queda encriptada en el cuerpo y la posibilidad de confrontar a esa figura de autoridad abusiva se hace lejana, imposible y con una sensación de inutilidad. En ese punto, la víctima permanece atrapada y desautorizada, dudando de sí y de su propia vivencia; y no es posible para ella anunciar ese saber conocido e insoportable ante un tercero.

La singularidad en los tiempos para develar y denunciar

La radicalidad de esta fractura instala en las víctimas un tiempo suspendido y al mismo tiempo eterno, se prolonga tanto como la duración del abuso, así como años después de este. La mordaza, en este caso, ya no depende de la presencia real del abusador, sino que ha quedado inoculada en el cuerpo del abusado. Ese personaje interior queda silenciado ahora por la propia autoamenaza que nadie va a creerle y por la propia vacilación subjetiva. Es, por ende, una experiencia, desestimada, a ratos confusa, de relatos variados ante sí mismo. Clásicamente, se denomina trauma a esa marca en el cuerpo, impronunciable e indecible. Se requerirá un camino largo y sinuoso para develar y denunciar.

Cuando la víctima de abusos sexuales sabe que su tiempo para hablar, para pronunciarse y declarar ante su familia y su comunidad cercana tiene fecha de vencimiento, como sucedía con la prescripción y su límite temporal, existe una lucha interior entre el plazo legal y los tiempos interiores de cada afectado. En este contexto, para la víctima, subjetivamente la ley quedaba del lado del abusador pues no respetaba los tiempos de develación. En efecto, la experiencia de ese tiempo suspendido y eternizado está aguardando, a menudo con desesperanza, de una contingencia que permita confrontar al abusador o bien en decirlo a un otro para liberarse de esa soledad interior. Las contingencias tienen un lugar central en la vida psíquica[24] y en este caso contribuyen a los develamientos, los cuales no son programables ni estandarizables, y de hecho sorprenden a menudo a las mismas víctimas como una irrupción que viene del interior.

La imprescriptibilidad hace más inclusivo el tiempo de cada víctima para develar y denunciar en caso que pueda hacerlo. Es una restitución de la temporalidad a los tiempos singulares que estaban desajustados de los plazos de la prescripción. Es relevante recordar que para la judicatura ordinaria, "antes de la reciente ley de imprescriptibilidad, los delitos sexuales en Chile prescribían pasados entre

---

[24]   Castoriadis, C. *Los dominios del hombre. Las encrucijadas del laberinto.* Barcelona, Ed. Gedisa, 1998.

cinco y diez años desde que la víctima cumplía la mayoría de edad"[25], mientras que "la regla de prescripción canónica reconoce veinte años a contar de la mayoría de edad del denunciante, lo que ha entregado mayor margen de investigación a los delitos en el Derecho Canónico"[26]. Estos tiempos cuantitativos no son comparables con "el caso de las víctimas de abuso por sacerdotes y clérigos, [cuyo…] proceso de estructuración de relato ha promediado al menos 33 años hasta la denuncia de los hechos"[27]. Por esta razón, la regla de prescripción hacía concretamente inviable "la persecución penal del delito de abuso sexual cometido por sacerdotes, al tiempo que las exigencias de prueba que rigen en la justicia penal desalentaron todas las posibilidades de intervención judicial"[28]. En este sentido, la imprescriptibilidad aumenta las oportunidades de acceso real a la justicia en el sistema judicial.

Este cambio hacia la imprescriptibilidad es una señal del Estado que considera la temporalidad posible y oportuna para el paso de la develación a hacer uso de este recurso en el sistema jurídico. También es el paso del tiempo *Cronos*, cuantitativo, a un tiempo *Kairós*, cualitativo, respetando los tiempos del propio sujeto. Este respeto tiene también el estatuto de un derecho al tiempo con este cambio en la ley. La temporalidad con los matices de suspensión y de develación tiene una significación propia para cada uno (el silencio, la develación, la denuncia, etc.). La modificación de la ley en sí contiene una reparación simbólica en potencia en tanto reconoce públicamente la temporalidad interior del encierro, del confinamiento de esa experiencia. Elimina una condición de temporalidad cuantitativa y valida la intimidad del *tempus* interior en su dialéctica con el espacio público. Eso tiene una consecuencia en la noción de duración más cercana al lapso interior que a la duración cualitativa. En estos términos, el intervalo abierto entre el término del abuso y su develación es lapso de tiempo

---

[25] Comisión UC para el análisis de la crisis… *op. cit.*, p. 29.

[26] *Op. cit.*

[27] Jackson, V. & Hamilton, J. *Derecho al Tiempo. Fundamentos y propuesta para la imprescriptibilidad de la acción penal respecto a delitos de agresión sexual contra niños, niñas y adolescentes* - 12 de abril de 2018.

[28] Comisión UC para el análisis de la crisis… *op. cit.*, p. 38.

con la marca del tiempo detenido y del silenciamiento. Ese intervalo de tiempo está abierto a su cierre, es decir, a su apertura pública y, eventualmente, a dirigirse a la justicia. En suma, este lapso interior no se puede cuantificar matemáticamente en años.

Signos de reparación simbólica

Parte importante de los procesos de reparación se ubican en un registro distinto, no necesariamente complementario ni del todo disociable de la lógica del intercambio, la punición del culpable y la compensación material. Ese registro de reparación supone el reconocimiento del otro en términos de la escucha, no desestimación del relato y consideración del acto de decir la escena abusiva y sus consecuencias para la vida de la víctima. Esta dimensión simbólica de la reparación implica que el sujeto es responsable de su decir: en el caso de la víctima del decir de la experiencia abusiva enmudecida y a la espera que el abusador emita una palabra de responsabilización. La imprescriptibilidad introduce la posibilidad real de la desaparición de la impunidad socio-jurídica del abusador, restituyendo responsabilidad de por vida, aunque no hable, ni reconozca el daño infringido.

La modificación de la ley viene a corregir un déficit, respondiendo y apuntando, desde la legislación en particular, a un problema de carácter social, afectivo, ético y sexual que se relaciona con el daño a personas que han sido abusadas sexualmente durante su infancia y adolescencia. Este problema social ha generado un debate acerca de los alcances del sistema judicial para hacer justicia y evitar la impunidad e indemnidad de los ofensores sexuales de menores de edad. El cambio en el legislador da cuenta de un nuevo espíritu en la ley en el registro simbólico de la responsabilidad.

Efectivamente, el cambio en la ley muestra una elaboración del legislador producto de la influencia en los últimos años de sensibilización social y política ante los abusos sexuales y tiene en consideración los resultados científicos, así como la voz de los activistas —en general sobrevivientes— que testimonian de su experiencia. De este modo, activistas, víctimas, juristas, psicólogos y legisladores han dado un paso de responsabilidad que renueva el pacto social y, consistentemente, el registro de lo simbólico de la experiencia.

Es un reconocimiento de tipo simbólico toda vez que incluye como parte del daño el régimen de silenciamiento con su incidencia en el tiempo interior y que puede durar décadas, desamordazamiento que no puede ser acotado por ley ni ajustado a ella. El sujeto mientras no ha develado y se encuentra paralizado en la palabra y el cuerpo, está en un no-lugar, un espacio de transición, secuestrado de sí mismo, paralizado en el cuerpo, en silencio, pero con diálogos internos. Cuando el tiempo expira, en el paradigma de la prescripción, ese lugar ya no alberga alguna esperanza, no se aguarda nada cuando el sistema jurídico ha cerrado sus puertas inexorablemente.

Adicionalmente, este cambio implica un avance de la ley, y de los legisladores, para entrar en el terreno de la sexualidad y del cuerpo, en el desarrollo psicosocial y psicosexual, en los requerimientos cognitivos de las diversas etapas de la infancia y adolescencia, así como las incidencias que el abuso tiene a nivel epigenético, neurocognitivo y afectivo-sexual. Tiene en consideración los efectos del abuso, el daño a nivel cognitivo, afectivo, social, psiquiátrico y sintomático.

La ley, en su versión actual, transmite que el culpable, el responsable del abuso, no expira en su responsabilidad, la cual es atendible y punible. Este mensaje tiene un efecto a nivel de la sociología del derecho, implica elaborar dignamente la dimensión anómica que excluía a quien no hablaba a tiempo, dentro de los plazos que los legisladores habían establecido. Es un paso empático, que toma en cuenta la parálisis del tiempo interior, la inhibición del registro de la palabra. En estos términos, la prescripción transmitía que más allá del plazo legal se liberaba la responsabilidad subjetiva, social y legal del abusador. Que existiera esa posibilidad dañaba la relación entre las víctimas de abusos sexuales y las reglas del pacto simbólico con la sociedad y el Estado, incidiendo en el derecho al olvido efectivo.

En efecto, la responsabilidad, es decir, la capacidad y condición de responder ante sí y ante otro no expira, ni concluye. En algún sentido, ni la muerte del responsable exime a una sociedad de hacer al menos un juicio en el campo de lo simbólico, lo cual no implica, necesariamente, entrar en este caso, en el terreno de lo probatorio. En ese sentido, es una modificación que contribuye a la paz social, pues atiende a la necesidad de responsabilizar e introducir la penalización de un delito de esta naturaleza independientemente del impacto, gravedad y nivel de daño. Transmite la idea que no hay paz social ante un delito de abuso sexual contra niños y adolescentes.

Finalmente, hay otro registro de lo simbólico y es la dimensión del testigo y del testimonio. La víctima es el principal testigo de su propia experiencia y su testimonio, es su potencial acto de transmisión a un otro[29]. El testigo es un sobreviviente y su testimonio se dirige a otro social, de la ley y a esa terceridad simbólica que reconoce, acoge y sostiene, permitiendo elaborar y hacer un tratamiento de la experiencia de la vergüenza y la impronta de humillación de la escena abusiva y su silenciamiento.

Desde la ley hacia la construcción de una cultura no abusiva

El derecho de la víctima a entablar la acción penal presupone el derecho a ser reconocida como tal y a la restitución de su dignidad, pues la comisión del delito ha generado en ella una situación de dominación del autor que produce humillación y dolor permanentes. Tal como lo señala Silva Sánchez "mediante el proceso de imputación se pone de manifiesto a la víctima que esta no ha tenido culpa alguna en el hecho, y que tampoco ha sufrido por un acontecer natural o por el azar, sino por el injusto culpable de un autor. Al ser castigado, la víctima obtiene, pues, su resocialización"[30].

La ley de imprescriptibilidad contribuye a la tarea de construir una cultura no abusiva. Lo hace, por una parte, reconociendo a los abusados, respetando sus tiempos, permitiéndoles elaborar su personal proceso de develación y resguardando su derecho de acceso a la justicia para cuando se encuentren en condiciones de hacerlo y, por otra, impele a la sociedad a tener conciencia de que estos delitos no son meras faltas morales, sino ilícitos penales gravísimos que serán perseguidos en cualquier momento, siempre que la víctima esté preparada para ello.

Un cambio en la ley contribuye, pero no asegura ni garantiza un cambio cultural. Para quienes han participado activamente en

---

[29] Agamben, G. *Lo que queda de Auschwitz: el archivo y el testigo*, Editorial Pre-Textos, Valencia, 2009.

[30] Silva Sánchez, *op. cit.*, p. 117.

este cambio es un logro, un paso, un signo que muestra el interés del Estado por acercarse y escuchar los tiempos de las víctimas. Este gesto simbólico lleva en ciernes un trazo de reparación simbólica en modo general destinado a evitar impunidad por motivos de la temporalidad.

Así como hay pasos que están del lado de las víctimas, también hay otros que el Estado y la Sociedad Civil pueden seguir dando, acortando la distancia con aquellos que han sido vulnerados en su integridad física, psicológica y sexual, así como también con los agresores sexuales.

Algunos de ellos podrían ser:

- Si bien el conocimiento de la ley se da por presunto, es conveniente la difusión y comunicación efectiva y eficaz de este cambio legal pues, para quien es o ha sido víctima de estos delitos, ahora hay tiempo para la denuncia legal. Para quien abusa, no quedará impune su delito después de cierta cantidad de años, pudiendo ser denunciado y juzgado en cualquier momento.

- Perfeccionar los sistemas de atención a víctimas, buscando disminuir los tiempos de espera, así como disponer de condiciones favorables de escucha, reconocimiento, información oportuna y seguimiento personalizado. Se trata también de evitar cualquier signo de retraumatización debido a problemas procedimentales y de dejación burocrática que generen indignidad en las víctimas.

- Potenciar la coordinación de equipos y la interdisciplinariedad en el trabajo psico-jurídico-social. Ello supone equipos especializados de peritaje disponibles al igual que programas y grupos de terapias de reparación reconocidos, validados y que tengan lógicas protegidas de autocuidado dada la complejidad de abordar los delitos sexuales.

- Asegurar a las víctimas de estos delitos la posibilidad de una representación jurídica de calidad, que les permita efectivamente ejercer la acción penal con ciertas perspectivas de éxito o avances en su denuncia, pues de otro modo la posibilidad que otorga la imprescriptibilidad de estos delitos de denunciarlos, quedaría sencillamente en un mero simbolismo.

–   Invertir en programas que trabajen con agresores sexuales, de manera especializada, lo que parece posible sobre todo tratándose de agresores jóvenes —que muchas veces también han sido víctimas de estos mismos atentados—, y no limitarse sencillamente a la pena privativa de libertad como respuesta única del sistema penal en estos casos.

Estos pasos en el sistema jurídico, en la ley, en el trabajo de acogida a víctimas y de abordaje a victimarios es un desafío a nivel de tratamiento y reparación. Cabe un reto social mayor para la sociedad civil y el Estado a nivel de la promoción y generación de signos contundentes de una cultura de buen trato física, psicológica y sexual. Esto supone políticas educacionales, de salud y comunicacionales, con espacios de conversación sobre la convivencia social, el uso y abuso de poder al interior de las familias, en contextos institucionales y comunitarios, sobre las diversas formas de maltrato y abuso, la negligencia y el abandono.

Aún queda mucho por avanzar en este camino de reconocimiento y reparación de víctimas de delitos sexuales, a quienes se les ha privado durante años de todo soporte simbólico.

El declive de la influencia de la Iglesia católica en Chile

Por Rodrigo Mardones[1]

Introducción

En este capítulo se abordará la pérdida progresiva de influencia política de la Iglesia católica en Chile desde el retorno a la democracia en 1990, la que ha mostrado una fuerte caída desde 2010 producto de los escándalos de abuso sexual. Esta dimensión de estudio representa el valor agregado de este trabajo, al complementar la investigación politológica sobre la Iglesia en América Latina, que se ha centrado en su rol como institución, en su relación con los partidos de inspiración católica y en cómo la religión afecta las tendencias electorales[2].

En Chile es innegable que la Iglesia ejerció un rol político importante durante la dictadura cívico-militar (1973-1990), por ejemplo, en la resolución del conflicto del Beagle con Argentina, en la defensa de los derechos humanos y en la promoción del mundo popular. Restaurada la democracia en 1990, la Iglesia influyó en el esfuerzo de

---

[1] Se agradecen los comentarios de Juan Esteban Belderrain, Sofía Brahm y Alfonso Donoso. Todos los juicios, eventuales errores y omisiones son de responsabilidad exclusiva del autor.

[2] Audette, Andre P., Mark Brockway, and Rodrigo Castro Cornejo. "Religious engagement, civic skills, and political participation in Latin America." *Journal for the Scientific Study of Religion*, Vol. 59, N° 1, 2020, p. 104.

justicia transicional[3]. Esto habría dado un sentido de misión social que repercutía en su alta valoración por parte de la opinión pública, la que comenzó a erosionarse progresivamente[4].

Mediante una revisión exhaustiva de prensa y de cifras de diversas encuestas, este capítulo da cuenta de su pérdida de influencia. El trabajo utiliza el marco politológico del neopluralimo, una teoría del poder político apropiada para el estudio de la acción de los grupos de interés en los procesos políticos, y que será explicada en detalle en la segunda sección. La tercera sección del capítulo presentará la transición a la democracia como un punto de inflexión también para la Iglesia chilena marcada por su vinculación con la derecha política. La agenda legislativa sobre moral sexual que cohesionaba fuertemente al episcopado, será abordada en la cuarta sección de este trabajo. Lo anterior, en desmedro de la agenda sociopolítica que vinculaba solo a algunos obispos con las visiones de la centro-izquierda, aunque de manera débil y fragmentada, lo que será analizado en la quinta sección del capítulo. Finalmente, la conclusión sistematiza las claves de interpretación ofrecidas por el neopluralismo, reafirmando que la Iglesia ha sido un grupo de interés con importantes, pero decrecientes, recursos de influencia en el ámbito político.

Neopluralismo como marco analítico

El poder y la influencia política de la Iglesia es un fenómeno poco estudiado y algo incomprendido en Chile. Para los politólogos Viet Strassner[5] y Claudio Fuentes[6] la Iglesia sería un actor de veto. Sin embargo, en la literatura académica este último concepto corresponde

---

[3]   Maximiliano Vega. "Un país religioso: La relación del Estado y la iglesia en la discusión constitucional". *La Tercera*, 13 de abril de 2020. Accedido de www.latercera.cl el 3 de julio de 2020.

[4]   Máximo Quitral. "En el nombre del padre: la crisis de la Iglesia católica chilena". *El Mostrador*, 7 de diciembre de 2015. Accedido desde www.elmostrador.cl el 29 de mayo de 2020.

[5]   Strassner M.A., Viet. "La Iglesia chilena desde 1973 a 1993: de buenos samaritanos, antiguos contrahentes y nuevos aliados. Un análisis politológico." *Teología y Vida*, Vol. 47, 2006, p. 89.

[6]   "El poder (perdido) de la Iglesia". *Diario Clever*, 14 de mayo de 2018. Accedido desde www.diarioclever.cl el 28 de mayo de 2020.

a un individuo o colectivo cuyo acuerdo es sistemáticamente requerido para el cambio de una política pública[7]. La Iglesia puede influir en la política desplegando sus recursos para evitar una legislación que le parezca desfavorable; pero aplicando esta definición estándar, el hecho de que ocasionalmente consiga su objetivo no la convierte en un actor de veto.

Para algunos, la Iglesia sería un poder fáctico; al menos lo habría sido hace décadas según el politólogo Steven Levitsky[8]. El sociólogo Tomás Moulian define poder fáctico como la doble capacidad de un actor para primero imponer su voluntad más allá de sus atribuciones legales, y segundo doblegar al poder civil utilizando la amenaza de una regresión autoritaria[9]. Por su parte, el sociólogo político Manuel Antonio Garretón apunta en su definición a que los poderes fácticos son "…entidades o actores que procesan las decisiones propias de un régimen político, al margen de las reglas del juego democrático"[10]. De cualquier modo, la Iglesia no "procesa" decisiones políticas ni tampoco tiene la capacidad de doblegar al poder civil.

La idea de los poderes fácticos parece desprenderse de la teoría elitista del poder formulada en 1956 por C. Wright Mills, que señalaba que Estados Unidos era gobernado por tres élites interconectadas: las autoridades políticas, los ejecutivos de las grandes corporaciones empresariales y los altos mandos de las Fuerzas Armadas, quienes ejercían el poder al margen de la ciudadanía[11]. Robert A.

---

[7]   Tsebelis, George. "Decision making in political systems: Veto players in presidentialism, parliamentarism, multicameralism and multipartyism." *British Journal of Political Science*, Vol. 25, Nº 3, 1995, pp. 289-325.

[8]   Steven Levitsky. "Una Iglesia disminuida". *La República* (Lima), 29 de septiembre de 2013. Accedido desde https://www.vanderbilt.edu/lapop/news/100213.AB-Peru-LaRepublica.pdf el 6 de mayo de 2021.

[9]   Moulian, Tomás. "Limitaciones de la transición a la democracia en Chile". *Proposiciones*, Vol. 25, octubre, 1994, p. 33.

[10]   Garretón, Manuel Antonio. "La transformación de la acción colectiva en América Latina". *Revista de la CEPAL*, Nº 76, Abril, 2002, p. 12.

[11]   Genieys, William. "C. Wright Mills, the power elite". In Steven J. Balla, Martin Lodge, and Edward C. Page (eds.) *The Oxford Handbook of Classics in Public Policy and Administration*. Oxford University Press, New York, 2015, pp. 69-79.

Dahl[12] refuta a Mills proponiendo en cambio su teoría pluralista, que propone que el poder está fragmentando en una diversidad de grupos de interés, quienes en períodos de cambio y reforma se activan en torno a sectores específicos de política pública[13].

Sin embargo, Dahl parte de un supuesto errado; esto es, que los distintos grupos de interés estarían adecuadamente representados en el proceso político y que tendrían iguales posibilidades de acceso a las autoridades políticas. Según McFarland los desarrollos posteriores de esta teoría —formulados entre otros por Mancur Olson y Theodore Lowi— corrigen este supuesto en la llamada teoría de las élites múltiples, en donde varios grupos de interés se organizan en coaliciones separadas para controlar distintos sectores de política pública[14]. En línea con Dahl, dichas coaliciones se activan selectivamente en un sector de política pública.

La última etapa de esta teoría *dahliana* del poder político, se conoce como neopluralismo, y propone que frente a un grupo de interés que intenta ser dominante aparece otro grupo que se le opone como poder compensatorio. Además, dependiendo del sector de política pública que se trate, puede existir pluralidad de grupos de interés o pueden estar dominados por unos pocos grupos que constituyen una "isla de poder" relativamente impermeable a influencias externas[15].

Sobre el concepto de poder, originalmente Dahl lo define como: A tiene poder sobre B en la medida que A logra que B haga algo que de otro modo no haría[16]. Posteriormente, concibe el poder como una forma de influencia; la que a su vez define como la capacidad

---

[12]   Dahl, Robert A. *Who Governs. Democracy and Power in an American City*. Yale University Press, New Haven, 1961, pp. 202-203.

[13]   McFarland, Andrew S. "Neopluralism". *Annual Review of Political Science*, Vol. 10, 2007, pp. 45-66.

[14]   McFarland, Andrew. "Interest group theory". In Sandy Maisel and Jeffrey M. Berry (eds.). *The Oxford Handbook of American Political Parties and Interest Groups*. Oxford University Press, Oxford, UK, 2010, p. 43.

[15]   McFarland, "Neopluralism", *op. cit.*, 2007, p. 51.

[16]   O que B deje de hacer algo que A no desea. Dahl, Robert A."The concept of power". *Behavioral Science*, Vol. 2, N° 3, 1957, p. 202.

de A de producir resultados favorables a sus preferencias o deseos[17]. Dahl entonces lista siete formas de influencia; a saber, inducción, poder, fuerza, coerción, persuasión, manipulación y autoridad. Hay inducción cuando A ofrece algún incentivo a B. Hay poder cuando A castiga a B por incumplimiento de sus deseos. Hay fuerza cuando A utiliza efectivamente medios físicos sobre B. Hay coerción cuando A utiliza la amenaza del uso de la fuerza física sobre B. Hay persuasión cuando A informa, argumenta o explica y B se convence de actuar en la dirección deseada por A. Hay manipulación cuando A intencionalmente distorsiona, falsifica u omite información para generar un juicio erróneo en B. Hay autoridad cuando A ordena algo y B cumple automática e irreflexivamente, sin importar si es por miedo, hábito, decoro o sentido del deber[18]. En las teorías pluralistas esta influencia depende de la posesión de recursos, entre los que se cuentan dinero, propiedad y fuerza; los que no constituyen poder en sí mismos, sino que son medios a través de los cuales se ejerce la influencia[19].

Bajo este marco neopluralista se puede concebir a la Iglesia chilena post dictadura como uno de entre varios grupos de interés que promueve su visión sobre sectores específicos de políticas públicas; sistemática y cohesivamente sobre la moral sexual y reproductiva y, ocasional y fragmentadamente, sobre otros sectores específicos. Para tal efecto, utiliza ciertas formas de influencia. Siguiendo el listado de Dahl, la Iglesia no puede ejercer ni fuerza ni coerción física. Podría, en cambio, utilizar las restantes cinco formas de influencia a través de los recursos que se indican como ejemplos no exhaustivos: inducción, ofreciendo el apoyo político de la feligresía en una elección o desplegando acciones de lobby sobre autoridades; poder, quitando su apoyo político a un candidato presidencial; persuasión o manipulación, a través de prédicas, declaraciones y documentos, además de presencia en medios de comunicación; y autoridad, mediante el ascendiente directo sobre sus fieles, incluyendo a políticos católicos.

---

[17] Dahl, Robert A., and Bruce Stinebrickner. *Modern Political Analysis. Sixth Edition.* Prentice-Hall, Englewood Cliffs, NJ, 2003, p. 17.

[18] *Íbid*, pp. 38-43.

[19] McFarland, "Neopluralism", *op. cit.*, 2007, p. 47.

La transición en contexto democrático plural

Según Hagopian en el esfuerzo de la jerarquía eclesial latinoamericana por orientar la moralidad de la sociedad, esta habría intentado enlistar autoridades políticas de modo de imponer las políticas que no le sería posible inducir a través de la persuasión o la autoridad[20]. En Chile a partir de los 90 lo anterior se tradujo en un acercamiento de los obispos con la derecha[21]. La persuasión y la autoridad hacia dicho sector político, le permitió mantener leyes conservadoras que no tendrían sintonía con la ciudadanía, especialmente con las generaciones más jóvenes[22].

De cualquier modo, durante la década de los 90, la Iglesia mantuvo su protagonismo público, aunque comenzó a ser objeto de cuestionamientos por sus planteamientos sobre moral sexual. Coherente con su valioso aporte en dictadura, la Iglesia chilena intentó jugar un papel relevante en democracia en el ámbito de las turbulentas relaciones cívico-militares y de la justicia transicional. Sin embargo, a partir de 1990 su rol de mediación fue resistido, incluso, por políticos católicos. La oferta del obispo Carlos González de mediar entre el Gobierno y los grupos armados que seguían operando en democracia fue rechazada por el entonces Presidente del Senado, el demócrata cristiano Gabriel Valdés, quien veía que en democracia este rol debía ser cumplido por los partidos y las instituciones estatales[23]. A la postre, en 2004 el obispo Sergio Valech, quien había sido el último Vicario de la Solidaridad, presidió la Comisión Nacional sobre Prisión Política y Tortura, la cual complementó el trabajo realizado por la Comisión Rettig entre 1990 y 1991[24]. A nivel discursivo,

---

[20]   Hagopian, Frances. "Latin American catholicism in an age of religious and political pluralism. A framework for analysis." *Comparative Politics*, Vol. 40, N° 2, 2008, p. 149.

[21]   Strassner M.A., Viet. "La Iglesia chilena desde 1973 a 1993: de buenos samaritanos, antiguos contrahentes y nuevos aliados. Un análisis politológico." *Teología y Vida*, Vol. 47, 2006, p. 88.

[22]   Florencia Varas. "Poder y caída de la Iglesia católica en Chile". *Pressenza International Press Agency*, 3 de octubre de 2019. Accedido desde www.pressenza.com el 28 de mayo de 2020.

[23]   Meacham, Carl E. "The role of the Chilean catholic church in the new Chilean democracy." *Journal of Church and State*, Vol. 36, N° 2, 1994, p. 295.

[24]   Giraudier, Élodie. "Los católicos y la política en Chile en la segunda mitad del siglo XX." *Revista del CESLA* 18, 2015, p. 231.

entonces, la Iglesia mantuvo su postura de defensa de los derechos humanos[25]. Su rol en este tema reforzó su influencia a través de la persuasión sobre un sector más amplio de la sociedad.

Sin embargo, un proceso paralelo restringía el alcance de dicha influencia. Se trató del llamado giro del episcopado operado desde Roma. En Chile, partiendo por el cardenal Raúl Silva Henríquez en 1983, emblemáticos obispos opositores a la dictadura fueron sucesivamente reemplazados por obispos conservadores[26], lo que según Giraudier marcaría una desafección con la "Iglesia de los pobres"[27]. Para el Centro Ecuménico Diego de Medellín no solo cambió la orientación de la Iglesia en su cúpula, sino también en el pueblo católico[28]. Las comunidades eclesiales de base habrían sido alejadas de las parroquias por considerarlas "grupos de laicos autónomos". Los nuevos sacerdotes estaban imbuidos de la lógica sacramental y clerical impuesta por obispos conservadores.

En abril de 1998 con la llegada de Francisco Javier Errázuriz como Arzobispo de Santiago, la Iglesia en sectores acomodados habría experimentado un extraordinario crecimiento, tanto a nivel de sus parroquias como de sus movimientos y congregaciones. Lo opuesto habría ocurrido en barrios de clase media y en sectores populares[29]. Citando a la encuesta Bicentenario, Valenzuela *et al.* señalan que dado que un 17% de la población chilena se declaraba como católica observante, la gran mayoría de los fieles —exceptuando a la clase alta— no ha contado con una mediación eclesiástica que constituya una participación significativa en la espiritualidad y vida apostólica basada en las parroquias[30].

---

[25]   Strassner M.A., Viet. "La Iglesia chilena desde 1973 a 1993: de buenos samaritanos, antiguos contrahentes y nuevos aliados. Un análisis politológico." *Teología y Vida*, Vol. 47, 2006, p. 88.

[26]   Hourton, Jorge. *Memorias de un Obispo Sobreviviente. Episcopado y Dictadura.* LOM Ediciones, Santiago, 2009, p. 489.

[27]   Giraudier, Élodie. "Los católicos y la política en Chile", *op. cit.*, p. 232-33.

[28]   Centro Ecuménico Diego de Medellín. "Iglesia católica y sociedad en el Chile del siglo XXI. Informe del Observatorio Eclesial", 2009. https://alvaroramis.wordpress.com/

[29]   Ídem.

[30]   Valenzuela, Eduardo, Matías Bargsted y Nicolás Somma. "¿En qué creen los chilenos? Naturaleza y alcance del cambio religioso en Chile". *Temas de la Agenda Pública*, Año 8, Nº 52, Abril. Centro de Políticas Públicas UC, Santiago, 2013, p. 1.

A nivel societal este catolicismo conservador se situaba en las antípodas de las opciones valóricas de la juventud. Como ejemplo, en julio de 1992 se realizaría el primer concierto en Chile de la banda de rock heavy metal Iron Maiden, lo que fue rechazado por los obispos Jorge Medina (Rancagua) y Javier Prado (auxiliar de Valparaíso) por considerarla satánica y un mal ejemplo para la juventud. El primero exigió al subsecretario del Interior de la época, el demócrata cristiano Belisario Velasco, que el concierto fuera cancelado, o que el Gobierno impidiera el ingreso de la banda a Chile, a lo que Velasco se habría opuesto[31]. Por su parte, el obispo Prado envió una carta al Ministro Secretario General de Gobierno, el socialista Enrique Correa con el mismo propósito. Aunque Velasco niega haber realizado gestiones para la suspensión del evento, finalmente la Corporación Cultural Estación Mapocho, presidida por el Ministro de Educación, el socialista Ricardo Lagos, y actuando como Vicepresidente el Alcalde de Santiago, el demócrata cristiano Jaime Ravinet (designado por el Presidente Aylwin), canceló el uso del local que ya había sido comprometido a la empresa productora del evento[32]. Aunque esta pírrica victoria de la Iglesia en 1992 fue seguida de 8 conciertos realizados en Chile por esta banda entre los años 2001 y 2019, el tipo de influencia ejercida ante el gobierno de Patricio Aylwin sugiere estar entre el poder —como castigo en la formulación de Dahl— de enajenar el apoyo de la Iglesia al Gobierno ante una frágil transición y la autoridad (acatamiento automático) ejercida sobre algunos personeros católicos de gobierno.

En 1997 el Porvenir de Chile y Tradición Familia y Propiedad, organizaciones católicas ultraconservadoras, tuvieron un alto protagonismo en la mantención de la censura de la película "La Última Tentación de Cristo" de Martin Scorsese, la que había sido originalmente prohibida en 1988 en dictadura, por decreto del Consejo de Calificación Cinematográfica, en virtud del Artículo 19º (Nº 12) de

---

[31]   Luc Gajardo. "Belisario Velasco y la fallida visita de Iron Maiden el 92: 'El cardenal Medina era un experto en heavy metal'". *El Dínamo*, 7 de octubre de 2015. Accedido desde https://www.eldinamo.cl/cultpop/2015/10/07/belisario-velasco-iron-maiden-el-92-jorge-medina/ el 7 de mayo de 2021.

[32]   REC Online. "Momentos REC: Fallida visita de Iron Maiden a Chile" (Teletrece-1992). Accedido desde https://www.youtube.com/watch?v=ZlxxJvUxtFk el 29 de abril de 2021.

la Constitución de 1980, que previa el establecimiento de un sistema de censura. En democracia, este mismo Consejo con nuevos integrantes permitió la exhibición de la película, lo que fue rechazado por las mencionadas organizaciones con el apoyo de algunos obispos, a quienes la justicia chilena en fallo definitivo de la Corte Suprema dio la razón. Posteriormente, Chile fue demandado ante la Corte Interamericana de Derechos Humanos, la que en septiembre de 1999 sentenció que el Estado había violado el derecho a la libertad de expresión. En consecuencia, en agosto de 2001 se promulgó una ley de reforma constitucional que eliminó la censura cinematográfica. Finalmente, *La última tentación de Cristo* pudo ser exhibida en 2003.

En este último caso, no existe evidencia de la eventual influencia ejercida por la jerarquía eclesiástica sobre el poder judicial en virtud de su autoridad o ascendiente sobre jueces católicos. La Corte Suprema de los 90 había sido conformada en su mayoría en dictadura y había actuado en general de manera obsecuente con el terrorismo de Estado[33]. Una posible consecuencia de lo anterior es que hayan operado en democracia los legados constitucionales sobre libertad de expresión, que en este caso fueron instrumentales para la censura eclesial sobre contenidos religiosos.

En definitiva, la institucionalidad vigente en la transición democrática heredada de la dictadura durante los 90 tuvo un rol relevante para mantener las preferencias de la Iglesia en algunos ámbitos donde coincidía con las visiones valóricas de los sectores políticos conservadores representados por los partidos de derecha más la democracia cristiana.

La pérdida de influencia de la Iglesia

No se trata de un fenómeno del siglo XXI y por supuesto tampoco exclusivo de la Iglesia chilena. El Papa Pío X hace poco más de un siglo, consideró a la modernidad como responsable de la caída del poder de la institución. Mientras en una autocrítica el Papa Juan XXIII hace cincuenta años, apuntaba a la responsabilidad de la propia

---

[33]   Sobre la actuación de la justicia en dictadura ver el Informe de la Comisión Nacional de Verdad y Reconciliación, Volumen I, Tomo 1, Capítulo IV, pp. 85-93. Accedido desde: http://www.memoriachilena.gob.cl/602/w3-article-85801.html el 10 de mayo de 2021.

Iglesia en la pérdida del liderazgo moral e intelectual que tuvo en el pasado[34]. La crisis de la Iglesia chilena se inscribe en un contexto en el que diversos factores de la estructura y cultura organizacional de la Iglesia universal contribuyen a su pérdida de influencia.

El clericalismo como uno de estos factores se ha mantenido a firme, pese a que desde el Concilio Vaticano II el Magisterio habría reafirmado una concepción comunitaria de Iglesia. En efecto, permanece fuertemente arraigado un liderazgo autoritario, que da escasa o nula participación al laicado[35]; especialmente, mujeres, pobres y otros grupos subalternos. Un efecto del clericalismo es una jerarquía alienada de su grey y con poca capacidad de comprender sus problemas y dilemas cotidianos, lo que pone en entredicho la idea del Papa Paulo VI de una Iglesia "experta en humanidad"[36], reiterada desde entonces en el Magisterio.

Según el teólogo Jorge Costadoat, la pérdida de influencia de la Iglesia chilena no depende solo de sí misma, sino de la necesidad de que exista una reforma doctrinal e institucional, entre lo que se incluye el rol de la mujer. A propósito de su estructura patriarcal y de oponerse a la ordenación sacerdotal de mujeres, la Iglesia en el mundo también ha sido criticada por asignar un rol subordinado a la mujer no solo en la Iglesia, sino también en la sociedad[37]. Al respecto, la Iglesia denunció diversas iniciativas como tributarias de la "ideología de género", la que considera un peligro para el orden social natural[38].

---

[34]   Pablo Quintanilla. "Iglesia y democracia: A cincuenta años del Concilio Vaticano II". *Revista Ideele*, Nº 221, julio de 2012. Accedido desde www.revistaideele.com el 3 de julio de 2020.

[35]   Nelson Marín. ¿Se está democratizando la Iglesia católica? 18 de mayo de 2018. Accedido desde www.accionsecular.cl el 3 de julio de 2020.

[36]   "Visita del Sumo Pontífice Pablo VI a la Organización de las Naciones Unidas. Discurso a los representantes de los estados". Nueva York, 4 de octubre de 1965. Accedido desde http://www.vatican.va/content/paul-vi/es/speeches/1965/documents/hf_p-vi_spe_19651004_united-nations.html el 11 de mayo de 2021.

[37]   Feminismo en Chile: una lucha centenaria y vigente en la voz de sus protagonistas. *Humanas*. 2020. Accedido desde http://www.humanas.cl/16196/ el 13 de agosto de 2020.

[38]   "Las iglesias y los peligros de la ideología de género". *El Mostrador*, 16 de marzo de 2017. Accedido desde https://www.elmostrador.cl/noticias/opinion/2017/03/16/las-iglesias-y-los-peligros-de-la-ideologia-de-genero/ el 14 de agosto de 2020.

A juicio del sociólogo Cristian Parker, otro factor importante que ha dificultado los esfuerzos de reforma del Papa Francisco es la permanencia de una alta proporción de obispos de su ala conservadora, además de una institucionalidad sin asomos de pluralismo[39].

Finalmente, un tercer factor es que la fallida respuesta institucional ante la crisis de los abusos sexuales no fue solo un problema de la Iglesia chilena. Siendo la cabeza de la institución jerárquica por antonomasia, la Santa Sede debió intervenir mucho tiempo antes. Incluso, cuando finalmente lo hizo con la renuncia masiva de los obispos chilenos en mayo de 2018, a juicio de algunos observadores el Papa Francisco habría demorado demasiado en sus reemplazos, dejando la impresión de que no enfrentó el problema con la urgencia debida[40].

Pero si bien existen factores externos a la crisis de la Iglesia en Chile, los efectos son finalmente locales. Al respecto, existen varios indicadores que permiten inferir la pérdida de su influencia en Chile. Entre ellos, el desplome de la confianza de las personas, el fuerte descenso en la proporción de ciudadanos que se identifica como católico y la caída en la percepción sobre la moralidad de sus clérigos. Estos tres indicadores hacen referencia a recursos asociados a formas de influencia referidas por Dahl como persuasión y autoridad, que se traducen en una merma de influencia.

En relación a la confianza, de acuerdo al informe de la Comisión UC para el análisis de la crisis de la Iglesia católica en Chile, los porcentajes reportados por Latinobarómetro han caído considerablemente desde 1995, cuando el 80% de encuestados en Chile señalaban tener confianza en la Iglesia[41]. Al respecto, los casos más emblemáticos marcaron sucesivos mínimos de descenso; a saber, tempranamente el caso del cura Tato en 2003, cuando la confianza había descendido a un 53%; posteriormente, en lo más álgido

---

[39]   "El Papa y la Conferencia Episcopal chilena en camino hacia una nueva Iglesia global". *Noticias* (Universidad Academia de Humanismo Cristiano), 1 de julio de 2019. Accedido desde www.academia.cl el 3 de julio de 2020.

[40]   "Cambios en la Iglesia católica en Chile". *La Tercera*, 29 de marzo de 2019 Accedido desde www.latercera.cl el 3 de julio de 2020.

[41]   Comisión UC para el análisis de la crisis de la Iglesia católica en Chile. "Documento de análisis. Comprendiendo la crisis de la Iglesia en Chile". Pontificia Universidad Católica de Chile, Santiago, 2020, pp. 47 y 73.

del caso Karadima en 2010 esta había bajado a un 38%; finalmente, luego de la visita a Chile del Papa Francisco en enero de 2018, cuando se redujo a un mínimo de 27%. Según cifras de la encuesta del Centro de Estudios Públicos la confianza de la ciudadanía en la Iglesia católica era de un 47% en julio de 2003, descendiendo a 17% en abril de 2021[42].

Respecto de la adhesión a la Iglesia, la Comisión UC señala que según cifras de Latinobarómetro la proporción de chilenos que se declaraba católico bajó desde el 74% en 1995 a 55% en 2018; mientras que la encuesta del Centro de Estudios Públicos reportó una caída desde el 73% en 1998 al 48% en 2019. Por su parte, la encuesta Bicentenario informó un descenso desde el 70% en 2006 al 45% en 2019[43]. Aunque la merma en Chile varió alrededor del 30% según estas fuentes, en los casos de Alemania, Australia, Irlanda y EE.UU. la disminución de católicos osciló entre el 8 y el 15%, no existiendo ningún reporte de que otros países hayan tenido una disminución tan contundente como en el caso de Chile[44].

Finalmente, sobre la moralidad de los clérigos, según el análisis de los datos de la encuesta Bicentenario de 2019, la Comisión UC señala que el 52% de los encuestados considera que la mayoría de los sacerdotes son abusadores, mientras que el 33% señala que algunos lo son, cerrando con 13% que cree que unos pocos lo son[45]. Sin embargo, el mismo documento afirma que el porcentaje de sacerdotes involucrados en abusos sexuales contra menores de edad en estimaciones conservadoras —dados los casos no denunciados— alcanza en Chile al 3,6% del total de clérigos[46]. Esta cifra es relativamente inferior a la de Alemania, donde se empina al 4,4%, mientras que EE.UU. llega al 4,0[47].

---

[42]   Estudio Nacional de Opinión Pública de junio de 2003 (N° 45) y de abril de 2021. Accedidos desde www.cepchile.cl/encuenstacep el 29 de abril de 2021.

[43]   Comisión UC para el análisis de la crisis de la Iglesia católica en Chile. "Documento de análisis. Comprendiendo la crisis de la Iglesia en Chile". Pontificia Universidad Católica de Chile, Santiago, 2020, p. 50.

[44]   *Ibid*, p. 52.

[45]   *Ibid*, p. 76.

[46]   *Ibid*, pp. 16-17.

[47]   *Ibid*, p. 10.

Algunos observadores constatan que la pérdida de influencia de la Iglesia católica en Chile se habría acompañado de una creciente influencia de las iglesias evangélicas, siendo las variaciones en el número de fieles su principal indicador[48]. Sin embargo, no existe evidencia robusta que apoye tal aseveración. La encuesta Bicentenario reporta una caída entre quienes profesan la fe católica desde el 70% en 2006 al 45% en 2019, mientras la proporción de quienes se declaran evangélicos sube en los mismos años desde el 14 al 18%. Por su parte, la proporción de quienes no profesan ninguna religión —o se declaran ateos— sube del 12 al 32%[49]. En tanto, la encuesta CEP de diciembre de 2018 indicaba que la población evangélica bajó del 17 al 16% en diez años[50]. Lo que si se puede aseverar es que la Iglesia católica perdió el monopolio de la interlocución religiosa con el Estado. En efecto, en 1999 durante el gobierno de Eduardo Frei se dictó la Ley 19.638 sobre libertad religiosa, cuyo efecto más visible fue igualar jurídicamente a las iglesias evangélicas con la Iglesia católica[51]. Posteriormente, en 2005 bajo el mandato de Ricardo Lagos, se estableció el 31 de octubre como Día Nacional de las Iglesias Evangélicas y Protestantes. Finalmente, en 2008 la Presidenta Michelle Bachelet dictó la Ley 20.299, que declaró ese día como feriado legal.

Para la Comisión UC, la crisis de confianza en la Iglesia ha recaído más en obispos y sacerdotes y menos en sus obras sociales[52]. De hecho, Álvaro Ramis señaló que ante la pérdida de influencia sobre la gente, la Iglesia ha debido recurrir a su esfera de influencia más concreta como dueña de universidades, escuelas y medios de

---

[48] Olga Larrazabal. "Política y Religión, una combinación peligrosa". *Piensa Chile*, 9 de octubre de 2018. Accedido de www.piensachile.com el 29 de mayo de 2020.

[49] Encuesta Nacional Bicentenario Universidad Católica. Datos accedidos desde https://encuestabicentenario.uc.cl/resultados/ el 7 de abril de 2021.

[50] Consuelo Ferrer. "Expertos desmenuzan caída del catolicismo en la CEP: 'Esto no se explica solamente por los abusos'". *EMOL*, 18 de diciembre de 2018. Accedido desde www.emol.com el 3 de julio de 2020.

[51] Macarena Duffe. "Ley de culto". *La Tercera*, 23 de septiembre de 2009. Accedido desde www.latercera.com el 7 de agosto de 2020.

[52] Comisión UC, "Documento de análisis", *op. cit.*, 2020, p. 47.

comunicación[53]. Por su parte Jorge Costadoat, cree que la Iglesia ha perdido más autoridad que poder[54]. Pero en verdad, y siguiendo a Dahl, resulta difícil argumentar cuál de estas dimensiones ha sido la más afectada. De cualquier modo, la pérdida de influencia de la Iglesia según Parker no es asunto simbólico, sino real[55].

La caída de adhesión a la Iglesia en Chile —como en muchos países— se explica en buena parte por un proceso de secularización, cuyo origen es muy anterior a la crisis de los abusos sexuales[56]. Pero, también es evidente que dicha crisis ha contribuido a una profundización abrupta de esta caída[57]. Más aún, el impacto negativo de la crisis ha sido más pronunciado en Chile que en otros países, no por la proporción de sacerdotes abusadores respecto del total, sino por el pésimo manejo que muchos obispos chilenos exhibieron para enfrentar las denuncias, según argumenta la Comisión UC[58]. Al respecto, aplicando las categorías de Dahl, parece evidente que la forma de influencia en este caso fue la de manipulación; es decir, distorsión, falsificación u omisión de información para generar un juicio errado en la opinión pública, manipulación que eventualmente es constitutiva de delito y que en palabras del Papa Francisco es expresión de una cultura del encubrimiento.

La Iglesia en los debates sobre moral sexual

Con el retorno de la democracia los obispos comenzaron a participar activamente en los debates referidos a la moral sexual con declaraciones públicas e intervenciones en los medios de comunicación,

---

[53] "El Papa y la Conferencia Episcopal chilena en camino hacia una nueva Iglesia global". *Noticias* (Universidad Academia de Humanismo Cristiano), 1 de julio de 2019. Accedido desde www.academia.cl el 3 de julio de 2020.

[54] "El poder (perdido) de la Iglesia". *Diario Clever*, 14 de mayo de 2018.Accedido desde www.diarioclever.cl el 28 de mayo de 2020.

[55] Parker, Cristian. "Pluralismo religioso, educación y ciudadanía." *Sociedade e Estado* Vol. 23, N° 2, 2008, p. 308.

[56] Comisión UC, "Documento de análisis", *op. cit.*, 2020, p. 47.

[57] Daniel Mohor. "In Chile, a growing shadow over the Church". *U.S. News & World Report,* June 5th, 2018. Accedido desde www.usnews.com el 29 de mayo de 2020.

[58] Comisión UC, "Documento de análisis", *op. cit.*, 2020, p. 10.

desplegando también un lobby ante los parlamentarios católicos[59]. Esta sección da cuenta cronológicamente de dichos debates sobre el uso del preservativo, el divorcio, la píldora del día después, el aborto en tres causales y la unión civil entre personas del mismo sexo; los que a larga terminaron en derrotas para la visión de la Iglesia.

En 1997 durante el gobierno del demócrata cristiano Eduardo Frei, los canales de televisión abierta de la Universidad Católica (Canal 13) y Megavisión se reusaron a transmitir la campaña de prevención del SIDA basada en el uso del preservativo[60]. En ese entonces —cuando ni la TV cable ni la internet se encontraban masificados en Chile— ambos canales tenían altos niveles de sintonía. Sobre Canal 13 se ejerció la autoridad directa de la Iglesia, siendo en definitiva la dueña del canal, mientras que para Megavisión su influencia sobre el empresario Ricardo Claro —controlador de la estación— podría haber resultado de la persuasión o de la inducción (incentivo) teniendo en cuenta que la Santa Sede lo había nombrado en 1992 Comendador de la Orden de San Silvestre.

En noviembre de 2004 bajo el gobierno del socialista Ricardo Lagos se dictó la Ley de Matrimonio Civil, la que permitía el divorcio. La iniciativa había estado en la agenda pública durante toda la década de los 90, siendo fuertemente resistida por el episcopado[61]. Al respecto, una explicación recurrente sobre la fuerte influencia de la Iglesia hacía alusión al conservadurismo de la sociedad chilena. En realidad, no existe evidencia que permita concluir que la sociedad chilena es o era especialmente conservadora en el contexto regional o mundial[62]. Tiene más peso como hipótesis alternativa que la institu-

---

[59]   Meacham, Carl E. "The role of the Chilean catholic church in the new Chilean democracy." *Journal of Church and State*, Vol. 36, N° 2, 1994, p. 298.

[60]   Strassner M.A., Viet. "La Iglesia chilena desde 1973 a 1993: de buenos samaritanos, antiguos contrahentes y nuevos aliados. Un análisis politológico." *Teología y Vida*, Vol. 47, 2006, p. 89.

[61]   La declaración "No separe el hombre lo que Dios ha unido del 30 de noviembre de 1990" marca el inicio del lobby de la Iglesia en este tema" (Strassner M.A. *Op. cit.*, 2006, p. 89).

[62]   En el caso de apoyo al matrimonio entre personas del mismo sexo, Chile se ubicaba en 2010 en el sexto lugar de mayor tolerancia (después de Canada, Argentina, Uruguay, EE.UU. y Brasil) y por sobre el resto de los 19 países del continente americano. Ver: Lodola, Germán and Margarita Corral. "Support for same sex marriage in Latin America". *Latin American Public Opinion Project Insights Series*, N° 44, 2010, p. 2.

cionalidad parlamentaria de los senadores designados y vitalicios y el sistema electoral binominal generaban una sobrerrepresentación de la derecha en el Congreso, la que, sumada a legisladores democratacristianos, incidían en votaciones con un sesgo valórico conservador. Esto habría sido un factor clave para que en esta materia la ofensiva progresista sostenida por los sectores de izquierda y liberal de la Concertación haya permanecido bloqueada por años y se haya finalmente destrabado con el apoyo de diputados democratacristianos, sobre quienes se barajaba la posibilidad de excomunión por parte de un sector de la Iglesia[63]. Según Mariana Aylwin al menos un obispo los habría amenazado con ello[64]. La excomunión sería un forma de influencia que siguiendo el marco analítico expuesto podría ser tipificada como poder (castigo). Sin embargo, aunque rara vez presente como posibilidad, nunca se formalizó en democracia[65].

Un tema relevante de la moral sexual en 2007 fue el de la píldora del día después. En febrero de ese año se publicó un decreto del Ministerio de Salud que permitía su uso. En marzo un grupo de diputados de derecha presentó un requerimiento de inconstitucionalidad de dicho decreto ante el Tribunal Constitucional abogando por el derecho a la vida, el cual quedaría vulnerado con la dictación de la norma[66]. En abril de 2008 este Tribunal prohibió la distribución de la píldora en el sistema público; fallo que fue celebrado

---

[63]   Macarena Vega. "Matías Walker: "'Me cuesta entender a obispos que apoyan a Karadima y critican a Goic por discutir el aborto'". *La Tercera*, 16 de septiembre de 2016. Accedido desde https://www.latercera.com/noticia/matias-walker-me-cuesta-entender-a-obispos-que-apoyan-a-karadima-y-critican-a-goic-por-discutir-el-aborto/ el 11 de mayo de 2021.

[64]   Mariana Aylwin. "La infamia de una condena sin proceso". *El Dinamo*, 18 de septiembre de 2018. Accedido desde https://www.eldinamo.cl/opinion/2018/09/18/la-infamia-de-una-condena-sin-proceso/ el 20 de mayo de 2021.

[65]   Notoria fue la amenaza de excomunión en 1975 por parte del Cardenal Silva Henríquez en contra de Jaime Guzmán por criticar el apoyo del Arzobispo a sacerdotes que habían salvado la vida a dos militantes del MIR perseguidos por la DINA. "Violenta declaración del Arzobispado por intervención de Jaime Guzmán en el canal 7 de Televisión Nacional. Amenaza con la excomunión". *La Segunda*, 11 de noviembre de 1975. Accedido desde https://archivojaimeguzman.cl/uploads/r/archivo-jaime-guzman-e-3/b/1/e/b1e78814f 6778ca98fed143656d0fbf4e568a284ca1ce9f32d183bcdbd585fbe/IGL.7501.29.pdf

[66]   Gustavo González. "Chile: Píldora del día después irrita a Iglesia católica". *IPS Inter Press Service Agencia de Noticias*, 28 de marzo de 2001. Accedido desde http://www.ipsnoticias. net/2001/03/chile-pildora-del-dia-despues-irrita-a-iglesia-catolica/ el 7 de mayo de 2021.

por el episcopado. Ante esta decisión, más de 15.000 personas —en su mayoría mujeres— se manifestaron públicamente en Santiago, rechazando la "dictadura moral" que este fallo implicaría y reclamando poder decidir sobre sus cuerpos[67]. La píldora del día después era ampliamente apoyada por el Colegio Médico y por distintas organizaciones de la sociedad civil[68]. La Iglesia habría realizado un fuerte lobby en contra de esta iniciativa durante todo el período de discusión del requerimiento[69]. En lo que respecta a su acción en el debate público, las formas de influencia correspondería a persuasión o manipulación, dependiendo del punto de vista del observador. No hay evidencia disponible para evaluar otras formas de influencia ejercida sobre legisladores y miembros del Tribunal.

El gobierno de Bachelet acató el fallo del Tribunal Constitucional, lo que fue valorado públicamente por la Iglesia, quien además afirmó que había que respetar la institucionalidad vigente[70]. Sin embargo, en junio de 2009 el Gobierno envió al Congreso un proyecto de ley sobre regulación de la fertilidad, el que fue aprobado y publicado en enero de 2010 como Ley 20.418. Esta ley zanjó la disputa a favor del Gobierno con el reemplazo de Postinor 2 por Escapel 2, el cual no sería un fármaco abortivo.

En enero de 2015 —en su segundo mandato— la Presidenta Bachelet envió al Congreso el proyecto de ley sobre la despenalización del aborto en tres causales, que se plasmó en la Ley 21.030, vigente desde el 23 de septiembre de 2017. Luego de aprobarse, la Iglesia católica expresó en un comunicado que era la sociedad completa la

---

[67]   "Mujeres-Chile: multitud exige la píldora del día después". *IPS*, 22 de abril de 2008. Accedido desde http://www.ipsnoticias.net/2008/04/mujeres-chile-multitud-exige-la-pildora-del-dia-despues/#:~:text=SANTIAGO%2C%2022%20abr%202008%20(IPS,el%20sistema%20p%C3%BAblico%20de%20salud. el 12 de agosto de 2020.

[68]   "Más de 20.000 personas protestan en Chile por la prohibición de distribuir la píldora postcoital". *El Mundo.es*, 23 de abril de 2008. Accedido desde https://www.elmundo.es/elmundosalud/2008/04/23/mujer/1208948973.html el 12 de agosto de 2020.

[69]   Gustavo González. "Chile: Píldora del día después irrita a Iglesia católica". *IPS Inter Press Service Agencia de Noticias*, 28 de marzo de 2001. Accedido desde http://www.ipsnoticias.net/2001/03/chile-pildora-del-dia-despues-irrita-a-iglesia-catolica/ el 7 de mayo de 2021.

[70]   "Reportaje: píldora del día después, impacto restringido". *Austral Osorno*, 13 de abril de 2008. Accedido desde https://www.australosorno.cl/prontus4_noticias/site/artic/20080413/pags/20080413140615.html el 12 de agosto de 2020.

que perdía con esta ley y que resultaba incomprensible que el Tribunal Constitucional hubiese aprobado la normativa[71]. El fallo ratificaría la decreciente influencia política de la Iglesia en Chile en esta materia[72], que ya se habría insinuado con la Ley 20.418. Los sectores que apoyaron la despenalización del aborto en tres causales señalaron que uno de los impedimentos para que esta ley no se hubiese aprobado antes era la oposición que por muchos años ejerció la Iglesia[73]. En efecto, los varios intentos para reinstalar el aborto terapéutico en Chile habían fracasado con el alineamiento de los parlamentarios de derecha (RN y UDI) más los demócrata cristianos. Aparte de las reformas en el Congreso, el hecho de que se haya logrado despenalizar en tres causales constituye un síntoma del debilitamiento del repertorio de formas de influencia: la pérdida de persuasión sobre la sociedad en general, y de inducción, poder o autoridad sobre los legisladores católicos.

Respecto de las parejas homosexuales, en 2003 ingresó al Congreso el proyecto de ley para la unión civil entre personas del mismo sexo, con el apoyo transversal de un grupo de parlamentarios de diversos partidos, excepto la Unión Demócrata Independiente (UDI)[74]. El 3 de junio de 2003, la Congregación para la Doctrina de la Fe encabezada por el entonces Cardenal Joseph Ratzinger dio a conocer un documento donde se señalaba que un parlamentario católico que concedía su voto a un proyecto de ley que legalizase las uniones homosexuales cometía "…un acto gravemente inmoral", dado que "las inclinaciones homosexuales son objetivamente desordenadas" y que "las relaciones homosexuales constituyen graves depravaciones"[75]. En Chile el documento fue rechazado por el

---

[71]   "Iglesia y aborto: 'Resulta incomprensible a la razón que se haya tomado tal decisión'". *T13*, 21 de agosto de 2017. Accedido desde www.t13.cl el 4 de agosto de 2020.

[72]   "La Iglesia católica intenta frenar la ley del aborto impulsada en Chile". *El País*, 1 de febrero de 2015. Accedido desde www.elpaís.com el 4 de agosto de 2020.

[73]   "La demanda por el aborto libre en Chile". Sitio web de la Corporación Humanas, sin fecha. Accedido desde www.humanas.cl el 5 de agosto de 2020.

[74]   "El largo camino del proyecto de Unión Civil para convertirse en ley". *La Tercera*, 28 de enero de 2015. Accedido desde https://www.latercera.com/noticia/el-largo-camino-del-proyecto-de-union-civil-para-convertirse-en-ley/ el 8 de abril de 2021.

[75]   Este juicio sobre la homosexualidad repite los adjetivos negativos ya presentes en el *Catecismo de la Iglesia católica* (1992, N° 2357).

Movimiento de Integración y Liberación Homosexual (MOVILH), que criticó la injerencia indebida que el Vaticano pretendía tener sobre los parlamentarios ante su pérdida de influencia en la ciudadanía[76]. La oposición de la Iglesia católica —así como de las iglesias evangélicas y de la UDI— fue efectiva, en tanto el proyecto para regularizar las uniones homosexuales siguió una larga tramitación. De hecho, otras iniciativas de ley en esta última línea fueron presentadas como mociones parlamentarias en 2008 y 2010, siendo finalmente archivadas. En cualquier caso, estas mociones habrían inducido a que en 2011 el Presidente Piñera enviara al Congreso el proyecto de ley de Acuerdo de Vida en Pareja (AVP), que buscaba legalizar las uniones informales, tanto de parejas heterosexuales como homosexuales. En el año 2012 —en medio del debate parlamentario sobre el AVP— ante el asesinato homofóbico del joven Daniel Zamudio, el presidente de MOVILH, Rolando Jiménez, acusó a la Iglesia de ser responsable de muchas de las prácticas discriminatorias en contra de las minorías sexuales. Ante esto, el arzobispo Ezzati señaló que el MOVILH quería aprovecharse del caso Zamudio para abrir la puerta a otras reformas como el matrimonio igualitario[77].

En las Orientaciones Pastorales 2014-2020 el episcopado no hizo referencia a temas importantes instalados en la agenda de moral sexual, tales como el acompañamiento pastoral de los católicos homosexuales o el matrimonio igualitario[78]. Lo anterior, a pesar de que en mayo de 2013 se había iniciado la tramitación en el Congreso como moción parlamentaria transversal —excluyendo a la UDI— del proyecto de ley de identidad de género, mientras el proyecto de AVP continuaba su larga tramitación. Este último finalmente fue aprobado como la ley que creó el Acuerdo de Unión Civil en abril de 2015.

En agosto de 2017 la Presidenta Bachelet había enviado al Congreso un proyecto de ley de matrimonio igualitario. La CECH

---

[76] "Homosexuales chilenos protestaron contra oportunista y falsa Iglesia católica". MOVILH, 31 de julio 2004. Accedido desde https://www.movilh.cl/homosexuales-chilenos-protestarn-contra-oportunista-y-falsa-iglesia-catlica/ el 13 de agosto de 2020.

[77] "Iglesia y comunidad homosexual desatan tormenta política en Chile". *DW*, 5 de abril de 2012. Accedido desde https://www.dw.com/es/iglesia-y-comunidad-homosexual-desatan-tormenta-pol%C3%ADtica-en-chile/a-15861191 el 13 de agosto de 2020.

[78] (Zambrano 2015, 115)

reiteró que el matrimonio debía ser entre un hombre y una mujer[79]. La Iglesia se manifestó en contra, tanto de la existencia de matrimonios homosexuales, como de la posibilidad que pudieran adoptar hijos[80]. Sectores de izquierda insistieron que la Iglesia en alianza con la derecha conservadora ejercía una influencia indebida en la opinión pública[81]. Este proyecto de ley de matrimonio igualitario continúa actualmente su tramitación en el Congreso.

Esta sección muestra que el episcopado chileno tuvo en los 90 una posición privilegiada respecto de la agenda legislativa sobre moral sexual. Sin constituir ni un poder fáctico ni un actor de veto, pareció en cambio integrar —junto a otros actores— una "isla de poder" en la formulación de la teoría de las élites múltiples; espacio que comienza a romperse en los años 2000, cuando se transforma en un grupo de interés más, sin ninguna posición de privilegio respecto de este dominio de política pública. El psicólogo de la Universidad Alberto Hurtado Jaime Barrientos señala que frente a la ley de identidad de género y a las mujeres organizadas demandando una ampliación de la ley de aborto por tres causales, la Iglesia católica no logró levantar la cabeza, articular voz y oponerse a aquello que contradice su doctrina[82].

La Iglesia en los debates socio-políticos

En lo que respecta a temas sociales, económicos y políticos, los obispos no exhibieron el nivel de cohesión y uniformidad que si mostraron

---

[79] "Iglesia y matrimonio homosexual: no es lo mismo que sea legal a que sea éticamente bueno". *ADN*. 1 de junio de 2017. Accedido desde https://www.adnradio.cl/nacional/2017/06/01/iglesia-y-matrimonio-homosexual-no-es-lo-mismo-que-sea-legal-a-que-sea-eticamente-bueno-3480881.html el 13 de agosto de 2020.

[80] "Iglesia se manifiesta en contra de matrimonio homosexual y de adopción de niños por personas del mismo sexo". *La Tercera*, 6 de junio de 2011. Accedido desde https://www.latercera.com/noticia/iglesia-se-manifiesta-en-contra-de-matrimonio-homosexual-y-de-adopcion-de-ninos-por-personas-del-mismo-sexo/ el 13 de agosto de 2020.

[81] "Las barreras de la adopción homoparental en Chile". *La Izquierda Diario*, 14 de agosto de 2017. Accedido desde https://www.laizquierdadiario.cl/Las-barreras-de-la-adopcion-homoparental-en-Chile el 13 de agosto de 2020.

[82] Jaime Barrientos. "La Iglesia católica chilena y sus crisis". Página web de Sexuality Policy Watch, 3 de septiembre de 2018. Accedido de www.sexpolitics.org el 3 de julio de 2020.

en materias sexuales. El episcopado no fue capaz de dar luces y orientaciones contundentes y sistemáticas sobre la larvada crisis política y social de gobiernos de centro-izquierda y de derecha que ejercían el poder desde arriba excluyendo a la ciudadanía en un intento de despolitizar la desigualdad[83], y que tendría su más dramático reacción el 18 de octubre de 2019. En efecto, lo característico en materias socio-políticas son intervenciones de obispos generalmente aisladas, las que no necesariamente recibían un respaldo y apoyo transversal de todo el episcopado. Se trata a continuación también en orden cronológico lo referido a sueldo ético, reforma educacional, debate sobre medioambiente, conflicto Estado-pueblo Mapuche, movimiento feminista, estallido social y pandemia.

El 2 de agosto de 2007, el Obispo Alejandro Goic señaló que el salario mínimo de $144.000 (US$ 277,5) debería ser reemplazado por un sueldo ético, que en su opinión no tendría que ser inferior a los $250.000 (US$ 480). Estas declaraciones fueron bien recibidas por organizaciones sindicales como la CUT[84], por el Gobierno y la Concertación y también por algunas personalidades de la derecha, como Sebastián Piñera (RN) y Pablo Longueira (UDI), quienes, en todo caso, no fueron respaldados por el grueso de ese sector político. En efecto, la entonces senadora Evelyn Matthei señaló que el obispo Goic "… no tiene idea de economía"[85]. La coalición de gobierno acusó el doble estándar de la derecha, quien aplaudía a la Iglesia cuando esta se refería a moral sexual y la criticaba cuando se pronunciaba sobre moral social[86]. El 7 de agosto de 2007, el Gobierno en cambio respondió creando el Consejo Asesor sobre Equidad y

---

[83]   Luna, Juan Pablo y Rodrigo Mardones. "A modo de conclusión: ¿qué nos enseña revisitar *Political Brokers in Chile* de la crisis de representación actual? En Juan Pablo Luna y Rodrigo Mardones (eds.). *La Columna Vertebral Fracturada: Revisitando Intermediarios Políticos en Chile*. RIL Editores, Santiago, 2017, p. 410.

[84]   "CUT y sueldo ético: Que la Iglesia católica predique con el ejemplo". *Cooperativa.cl*, 1 de abril de 2016. Accedido desde www.cooperativa.cl el 5 de agosto de 2020.

[85]   "Senadora Matthei discrepa con obispo Goic y abre polémica por salario ético". *El Mostrador*, 8 de agosto de 2007. Accedido desde www.elmostrador.cl el 7 de agosto de 2020.

[86]   Mardones, Rodrigo. "Chile: Transantiago recargado." *Revista de Ciencia Política*, Vol. 28, N° 1, 2008, p. 106.

Trabajo el que presentó su informe final el 6 de mayo de 2008, el que nada señaló sobre el sueldo ético[87].

El debate sobre política educacional ha sido particularmente intenso en Chile desde el retorno a la democracia[88]. A partir de la movilización de los Pingüinos en 2006 de nuevo fue el obispo Alejandro Goic quien señaló que nadie se podría oponer a mejorar la calidad y equidad en la educación. Posteriormente, ante las movilizaciones universitarias del año 2011, el Arzobispo de Santiago, Ricardo Ezzati hizo hincapié en que las protestas eran por una causa justa[89]. Durante las movilizaciones un grupo de estudiantes solicitó al Arzobispo Ezzati la mediación de la Iglesia, ante lo cual la entonces dirigente universitaria Camila Vallejo desconoció tal solicitud no emanada de la Confederación de Estudiantes de Chile señalando: "Nosotros no necesitamos mediadores, menos que sea la Iglesia"[90].

En otro dominio de política pública, con la conferencia del episcopado latinoamericano en Aparecida en 2007, el tema del medioambiente apareció con fuerza como preocupación de la Iglesia, enfatizando el Papa Benedicto XVI la importancia de su cuidado[91]. Al año siguiente Luis Infanti, obispo de Aysén, publicó su carta pastoral *Danos hoy el agua de cada día*, en la que, entre otras cosas, abogaba

---

[87]   Consejo Asesor Presidencial Trabajo y Equidad. "Informe final. Hacia un Chile más justo: trabajo, salario, competitividad y equidad social". Accedido desde http://www.consejoconsultivoemt.cl/ el 7 de agosto de 2020.

[88]   Mardones, Rodrigo. "The politics of citizenship education in Chile". In Andrew Peterson, Garth Stahl, and Hannah Soong (eds.) *The Palgrave Handbook of Citizenship and Education*. Palgrave Macmillan, Cham, 2020, pp. 343-357.

[89]   América Economía. (2012). "Iglesia católica chilena respalda las demandas del movimiento estudiantil". Accedido desde https://www.americaeconomia.com/politica-sociedad/politica/iglesia-catolica-chilena-respalda-las-demandas-del-movimiento-estudiantil el 11 de agosto de 2020.

[90]   "Camila Vallejo: No necesitamos mediadores, menos que sea la iglesia". *Cooperativa.cl*, 11 de agosto de 2011. Accedido desde www.cooperativa.cl el 17 de agosoto de 2020.

[91]   "Papa instó a obispos chilenos a promover la familia con el matrimonio entre hombre y mujer". *Cooperativa*, 4 de diciembre de 2008. Accedido desde https://www.cooperativa.cl/noticias/pais/iglesia-catolica/papa-insto-a-obispos-chilenos-a-promover-la-familia-con-el-matrimonio/2008-12-04/111100.html el 13 de agosto de 2020.

por redefinir la propiedad del agua en favor de la nación[92]. En el centro de la polémica en ese entonces estaba el proyecto energético HidroAysén, que para el obispo Infanti equivalía a la mercantilización y privatización del agua[93]. Por su parte el obispo de Copiapó expresó en 2008 su rechazo al proyecto minero binacional Pascua Lama, ubicado en la Región de Atacama por el lado chileno. Al mismo tiempo, en las diócesis de Temuco y Villarrica la Iglesia también promovía acciones en este tema[94]. Lo expresado inicialmente por Infanti en su carta fue coherente con el magisterio del episcopado latinoamericano, con el catecismo de la Iglesia católica y con el magisterio pontificio de Benedicto XVI, y que en 2015 se ratificó con propiedad con la encíclica *Laudato Si'* del Papa Francisco[95]. Sin embargo, no se apreció un respaldo transversal en esta temática por parte del episcopado chileno.

Tampoco se observó tal cosa respecto del conflicto Estado-Pueblo Mapuche. En las Orientaciones Pastorales 2014-2020 la CECH señaló escuetamente que ha crecido la conciencia de la condición injusta en la que viven los pueblos originarios, en especial el pueblo Mapuche[96]. Sin embargo, a partir de la revisión de prensa no parece ser este un tema de preocupación transversal de la Iglesia, sino de unos pocos personeros. En efecto, tanto el obispo de Temuco Manuel Camilo Vial, y en especial el Vicario de Pastoral Indígena, el sacerdote Fernando Díaz, sostuvieron una postura de permanente rechazo a la respuesta policial represiva del Gobierno[97], la que

---

[92] Paulina Hidalgo. "Obispo Luis Infanti y cambios a Código de Aguas: 'Debe ser propiedad de la nación'. *El Dínamo*, 1 de octubre de 2014. Accedido desde www.eldinamo.cl el 7 de agosto de 2020.

[93] Claudia Urquieta. "Danos hoy el agua de cada día". *El Mostrador*, 2 de marzo de 2009. Accedido desde www.piensachile.com el 7 de agosto de 2020.

[94] Centro Ecuménico Diego de Medellín. 2009. "Iglesia católica y sociedad en el Chile del siglo XXI. Informe del Observatorio Eclesial." https://alvaroramis.wordpress.com/

[95] "Doctrina católica, propiedad del agua e Hidroaysén". *El Mostrador*, 15 de septiembre de 2008. Accedido desde https://www.elmostrador.cl/noticias/opinion/2008/09/15/doctrina-catolica-propiedad-del-agua-e-hidroaysen/ el 13 de agosto de 2020.

[96] Conferencia Episcopal de Chile CECH, Orientaciones Pastorales 2014-2020, 2014, p. 17.

[97] Cristián Chandía. "Iglesia ofrece mediar en conflicto mapuche". *La Tercera*, 13 de agosto de 2009. Accedido desde www.latercera.com el 7 de agosto de 2020.

calificaba de brutal[98]. También crítico de la respuesta del Estado hacia el Pueblo Mapuche ha sido el sacerdote Carlos Bresciani, quien lidera la misión jesuita en territorio mapuche, calificando la acción del Gobierno como violenta y desproporcionada[99].

La marginalidad de la Iglesia en los tres últimos debates, movimiento feminista, estallido social y pandemia, ha sido notoria. Respeto del primero, la Iglesia chilena había señalado en 2014 la necesidad de revisar el rol de la mujer en sus estructuras de gobierno interno y en la vida eclesial[100]. Ante la escalada de la cuarta ola del movimiento feminista en 2017 el sacerdote Felipe Berríos elogiaba las manifestaciones feministas y señalaba que la discriminación más grave de la Iglesia es la que existe contra la mujer[101].

En relación con el estallido Social, iniciado el 18 de octubre de 2019 como un proceso inédito en Chile, el episcopado en general estuvo ausente en el debate público. Para el sacerdote Felipe Berríos, aparte del "silencio total", la jerarquía eclesiástica no entendía lo que estaba pasando, mientras que la Iglesia popular había estado en la calle manifestándose. Sobre esto último señaló también que se esperaría que los obispos fueran consecuentes con el Evangelio, a través de la oposición ante las graves vulneraciones en los derechos humanos ocurridas durante el estallido[102]. Desde sectores progresistas de la institución se señalaba que los obispos o estaban ausentes o la gente

---

[98]   Benjamín Miranda. "Sacerdote Fernando Díaz y el caso Luchsinger: 'El Ministerio Público está sediento de culpar, a cualquier costa, a un mapuche'". *The Clinic*, 10 de julio de 2018. Accedido desde www.theclinic.cl el 7 de agosto de 2020.

[99]   "Sacerdote jesuita Carlos Bresciani: 'El mundo indígena es el patio trasero del país'" [entrevista televisiva]. *CNN Chile*, 3 de agosto de 2020. Accedido desde www.cnnchile.com el 7 de agosto de 2020.

[100]   Conferencia Episcopal de Chile. "Orientaciones Pastorales 2014-2020". Santiago, 5 de enero de 2014 (N° 21, g). Accedido desde http://www.iglesia.cl/detalle_documento.php?id=4268 el 9 de abril de 2021.

[101]   Felipe Berríos elogia las manifestaciones feministas: "La discriminación más grave de la Iglesia es a la mujer". *El Desconcierto*. 18 de mayo de 2018. Accedido desde https://www.eldesconcierto.cl/2018/05/18/felipe-berrios-elogia-las-manifestaciones-feministas-la-discriminacion-mas-grave-de-la-iglesia-es-a-la-mujer/ el 13 de agosto de 2020.

[102]   "Felipe Berríos sobre el estallido social: 'Hay una Iglesia que no entiende lo que está pasando'". *El Desconcierto*, 15 de febrero de 2020. Accedido desde : https://www.eldesconcierto.cl/2020/02/15/felipe-berrios-sobre-el-estallido-social-hay-una-iglesia-que-no-entiende-lo-que-hoy-esta-pasando/ el 29 de mayo de 2020.

no los escuchaba[103]. Esto último debido a que durante 30 años el episcopado se habría obsesionado con la moral sexual, ignorado las desigualdades sociales y económicas, mientras que los escándalos de abuso sexual destruyeron toda su credibilidad, lo cual en definitiva incidió en su completa ausencia en los intensos debates generados por el estallido[104].

Finalmente, a pocos meses de la crisis social y política, surgió la emergencia sanitaria global del Coronavirus. Sin perjuicio del intenso esfuerzo de acompañamiento espiritual y de asistencia material proporcionado por organizaciones eclesiales durante la pandemia, la ausencia de la jerarquía en el debate público también ha sido notoria. La CECH ofreció su plena colaboración al Gobierno, incluyendo la posibilidad de ocupar recintos para enfrentar la crisis sanitaria[105]. Al mismo tiempo, el episcopado invitó a los fieles y comunidades a colaborar con el Gobierno y las autoridades sanitarias para enfrentar la emergencia[106]. Sin embargo, tal como frente al estallido social la voz de los obispos en este contexto no se escucha o no se quiere escuchar, lo que en cualquier caso es sintomático de la pérdida de influencia de la Iglesia.

Conclusión

La Iglesia no es un actor de veto; su concurrencia no es requisito para el cambio o reforma de las políticas públicas. Tampoco es —ni ha sido— un poder fáctico porque no procesa decisiones al margen de

---

[103]   Jorge Enríquez. "Felipe Berríos y rol de la Iglesia: 'eché de menos a la jerarquía cuando la gente perdía los ojos'". *Biobiochile.cl*, 15 de febrero de 2020. Accedido desde www.biobiochile.c el 28 de mayo de 2020.

[104]   Eduardo Campos. "Chile is reeling from protests. Where is the Catholic church?". *America. The Jesuit Review*, November 13, 2019. Accedido desde www.americamagazine.org el 29 de mayo de 2020.

[105]   Conferencia Episcopal de Chile. "Iglesia católica en Chile se pone a disposición de autoridades por Covid-19", 20 de marzo de 2020. Accedido desde www.iglesia.cl el 3 de julio de 2020.

[106]   Comité Permanente de la Conferencia Episcopal de Chile. "Nuestra esperanza firme en el Señor". Santiago, 19 de marzo de 2020. Accedido desde http://www.iglesia.cl/4580-nuestra-esperanza-firme-en-el-senor.htm el 9 de abril de 2021.

instituciones políticas y no ha tenido —ni remotamente— la capacidad de doblegar al poder civil. Se entiende el uso de estos conceptos como recursos discursivos en el debate político, pero estos carecen de sustento analítico. En el ámbito público la Iglesia es un grupo de interés que tiene preferencias en sectores específicos de política pública; a saber, las regulaciones estatales sobre moral sexual y determinados aspectos en materias sociopolíticas.

Como grupo de interés, ha utilizado distintas formas de influencia. No usa la fuerza ni la coerción, puesto que no dispone de acceso a la fuerza física. Ha sido más común la persuasión en los debates legislativos y la manipulación al enfrentar la crisis de los abusos sexuales. Si bien la Iglesia podría recurrir a la inducción (incentivo), poder (castigo) y la autoridad (acatamiento irreflexivo), esta investigación no encontró evidencia de su uso y efectividad al respecto. Eventualmente, entrevistas en profundidad con diversos actores podrían dar luces sobre el recurso de estos tipos de influencia.

La Iglesia en Chile no perdió su influencia producto de la crisis de los abusos sexuales. Venía en un proceso de descenso que se origina en los 90, el que se puso en evidencia a propósito de su énfasis fuerte y monolítico sobre la moral sexual. Sobre la agenda político-social, no tuvo una posición parecida. Ni en torno el sueldo-ético, ni sobre el medioambiente, ni sobre el conflicto mapuche existió una posición transversal y categórica, como si ocurrió sobre la agenda de moral sexual. El episcopado se jugó todo su capital político y social en la defensa de dicha agenda. Logró en el mejor de los casos retrasar la dictación de la legislación que la desfavorecía, pero en ningún modo bloquearla de manera permanente.

Como un grupo de interés actuando en democracia el episcopado movilizó sus importantes, pero decrecientes recursos de influencia; sus vinculaciones con la élite política y empresarial, con los medios de comunicación, con instituciones educativas, con sus fieles y con la sociedad en general. Si hay algo de ilegítimo en su acción pudo ser el acceso preferencial a un sector de la élite gobernante, sobre la que desplegó un lobby al que otras iglesias y otros grupos de interés no tenían acceso. Su recurso más extremo podría ser la pretensión de control de la conciencia de los legisladores y políticos católicos bajo amenaza de excomunión, lo que en el período en estudio insinuó un obispo a legisladores demócrata cristianos que impulsaron la ley de divorcio.

La ralentización de la agenda valórica fue más efectiva para la Iglesia durante los años 90, donde la hegemonía del gobernante Partido Demócrata Cristiano —aunque dividido en términos de moral sexual— sumado a los legados institucionales de la dictadura en el Congreso, generaban una brecha importante de representación al distorsionar en el parlamento las posiciones valóricas de la ciudadanía. Por otra parte, no parece sustentarse la idea de que la sociedad chilena fuera especialmente conservadora. Cuando en 2000 el eje de gravitación de la Concertación pasó desde la Democracia Cristiana (DC) al socialismo en el Gobierno y comienzan a eliminarse los cerrojos institucionales de la dictadura, los proyectos emblemáticos del progresismo liberal y de izquierda comenzaron a aprobarse en el Congreso. La Iglesia perdió su ascendiente sobre la DC y sobre Renovación Nacional (RN), quedándole la UDI como último aliado. Finalmente, hacia 2010, el destape de la crisis de los abusos sexuales precipitó su ya bajo ascendiente en el debate público. No solo se hizo patente la brecha entre el Magisterio de la Iglesia y la vida cotidiana de las personas, sino que ante una opinión pública escandalizada se reveló la incoherencia entre la rígida posición sobre moral sexual de la jerarquía y los delitos de abuso cometidos por clérigos en contra de menores de edad.

Frente el estallido social de octubre de 2019, la Iglesia chilena se encontraba ya abatida y al decir de algunos, la jerarquía no entendía lo que pasaba. Sin embargo, esta última observación parece habitual respecto de las élites. Ni el Gobierno, ni el empresariado, ni los partidos, ni los medios de comunicación, ni la academia parecen comprender lo que ha pasado. La brecha cognitiva entre las élites y los pesares y padecimientos de la ciudadanía es evidente. Reducir esta brecha sería el camino de salida. Para la Iglesia esto supone eliminar las culturas del encubrimiento, del abuso y del clericalismo, denunciados por el propio Papa Francisco. Requiere que refuerce la sinodalidad; el caminar juntos entre el clero y el pueblo de Dios, para luego en diálogo con la sociedad iniciar el discernimiento que exigen tiempos complejos y plurales.

El impacto religioso de la crisis de los abusos sexuales en la Iglesia católica chilena

Por Eduardo Valenzuela

El impacto específicamente religioso de la crisis de los abusos sexuales dentro de la Iglesia católica ha sido poco considerado en los diversos estudios sobre este problema, aunque abundan los reportes sobre los diversos sentimientos de indignación, desazón y desafección que ha provocado la crisis. El foco ha estado puesto sobre víctimas directas de abuso[1], y mucho menos en familiares y entornos cercanos, en comunidades afectadas directamente por algún caso de abuso[2] y en los fieles, en general[3]. Los estudios de la experiencia religiosa de las víctimas de abuso provienen todos de registros terapéuticos y estudios de casos y lo mismo puede decirse de la investigación en entornos

---

[1] Sobre todo Pargament, K., Murray-Swank, N.A. & Mahoney, A. "Problem and Solution: The Spiritual Dimension of Clergy Sexual Abuse and its impact on Survivors". *Journal of Child Sexual Abuse*, 2008, vol. 17 (3-4), pp. 397-420. Y también, Doyle, Thomas P. "The Spiritual Trauma Experienced by Victims of Sexual Abuse by Catholic Clergy". *Pastoral Psychol*, 2009, 58, pp. 239-260.

[2] P. Kline, R. McMackin & E. Lezotte. "The Impact of the Clergy Abuse Scandal on Parish Communities" en R. McMackin, T. Keane. & P. Kline. *Understanding the Impact of Clergy Sexual Abuse*. Routledge, 2009.

[3] Principalmente: Hungerman, Daniel M. "Substitution and Stigma: Evidence on Religious Markets from the Catholic Sex Abuse Scandal." *American Economic Journal: Economic Policy*, 2013, 5 (3), pp. 227-53, para el análisis de efectos de sustitución, y Bottan, N. L. & Perez-Truglia, R. "Losing my religion: The effects of religious scandals on religious participation and charitable giving". *Journal of Public Economics*, 2015, 129, pp. 106-119, para impactos en donaciones y caridad.

cercanos. Los impactos en gran escala se han estudiado a través de efectos de sustitucion, es decir de desplazamientos hacia otras confesiones religiosas y efectos de abandono o de estigma, desplazamientos hacia ninguna confesión religiosa[4], a través de encuestas o de registros administrativos. Los estudios de impacto en población general tienen siempre la dificultad de aislar el efecto neto de la crisis, usualmente llamado un efecto de período o exógeno, que debe distinguirse de los efectos de edad (que registra los cambios que provienen de la experiencia de envejecer) y de los efectos de cohorte (que proviene de la experiencia de recambio generacional). El impacto religioso puede estudiarse en las tres variables claves de la experiencia religiosa: creer, asistir y pertenecer, las que configuran las conocidas tres BBB por sus siglas en inglés (*believing, behaving, belonging*) de los estudios en sociología religiosa. Aunque existe una evidente relación entre estas tres variables, también pueden comportarse de manera independiente como sucede en el modelo de "creer sin pertenercer" (*believing without belonging*)[5] que configura el patrón de desafección realigiosa de los que marcan ninguna religión ("nones") y en el modelo de quienes pertenecen pero no practican su religión, al menos como religión de templo, como ocurre en mucha de la experiencia del catolicismo de masas ("católicos a su manera", católicos pasivos o católicos estacionales como se ha denominado en la sociología francesa de la religión a aquellos que solo se acercan a un templo en las grandes fechas conmemorativas). ¿Cuáles han sido los impactos probables de la crisis sobre la experiencia de creer, pertenecer y practicar la religión?

Creer

La mayor parte de las investigaciones ha demostrado que el abuso sexual cometido por sacerdotes provoca en las víctimas una grave desconfiguración de la experiencia de Dios que conduce a una desactivación

---

[4]   Hungerman, Daniel M. "Substitution and Stigma: Evidence on Religious Markets from the Catholic Sex Abuse Scandal." *American Economic Journal: Economic Policy*, 2013, 5 (3), pp. 227-53.

[5]   Davie, Grace. *Believing Without Belonging*. Social Compass, 1990, 37, pp. 456-69. También, "Believing Without Belonging. Variations on the theme" en Davie, Grace. *Religion in Britain since 1945*. Blackwell Publishing, 1994 (93-116).

religiosa más o menos completa que incluye increencia, abandono de la pertenencia religiosa y rechazo de toda forma religiosa de trascendencia[6]. La religión ha provisto tradicionalmente un orden de realidad trascendente a través de la experiencia de Dios. En el caso católico esa experiencia está intensamente mediada por el templo y sus sacerdotes que como recuerda Doyle concibe el sacerdocio como *alter Christus*, el que toma el lugar de Cristo, incluso más allá de la liturgia donde esta configuración se realiza propiamente. Doyle sostiene que "priest abuse differs from incest or abuse by anyone else precisely because the victim's belief about the nature of the priesthood"[7]. Los reportes indican que la decepción respecto de Dios —y no solamente del sacerdote o de la Iglesia— es común en el caso del abuso en ambiente católico, tal vez por esta particular ontología del sacerdocio, aunque Oakley y Humphreys han reportado un efecto similar de "adoración del pastor" en casos de abuso espiritual obtenidos en la Iglesia anglicana[8]. El impacto del abuso sacerdotal se incrementa, además, porque afecta a niños y familias de alto compromiso religioso donde la credibilidad del sacerdote alcanza su mayor desarrollo y se produce en un ámbito de acción religiosa o de atención pastoral que permite la manipulación espiritual de las víctimas. Todo esto entorpece y retrasa la develación del abuso —aparentemente por un tiempo mayor que en otros casos similares— algo que prolonga los efectos traumáticos de la experiencia y evita comenzar a tiempo los procesos de cuidado y reparación. El abuso sacerdotal es experimentado como un demoronamiento de la experiencia de lo sagrado, casi siempre como algo completamente inesperado e inaudito, que de pronto invierte radicalmente el orden de las cosas, lo que era seguro se torna

---

[6]   Desde el estudio pionero de Rosetti, S.J. "The impact of child abuse on attitudes toward God and the Catholic Church". *Child Abuse & Neglect*, 1995, 19, pp. 1469-1481.

[7]   Doyle, Thomas P. "Sexual Abuse by Catholic Clergy: The Spiritual Damage" en Thomas Plante & Kathleen L. McChesney, (Editors). *Sexual Abuse in the Catholic Church. A Decade of Crisis 2002-2012*. Prager, 2011. También Doyle, Thomas P. "The Spiritual Trauma Experienced by Victims of Sexual Abuse by Catholic Clergy". *Pastoral Psychol*, 2009, 58, pp. 239-260.

[8]   L. Oakley y J. Humphreys. *Escaping the Maze of Spiritual Abuse. Creating healthy Christian cultures*. SPCK, 2019, con traducción al castellano como *Escapando del Laberinto. Cómo crear culturas cristianas sanas*. Ediciones UC, 2021. Se puede consultar asimismo el libro de Lisa Oakley y Kathryn Kinmond, *Breaking the Silence on Spiritual Abuse*, Palgrave Macmillan, 2013.

inseguro, lo amable en amenazante y lo santo en pecaminoso, algo que, por lo demás, sucede justamente en la niñez cuando la experiencia de lo sagrado se constituye de manera primordial. Pargament cita estudios en psicología clínica que muestran que un atentado contra algo que se considera sagrado produce mayores traumas que cuando provienen de otra fuente menos apreciada, por ejemplo, ser abusado por el padre produce consecuencias más graves, profundas y duraderas que serlo por un desconocido[9]. Jean Guy Nadeau ha formulado esta devastación con el estudio que proviene de la psicología del trauma que indica que la vida está sostenida por tres convicciones fundamentales: la de que el mundo en que habitamos es un lugar seguro donde se espera alguna benevolencia de los demás; la convicción de que las cosas tienen un sentido, es decir que lo bueno produce y obtiene lo bueno y la maldad recibe lo suyo; y la de que uno vale algo dentro de ese mundo. Estas convicciones están respaldadas religiosamente como garantía y último resguardo contra la insensatez del mundo en la configuración de la experiencia de Dios como aquel que proporciona seguridad, benevolencia, justicia y consideración incluso, y sobre todo, para quien no la experimenta en el mundo. ¿Cómo puede Dios colocarse justamente en el lado contrario?[10]. Los psicólogos han mostrado cómo un niño intenta reconstruir este mundo devastado, por ejemplo adjudicándose alguna falta para merecer el abuso o rebajando su autoestima hasta el punto de justificar el menosprecio que recibe. Jean-Guy Nadeau tipifica el abuso sacerdotal como la "sustracción del alma" porque el perpetrador se las ingenia para colocar a Dios de su parte, mientras que el niño lo experimenta como un abandono radical de Dios. Es comprensible además que se termine creyendo que las convicciones fundamentales sobre las cuales se construye cualquier vida sana deben encontrarse fuera de la religión. La experiencia religiosa requiere también ser conservada y actualizada, generalmente en el marco de una comunidad de creencia

---

[9]   Pargament, K., Murray-Swank, N.A. & Mahoney, A. "Problem and Solution: The Spiritual Dimension of Clergy Sexual Abuse and its impact on Survivors". *Journal of Child Sexual Abuse*, 2008, vol. 17 (3-4), pp. 397-420. También contenido en el volumen editado por R. McMackin, T. Keane. & P. Kline. *Understanding the Impact of Clergy Sexual Abuse.* Routledge, 2009, cap. 11, pp. 200-223.

[10]   Jean-Guy Nadeau. *Une profonde blessure. Les abus sexuels dans l'Église catholique.* Mediaspaul, 2020.

que se congrega periódicamente, lo que entrega al templo su particular configuración como espacio y tiempo santo. La fenomenología del abuso sacerdotal describe ampliamente la pérdida casi inmediata del sentido de pertenencia que se produce entre los abusados que, en adelante, se consideran portadores de una experiencia única, y sobre todo incomunicable, lo que torna imposible tener una experiencia fructífera de comunidad. En algunas ocasiones se ha reportado que las víctimas no han podido siquiera volver a entrar a un templo porque se convierte para muchos en un lugar de revictimización. La mayor parte de quienes han sido abusados en su niñez se desapega espiritualmente, sobre todo aquellos que han sido víctimas de abusos reiterados y más tempranos en la vida, pero existen casos en que se ha podido sostener la creencia, e incluso la pertenencia y actividad religiosa, tal como está documentado, por ejemplo, por Daniel Pittet, una víctima suiza de la diócesis de Friburgo conocido por su libro *Le Perdono, padre*, prologado por el Papa Francisco[11]. Esta capacidad de utilizar los propios recursos de la religión para salir adelante debe contarse, sin embargo, entre las excepciones. Se ha indicado que el vacío espiritual se llena a veces con otros objetos de atracción como drogas, alcohol, promiscuidad o violencia, pero también se puede intentar redescubrir la espiritualidad en una dirección alejada de la religión y de las instituciones convencionales que la cobijan. Rara vez se producen efectos de sustitución entre víctimas directas de abusos sacerdotal y la disposición a buscar alivio en otra denominación religiosa es muy poco frecuente. Lo más común es desligar la espiritualidad de toda religión, incluso de distintas formas de religión personal y reconducirla hacia experiencias no religiosas, como el apego a la naturaleza o el cuidado de otros entre los que debe contarse de manera especial la alerta y el cuidado de otras víctimas de abuso.

Asistir al templo

El impacto religioso de la crisis se extiende ampliamente sobre las comunidades eclesiales afectadas por casos de abuso y sobre el conjunto de los creyentes en algo que se ha llamado victimización indirecta o secundaria. Rossetti ha propuesto expandir el concepto de

---

[11]   Daniel Pittet. *Le Pedono, padre. Sobrevivir a una infancia rota.* Editorial Mensajero, 2017.

víctima hacia todos los feligreses[12]. El Informe de la Comisión UC para el análisis de la crisis de la Iglesia católica en Chile resume el impacto de esta manera:

> Entre los fieles comunes y corrientes, la crisis de los abusos ha provocado cuatro reacciones generales: (a) una fuerte sensación de estupor, desazón e indignación tanto respecto de los sacerdotes acusados como de las autoridades religiosas que han lidiado con el problema; (b) una desacralización de la figura sacerdotal y una sospecha creciente respecto de la integridad de su labor, incluso en ámbitos diferentes a los de la sexualidad; (c) una cierta tendencia a separar la relación con Dios de la relación con los sacerdotes y con la Iglesia, y (d) una preocupación especial respecto del bienestar religioso y espiritual de los que se tiene a cargo[13].

El resultado más consistente ha sido una cierta disposición a perseverar en una creencia religiosa al margen de la mediación sacerdotal, lo que implica alejamiento del templo y disminución de la vida sacramental, con consecuencias también hacia diversas formas de compromiso eclesial como la donación de tiempo y dinero. El último informe de Pew Research entrega las siguientes cifras respecto de la reacción de los católicos frente a una crisis en el escándalo de los abusos (en este caso tras la revelación de los hechos en Pennsylvania en 2018): 46% habla mucho acerca del tema en su entorno cercano (hasta 58% entre quienes asisten al templo semanalmente), 27% va a misa menos frecuentemente, 26% reduce el monto de dinero que ofrecía a su parroquia o diócesis, solo 18% hace un gesto de apoyo al sacerdote de su lugar[14]. Una característica especial de esta crisis ha

---

[12]   Vease de Rosetti, S. J. *A Tragic Grace: The Catholic Church and Child Sexual Abuse*. Liturgical Press, 1996, especialmente el capítulo Parishes as Victims of Child Sexual Abuse.

[13]   Basado en el estudio de P. Kline, R. McMackin & E. Lezotte. "The Impact of the Clergy Abuse Scandal on Parish Communities" en R. McMackin, T. Keane. & P. Kline. *Understanding the Impact of Clergy Sexual Abuse*. Routledge, 2009. La cita proviene de *Comprendiendo la crisis de la Iglesia católica en Chile*, Comisión UC para el análisis de la crisis de la Iglesia católica en Chile, 2020, p. 46.

[14]   Pew Research Center. *Americans see Catholic Clergy Sex Abuse as an ongoing problem*. Pew Research Center, June 11, 2019.

sido el contraste entre la conversación privada acerca del problema —muy extendida y frecuente en el entorno inmediato de los católicos— tal como revelan las cifras de Pew y la estrechez de la comunicación eclesial: solo el 29% de los católicos que se acerca a la iglesia (sobre una base anual) ha escuchado hablar a un sacerdote sobre los abusos sexuales, aunque casi siempre ha escuchado alegaciones en favor y apoyo de las víctimas. Se habla mucho en casa, pero muy poco en la iglesia. Es posible que este contraste haya alentado la desazón, el desconcierto y la desafección de los fieles.

El declive de la participación religiosa está bien documentado en todas partes. Las encuestas chilenas lo indican claramente: la serie del Centro de Estudios Públicos reporta una caída desde 16% en 2002 para el cumplimiento de la misa de precepto (una vez por semana al menos) hasta 8% en 2019 (Gráfico 1). La serie Bicentenario, por su parte, marca una caída a la mitad de la asistencia frecuente a la iglesia entre católicos, desde 19% a 9% en el último decenio (2006-2018) (Gráfico 2)[15]. Una parte de esta merma debe atribuirse a la crisis de los abusos que ha ahuyentado del templo a católicos otrora observantes, aunque el monto de esta atribución es difícil de establecer. Los efectos de creencia y pertenencia (que habitualmente se identifican como el principal carril de la secularización) están controlados en estas series porque se trata de creyentes que han mantenido su lealtad a la Iglesia católica. Los efectos de recambio generacional, es decir la entrada progresiva de una generación joven con menos compromiso religioso y la salida de una generación mayor que se educó con patrones de asistencia más estrictos, pueden influir en estas mermas. La serie CEP muestra, sin embargo, que la tasa de declive de la participación religiosa en los últimos veinte años se produce en las diferentes cohortes de edad, es decir no está localizada solamente en las nuevas generaciones (Gráfico 3), aunque es cierto que algunos efectos de edad y no solamente de período pueden intervenir en estas mermas recientes, sobre todo el declive en personas mayores que

---

[15]   En adelante se citarán tres encuestas de opinión pública que recaban información religiosa: la encuesta del Centro de Estudios Públicos (CEP, serie c1990-2019), la encuesta Bicentenario de la Pontificia Universidad Católica de Chile (Bicentenario, serie 2006-2019) y la encuesta internacional Latinobarómetro de la Corporación Latinobarómetro, serie 1995-2020.

tienen más dificultades para asistir regularmente al templo a medida que envejecen. Además, como sucede en todos los indicadores religiosos del período de la crisis, la caída en la asistencia al templo se acelera en los últimos quince años lo que coincide con el período más álgido de denuncias y publicidad negativa respecto de la Iglesia católica (Gráfico 4).

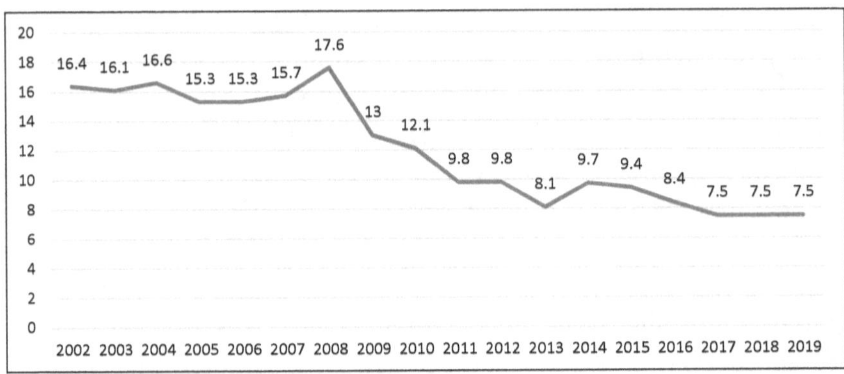

Gráfico 1: Declive de la asistencia religiosa en serie CEP (% de católicos que asisten al menos una vez a la semana).

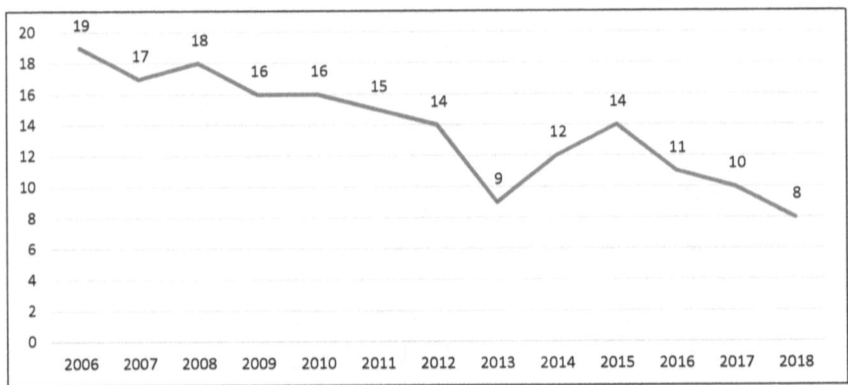

Gráfico 2: Declive de la asistencia religiosa en serie Bicentenario (% de católicos que asisten al menos una vez a la semana).

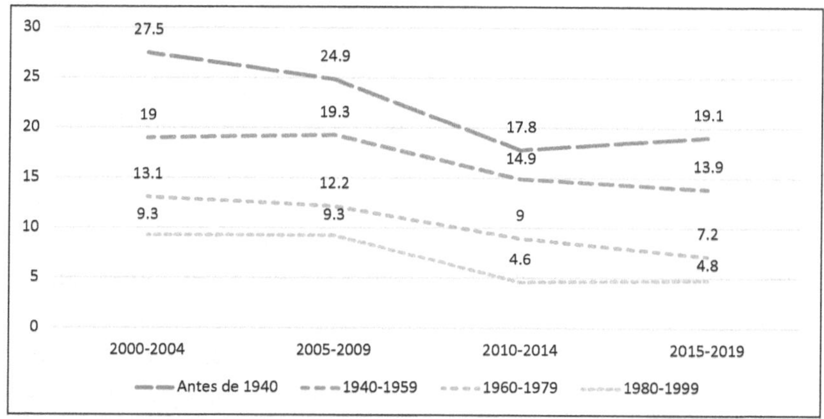

Gráfico 3: Declive de la asistencia religiosa (% de católicos que asisten al menos una vez a la semana) según cohortes de edad, serie CEP.

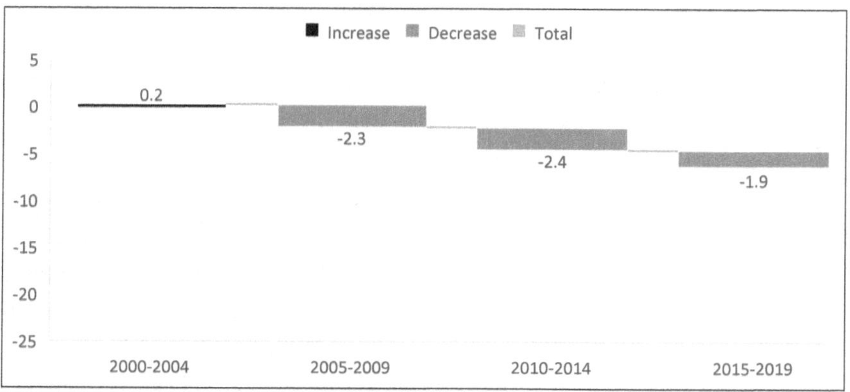

Gráfico 4: Aceleración del declive en la asistencia religiosa católica (tasa de variación quinquenal en puntos porcentuales en serie CEP).

A diferencia del catolicismo europeo y norteamericano, el chileno (y también el que prevalece en suelo latinoamericano) no ha sido propiamente una religión de templo, sino de santuario como lo muestra el alcance de la piedad popular con sus múltiples manifestaciones de devoción libre (días de muertos, animitas) y de devociones anuales de santuario, que no han perdido ninguna vigencia en el catolicismo popular actual (Bicentenario, 2019). En nuestra cultura religiosa nunca alcanzó a desplegarse enteramente la mediación eucarística y penitencial que configuran el núcleo de la devoción de templo, con asistencia regular a la iglesia e intermediación del sacerdote (salvo en la élite que se alejó de los santuarios hace ya un tiempo considerable). Lo que tuvo éxito fue la sacramentalización de los ritos de pasaje (bautismo, matrimonio y defunción) que marcan una conexión estacional con el templo y una mediación sacerdotal de baja intensidad religiosa. La piedad de santuario prácticamente no requería mediación sacerdotal alguna, a pesar de que las grandes imágenes marianas se encuentran dentro de los templos y que la devoción popular adoptó siempre una actitud deferente y respetuosa hacia el sacerdote. Con todo, el acceso a María y a los santos podía hacerse directamente, apenas con el permiso del cura que solo disponía de lo necesario para su devoción. En la era de registro estadístico nunca se alcanzó a marcar más de un 30-40% (en la serie Hamuy, la más antigua que conocemos que data de los años sesenta) en la proporción de católicos que asistía semanalmente a misa (una cifra que debe contener mucha respuesta normativa), pero esa cifra ha ido cayendo de manera sostenida en los últimos veinte años.

Existen varias indicaciones que muestran que la desactivación religiosa obedece a motivos institucionales, aunque también podría apuntar hacia la mediación sacramental de la experiencia religiosa. Los motivos institucionales están contenidos en la caída abrupta de la confianza en las autoridades religiosas y específicamente en los sacerdotes. Este declive en la confianza está inequívocamente ligado a los casos de abusos sexuales dentro de la Iglesia y a la decepción respecto de la manera cómo las autoridades han lidiado con el problema. Dos tipos de evidencia se presentan para esto: por un lado, la caída en la confianza tiene sus puntos de inflexión precisos en momentos cruciales de develación de abusos (cura Tato en 2003, Karadima en 2010 y Poblete en 2019, tal como se aprecia en la serie Latinobarómetro, Gráfico 5), lo que indica la extraordinaria sensibilidad de la confianza pública a los escándalos institucionales y a sus correspondientes olas de publicidad negativa, algo que se ha mostrado igual para otras instituciones. Por otro lado, la confianza en la Iglesia católica chilena cae abruptamente en la última década respecto del promedio latinoamericano, algo concordante con la reconocida intensidad de la crisis en el caso chileno (también serie Latinobarómetro, Gráfico 6). La crisis de confianza no alcanza solamente a las autoridades religiosas, sino que se expresa en una reticencia específica hacia la tarea pastoral que ejercen los sacerdotes. En dos encuestas diferentes se ha hecho esta misma pregunta a los católicos: "Enfrentado a una crisis personal, ¿recurriría a un sacerdote para recibir ayuda y consejo?". En la Encuesta Nacional de Iglesia (DESUC, 2000) antes de que comenzara cualquier asomo de abuso sacerdotal en la conciencia pública se obtenía el 52% para quienes lo harían absolutamente, una cifra que casi veinte años después (Bicentenario, 2018) obtuvo solo el 27%. Entre católicos observantes la merma en la confianza se desliza desde 76% hasta 43%, mientras que la disposición de los evangélicos a recurrir a su pastor en la misma circunstancia se ha mantenido en torno a 66%, sin alteración ninguna en este período (Gráfico 7). La Iglesia ha perdido confianza y credibilidad pública, pero también resulta afectada la capacidad de los sacerdotes de ejercer la misión más propia de su labor pastoral, la cura de almas, aquella en que se exacerba el contacto personal entre el sacerdote y sus fieles[16].

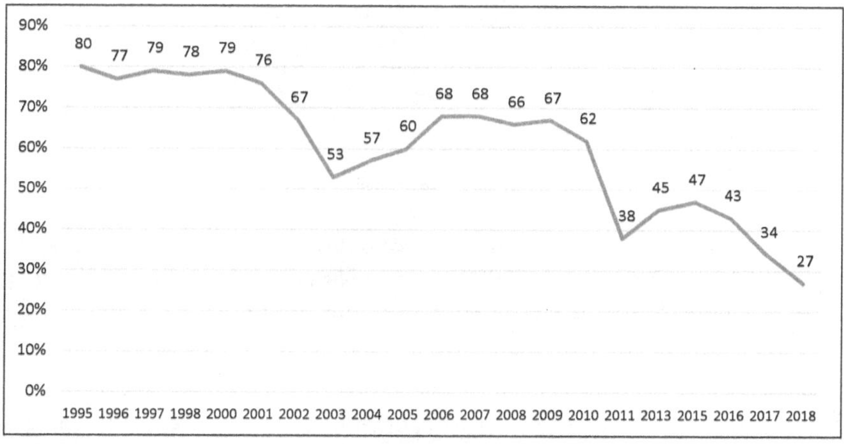

Gráfico 5: Declive de la confianza en la Iglesia católica, serie Latinobarómetro.

---

[16]   Ver capítulo de Rodrigo Mardones en este mismo libro para un análisis detallado del declive de la vocería pública de la Iglesia católica chilena.

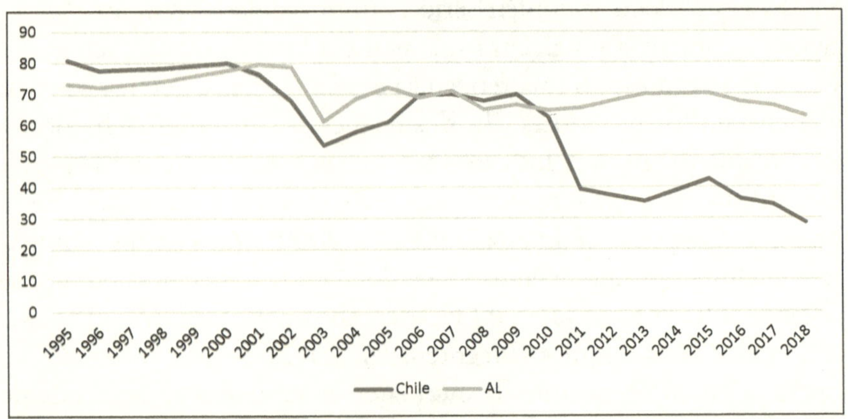

Gráfico 6: Declive de la confianza en la Iglesia católica chilena en comparación con América Latina. (Latinobarómetro).

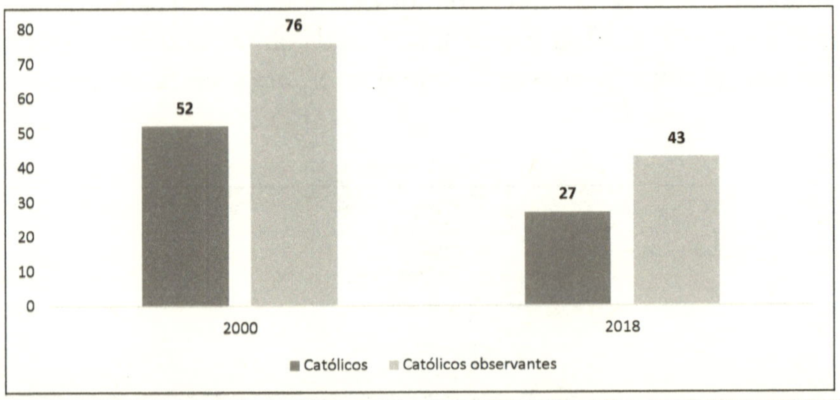

Gráfico 7: Declive de la confianza en sacerdotes según Encuesta Nacional de Iglesia (2000) y Bicentenario (2018): enfrentado a una crisis personal recurriría a un sacerdote para pedir ayuda o consejo: % que contesta sí, de todas maneras.

Respecto de la mediación sacramental de la experiencia religiosa los datos son más imprecisos. El declive del sacramento de la confesión —el que ha estado más en entredicho a propósito de los abusos— es de larga data y se atribuye a cambios de fondo en la cultura religiosa como la desconexión entre comunión y confesión en el marco de un estímulo de la comunión frecuente, la erosión de la noción personal de pecado (que se sustituye por una agudización de la conciencia del pecado social del que nadie es personalmente responsable) y la despreocupación creciente por la salvación que parece asegurada en lo principal en manos de un Dios misericordioso[17]. La creencia entre católicos de que los sacerdotes pueden perdonar los pecados en nombre de Dios —es decir retienen la capacidad de otorgar la gracia sacramental del perdón— alcanzó un mínimo de 24% en 2019 que se contrasta de todos modos con cifras no demasiado mayores al comenzar la década (36% y 30% en 2011 y 2012 respectivamente) (Bicentenario, 2019). No existen indicios de que se haya resentido, en cambio, el núcleo fundamental de la experiencia católica de la fe, a saber, que Jesucristo está presente en la eucaristía (por encima del 70% en las mediciones disponibles). Tampoco el bautismo de los recién nacidos parece haberse afectado demasiado: el bautizo de niños católicos ha decrecido considerablemente en número en los últimos quince años (de 157 a 109 mil anuales), pero cuando se controla por la caída concomitante en la proporción de católicos, la tasa resultante registra una variación de 89% en 2001 a 85% en 2016. El bautismo es un rito culturalmente arraigado donde la mediación sacerdotal se ciñe más fácilmente al principio sacramental de lo que se llama ex opere operato (el sacramento es eficaz independientemente de la calidad moral del que lo imparte), un principio válido para todos los sacramentos, pero que encuentra mayor plausibilidad en los ritos de pasaje como el bautismo y la unción de los enfermos, algo menos en el matrimonio religioso donde se elige al sacerdote oficiante por afinidad y se espera mayor contacto personal tal como sucede asimismo con las formas modernas de la confesión que ganaron mucho —y en ocasiones excesivamente— en contacto personal.

El impacto sobre otras formas de compromiso religioso ha sido objeto de alguna investigación. Bottan & Perez-Trigglia indican que el impacto de los escándalos sobre las creencias religiosas es estadísticamente insignificante (sobre todo en población adulta), pero ha afectado las donaciones, con una estimación de 0,43% por

---

[17]   Ver sobre todo Guillaume Cuchet, *Comment notre monde a cesse d'être chrétien. Anatomie d'un effondrement.* Éditions du Seuil, 2018.

cada punto de declive en la participación religiosa[18]. Esta merma recae igualmente sobre donaciones que proveen servicios religiosos (parroquias y escuelas confesionales) como sobre aquellas que proveen servicios sociales, tiene efectos duraderos (después de diez años no habían vuelto a su punto inicial) y se produce en el lugar donde el sacerdote fue denunciado con alguna irradiación hacia parroquias contiguas. El declive de las donaciones está mediado por la caída en la participación religiosa que provee las interaccciones sociales que son significativas para motivar la donación, además de la información pertinente y necesaria para hacerlas. Esta conclusión puede explicar el comportamiento dispar de las donaciones en el caso chileno, tal como se reporta en el Informe de la Comisión UC que indica que las donaciones hacia obras sociales de la Iglesia se han visto poco afectadas por la crisis con base a evidencia obtenida por recaudaciones de la Fundación Las Rosas (el principal hogar de ancianos vulnerables del país) y del Hogar de Cristo (una obra ampliamente conocida fundada por San Alberto Hurtado perteneciente a la Compañía de Jesús) que no aparecen resentidas en el período. Algo diferente sucede con la campaña Cuaresma de Fraternidad, una iniciativa de la Conferencia Episcopal de Chile que recolecta donaciones para obras sociales diocesanas, y con la recaudación del 1%, una contribución que se solicita para costear los gastos de manutención del clero y otras obras eclesiásticas, ambas iniciativas firmemente basadas en la asistencia al templo[19]. Hungerman desestima que haya algún cambio en las actitudes pro-sociales que por lo general se mantienen —al igual que las creencias religiosas— relativamente intactas, algo que comprueba con un efecto de sustitución de donaciones católicas que

---

[18]   Bottan, N. L. & Perez-Truglia, R. "Losing my religion: The effects of religious scandals on religious participation and charitable giving". *Journal of Public Economics*, 2015, 129, pp. 106-119.

[19]   *Comprendiendo la crisis de la Iglesia católica en Chile,* Comisión UC para el análisis de la crisis de la Iglesia católica en Chile, 2020. Las cifras que se tuvieron a la vista fueron la siguientes: la recaudación mensual por socios de la Fundación Las Rosas ha aumentado de M$673 a M$731 en los últimos tres años (2017-2019), mientras que la recaudación del Hogar de Cristo había variado de M$915 a M$907 millones en igual período La campaña Cuaresma de Fraternidad ha caído el último quinquenio (2014-2018) de M$968 a M$787 y la recaudación del 1% en la Arquidiócesis de Santiago ha descendido de M$6.099 a M$5.301 (todas cifras con valores ajustados por paridad de compra).

comienzan a dirigirse hacia contrapartes no católicas, algo de lo que no se tiene evidencia para nuestro caso.

La educación escolar católica tiene gran reputación en logro académico y movilidad escolar (sobre todo en la probabilidad de acceder a la universidad), así como en la reducción de comportamientos de riesgo como embarazo adolescente y abuso de drogas. Los estudios norteamericanos (que también en esto tienen las mejores medidas) mostraron pocos efectos negativos sobre la matrícula escolar católica hasta 2012 (Dills & Hernández-Julian, 2012), pero en la década que sigue a las revelaciones de Boston Globe y que incrementan las denuncias de abuso y la cobertura mediática, los efectos atribuibles aumentan considerablemente (Bottan & Perez Truglia, 2015; Moghtaderi, 2018)[20]. La estimación de Moghtaderi es que dos tercios de la caída de la matrícula escolar católica de la última década puede ser atribuida a efectos de publicidad negativa a raíz de los abusos sexuales cometidos por sacerdotes. Esta consecuencia específica puede contrastarse con comportamiento enteramente estable de la educación privada no católica que, al igual que sucede con las donaciones sustituye con facilidad la crisis de las escuelas católicas. Este impacto educacional proviene del lado de la demanda debido a una exacerbación de la percepción de riesgo respecto de los colegios católicos (de hecho, afecta primeramente a la matrícula de hombres antes que de mujeres), pero también del lado de la oferta por cierre de establecimientos afectados por dificultades financieras que provienen de la propia crisis. Los datos chilenos no muestran este declive norteamericano. La preferencia por colegios católicos ha permanecido boyante incluso en colegios congregacionales que han registrado casos de abuso como los establecimientos vinculados a Legionarios de Cristo (salvo el colegio Cumbres), Hermanos Maristas (Alonso de Ercilla) y jesuitas (colegio San Ignacio El Bosque). El Informe de la Comisión UC muestra que alrededor del 40% de las denuncias chilenas corresponden a abusos cometidos por

---

[20]   Dills, A.K & Hernández-Julian, R. "Religiosity and state welfare". *Journal of Economic Behavior & Organization*, 2014, 104, pp. 37-51. Moghtaderi, A. "Child Abuse Scandal Publicity and catholic School Enrollment: Does the *Boston Globe* Coverage Matter?" *Social Science Quaterly*, 2018, Vol. 99-1, pp. 169-184. Bottan & Perez-Truglia, 2015, *op. cit.*

sacerdotes y diáconos en establecimientos educacionales los que, a pesar de ello, han resentido poco este flagelo. La estabilidad de la matrícula escolar católica y la ausencia de efectos de sustitución en este plano puede deberse a múltiples factores, como la débil mediación sacerdotal en los colegios católicos, algo menos confesionales que los norteamericanos (pocos sacerdotes residentes donde suceden los problemas principales), la ausencia de alternativas educacionales competitivas y la mejor respuesta preventiva que se ha dado en ambiente escolar, colegios habitualmente dirigidos por laicos que han respondido más eficaz y decididamente ante el problema. El prestigio de la educación católica, alimentado a veces por razones no confesionales, ha ayudado en este resultado. Donde existe coincidencia en los hallazgos es en la ausencia casi completa de efectos de sustitución en la educación superior donde la mediación sacerdotal prácticamente desaparece y por consiguiente el impacto se atenúa considerablemente hasta desaparecer[21].

Pertenecer

El impacto de la crisis no se limita solamente a un retroceso en la participación religiosa, sino que conlleva un movimiento de desafiliación que ha destruido mucha identificación con la Iglesia católica misma. La serie Latinobarómetro (1995-2018) muestra una caída desde 74% hasta 55% en la proporción de chilenos que se declara católico en los últimos veinticinco años (descenso de alrededor de 26%). La serie del Centro de Estudios Públicos (CEP) muestra una baja en los católicos de 73% en 1990 a 51% en 2019 (descenso de alrededor de 34% en veinte años) (Gráfico 8). Ambas series tienen el mérito de considerar el período anterior a la aparición de cualquier denuncia de abuso (década de los noventa el período en que aparecieron los primeros casos denunciados (década de los ochenta) y el período en que se intensificaron (década actual con sus momentos críticos en torno a la denuncia de los sacerdotes Fernando Karadima del 2010 y Renato Poblete B. en 2019). La serie Bicentenario es más breve (2006-2019)

---

[21]   McDonald, Sarah. *The effect of Catholic Sex Abuse Scandals on Catholic Higher Education in the United States"*. Virginias Collegiate Honors Council Conference, presentation, 2020.

aunque muestra también una caída de 70% hasta 45% (una merma de alrededor de un tercio) en el lapso de quince años. La merma chilena destaca entre las más pronunciadas de América Latina con la excepción de la que se produce en Centroamérica, donde los efectos de sustitución de población católica por población evangélica-protestante ha sido muy elevada en las últimas décadas y no guarda relación alguna con la crisis reciente de la Iglesia católica.

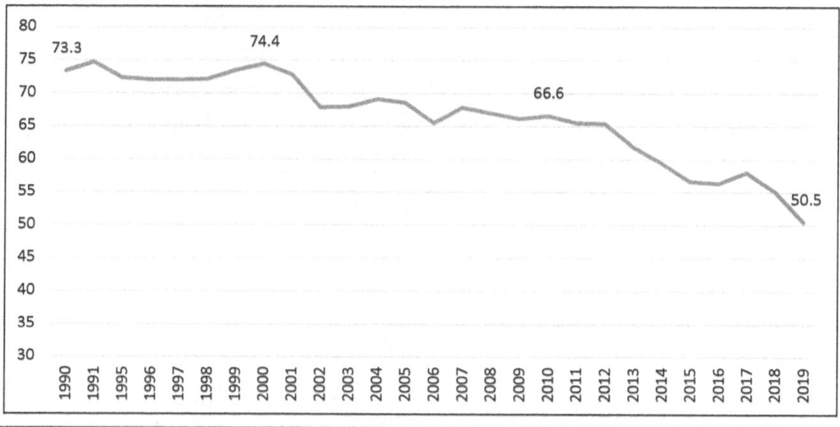

Gráfico 8: Declive de la identificación católica en serie CEP.

En la evolución de estos datos de identificación religiosa del último tiempo pueden estar influyendo los efectos del progreso de la secularización y de la indiferencia religiosa. La afiliación católica venía decayendo desde antes que empezara a saberse siquiera de abusos sexuales dentro del clero, pero al igual que sucede con otros indicadores religiosos, se acelera con el develamiento de los abusos. La serie CEP muestra que no había desafiliación en el quinquenio 1995-1999 (+1,2 dentro del margen de error estadístico) pero luego la tasa de desafiliación comienza a ser positiva con -5,3 en el quinquenio de inicio en las denuncias de abuso (2000-2004), para proseguir con -2,4 en el quinquenio 2005-2009 e intensificarse en los quinquenios siguientes, -7,1 en 2010-2014 y -6,2 en el último quinquenio 2015-2019 (Gráfico 9). Esta intensificación

en el período más álgido de la crisis se aprecia de la misma manera
en Latinobarómetro y en Bicentenario. El descenso de la afiliación
católica no posee la sensibilidad que tiene la confianza en la Iglesia
católica que tiene puntos de inflexión precisos en los momentos
más intensos de publicidad negativa, cura Tato en 2013, Karadima
en 2010 y Poblete en 2019. Pero debe indicarse que las encuestas
señalan inequívocamente que 2019 fue un año crítico en que colap-
san todos los indicadores religiosos en favor de la Iglesia católica
(confianza, asistencia a la iglesia, identificación), seguramente como
resultado del incremento explosivo de las denuncias de abuso sacerdotal tras la venida del Papa Francisco (entre las cuales la denuncia
contra el sacerdote jesuita Renato Poblete B. debe contarse entre las
más impactantes) y de un período de intensa publicidad negativa
para la Iglesia católica. Tanto la aceleración de las curvas de desafiliación en la última década como el comportamiento de algunos años
críticos constituyen evidencia circunstancial del impacto de la crisis
de los abusos en el declive de la población católica que seguramente
obedece también a otras razones (Gráfico 10).

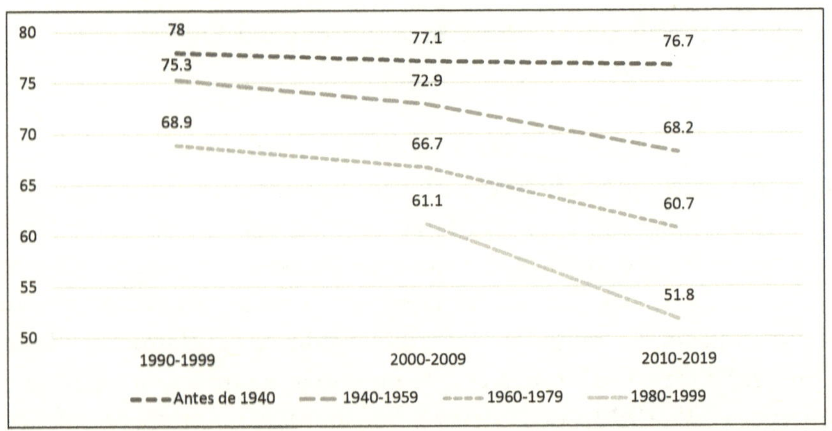

Gráfico 9: Declive de la identificación católica por cohortes de edad en serie
CEP.

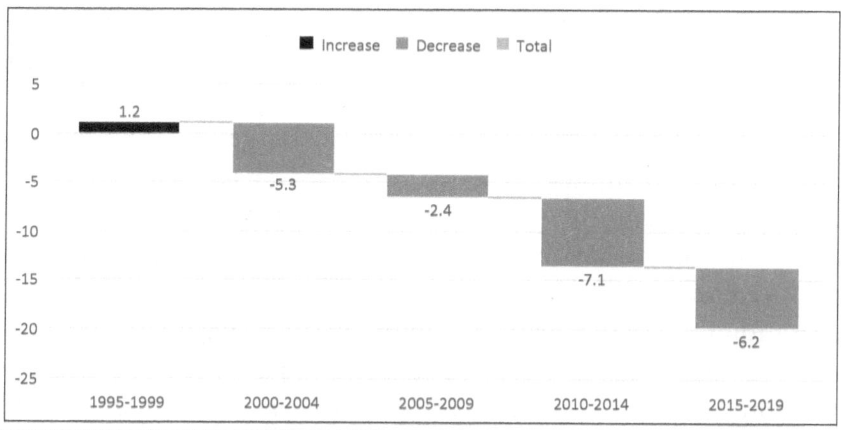

Gráfico 10: Aceleración del declive de la identificación religiosa católica (tasa de variación quinquenal en puntos porcentuales en serie CEP).

El proceso de secularización avanza por medio del recambio generacional, es decir por las dificultades que tienen los padres de trasmitir la fe a sus hijos, de manera tal que las nuevas generaciones entran en la vida madura con menos identificación religiosa que la anterior[22]. Esta hipótesis sugiere que la creencia y la pertenencia es relativamente estable durante la vida adulta de las personas, no se pierde fácilmente salvo por la influencia de factores exógenos. La importancia de factores exógenos en el declive religioso ha sido mostrada por Frick & Simmons, por ejemplo para el caso alemán que descubre momentos críticos de desafiliación en torno a promulgación de Humane Vitae y la crisis de los sesentas (sobre todo para protestantes más que católicos), la reunificación alemana, también más intensa entre protestantes del otro lado del muro que se desafiliaron al tener que acogerse a la cláusula tributaria que regía en este lado y el escándalo de los abusos sexuales, esta vez con mayor impacto entre católicos y de lejos el más grave de los tres incidentes para población católica[23]. Muchos de estos factores exógenos provocan desafiliación,

---

[22]   Voas, David & A. Crockett. "Religion in Britain: Niether Believing nor Belonging". *Sociology,* 2005, Volume 39 (i), pp. 11-28.

[23]   Frick, Bernd & Simmons, R. "The impact of exogenous shocks on exists from the catholic and Protestant churches in Germany, 1953-2015". *Applied Economics Letters,* 2017, vol. 24, Nº 20, pp. 1476-1480.

pero no increencia, sobre todo entre población adulta cuya fe es mucho más resistente a los desastres institucionales. La secularización opera a través de factores endógenos como la trasmisión religiosa que deberían notarse sobre todo en las generaciones nuevas, mientras que las antiguas deberían permanecer realtivamente estables en comportamiento y creencia religiosa. La serie CEP permite calcular tasas anuales de desafiliación en los últimos veinte años de 1.9 puntos porcentuales para jóvenes de 18-34 años que descienden a 1.3 entre adultos (35-64 años) y 0,8 entre personas mayores de 65 años, algo que sigue la cadencia esperada en cualquier proceso de secularización, pero que llama la atención por tasas relativamente elevadas de desafiliación en población adulta, otra evidencia del impacto probable de factores exógenos como la crisis de los abusos sexuales dentro de la Iglesia. Desde luego los factores exógenos y endógenos se pueden combinar tal como indican los reportes que muestran las dificultades especiales que enfrentan los padres para trasmitir la fe a sus hijos adolescentes en el contexto de la actual crisis.

Un resultado apreciable de la investigación actual sobre el impacto de la crisis ha sido el análisis de los efectos de sustitución o desplazamiento de una confesión religiosa hacia otra. El artículo principal de Hungerman para el caso norteamericano, muestra tasas de desafiliación de alrededor de 4% en población católica que se desplaza muy significativamente hacia otras confesiones religiosas: alrededor de 50% sustituye su lealtad católica por alguna otra, el resto se desafilia de toda denominación[24]. Hungerman también descubre que los principales desplazamientos se producen hacia confesiones disímiles (bautistas en este caso) antes que hacia confesiones próximas en estilos, doctrina y método religioso (episcopalianos), algo ciertamente intrigante en la teoría de la movilidad religiosa que sugiere que los desplazamientos se realizan en la proximidad. La búsqueda de una alternativa religiosa lo más distante posible de la saliente puede ser una característica de las migraciones motivadas por rechazo, indignación y rabia. La movilidad religiosa es común en países con

---

[24]   Hungerman, Daniel M. "Substitution and Stigma: Evidence on Religious Markets from the Catholic Sex Abuse Scandal." *American Economic Journal: Economic Policy*, 2013, 5 (3), pp. 227-53.

pluralismo denominacional, es decir con alternativas plausibles de cambio religioso (algo que distingue el caso norteamericano), pero se reduce mucho en países con religión mayoritaria donde las alternativas son pocas o inexistentes. La movilidad religiosa obedece a muchas razones entre las cuales los factores exógenos como la crisis de los abusos sexuales ha sido un motivo poderoso (equivalente a los casos de corrupción de los predicadores evangélicos norteamericanos hace unos años que motivó también mucho éxodo en esas denominaciones). Puede haber muchos otros motivos para migrar, como razones de oportunidad (movimientos residenciales, por ejemplo), de contexto (movilidad social ascendente que sucede en el caso de iglesias muy marcadas en términos de clase como ocurre en Estados Unidos) o circunstanciales (generalmente la calidad de la acogida y de la participación que ofrece la denominación). La capacidad de encontrar la denominación religiosa que se ajuste mejor a la creencias y actitudes de cada cual es característica de sociedades con pluralismo religioso, que opera por lo demás con mecanismos relativamente fáciles y accesible de entrada (*entry*) y de salida (*exit*) que están aceptados socialmente. Cualquiera puede cambiar su religión sin recibir sanción social o familiar puesto que se acepta como fundamental el criterio de la electividad, la religión es algo que elige cada cual y no un atributo de la identidad del grupo y que funda su propia cohesión social como sucedía antaño. El caso chileno corresponde, por el contrario, al caso de religión mayoritaria, con pluralismo religioso muy limitado y escasas oportunidades de encontrar alternativas religiosas plausibles. En estos casos el efecto de sustitución tiende a desaparecer. Las cifras agregadas indican claramente que la población evangélica-pentecostal que constituye la principal alternativa religiosa del catolicismo no ha ganado terreno durante todo el período de la crisis de la Iglesia católica. La serie CEP muestra una evolución en población evangélica desde 13,3% en 1990 hasta 15,1% en 2019, mientras que otras denominaciones han mantenido una proporción siempre menor. Las series Latinobarómetro y Bicentenario muestran lo mismo, es decir un efecto casi nulo de sustitución, aunque no existen estudios a nivel desagregado que podrían mostrar algún efecto (por ejemplo, población joven evangélica que se retira de sus iglesias y que ha sido reemplazada en este período por éxodo católico lo que daría cifras igualmente estables). Hungerman llama efecto de estigma al proceso de desafiliación que conduce a ninguna religión que con seguridad ha sido el principal destino de la desafiliación católica durante la crisis. Según la encuesta CEP los que marcan ninguna religión han aumentado de 8,5% en 1990 a 25,8% en 2019, es decir un incremento de casi tres veces en los últimos treinta años. Este desplazamiento debe ser entendido correctamente: ninguna religión no significa increencia, antes bien la mayor parte de quienes marcan ninguna religión son creyentes de un modo general y, en ocasiones de una manera específicamente cristiana. Bicentenario muestra que el 59% de los que han marcado ninguna religión en los últimos diez años "cree en Dios, y no tiene ninguna duda de ello", mientras que otro 16% declara que "a veces tiene dudas, y en otras no", lo que deja un resto de apenas 22% en un patrón de increencia de quienes, no obstante, no se declaran abiertamente ateos o agnósticos (solo un 3% de la población lo hace en las cifras Bicentenario). Bicentenario muestra también que estos resultados se mantienen intactos para la creencia en "Jesucristo como hijo de Dios", 62% para quienes lo creen sin una sombra de duda. Este patrón de secularización descrito por Grace Davie bajo el modelo de creer sin pertenecer (*believing without belonging*) puede haberse abultado con la crisis de los abusos clericales, que ha dado motivos adicionales para retirar pertenencia, más que creencia religiosa, un patrón característico de quienes no han sido víctimas directas del abuso sacerdotal, puesto que entre las víctimas directas el colapso de la creencia y no solo de la pertenencia ha sido la respuesta habitual.

Conclusión

La estimación del impacto de la crisis de los abusos sexuales es una tarea que recién ha comenzado y respecto de la cual se tiene todavía una evidencia limitada y fragmentaria. Dos prevenciones, sin embargo, deben tomarse de inmediato frente a la tentación de minusvalorar o trivializar esta consecuencia. El primero consiste en limitar el impacto a las víctimas directas del abuso respecto de las cuales la evidencia es devastadora: la mayor parte de ellas se aleja irremediablemente de Dios y de la Iglesia, sea por la gravedad de las heridas infringidas por el abuso, sea por la reticencia institucional para acreditar sus denuncias y ofrecer el apoyo y consuelo necesario. Una segunda consiste en enarbolar la teoría de los dos niveles[25] para limitar el impacto en un lado, pero no en otro, por ejemplo arriba y no abajo, en las elites cuya apostasía data de mucho tiempo, pero no en el pueblo donde la religiosidad se mantiene incólume. Aunque sea cierto que la piedad popular ha continuado manifestándose vigorosamente en medio de la crisis, no se debe desestimar el impacto de los escándalos en la opinión pública general (por ejemplo, la caída en la confianza que alcanza a todo el mundo) ni en las nuevas generaciones que comienzan a perder sus hábitos religiosos dondequiera se ubiquen en la escala socioeconómica. Por lo demás, la devoción popular prevalece precisamente porque carece de mediación sacerdotal significativa y puede sortear la crisis mejor que las devociones de templo característica de los estratos superiores. Los datos muestran, además, efectos importantes en católicos observantes que se alejan del templo y se refugian en una devoción más personal y aún en aquellos que han continuado asistiendo frecuentemente a la iglesia, pero toman mayor distancia y depositan menos confianza que antes en la mediación sacerdotal de su propia experiencia religiosa.

También se podría esquivar el impacto de la crisis remitiéndola enteramente a procesos más amplios de cambio cultural, aunque es preciso reconocer que con los datos disponibles es imposible señalar el efecto específico de la crisis y distinguirla de tendencias que han comenzado antes de que apareciera y que seguramente hubieran continuado desplegándose a pesar de ella. El declive de la confianza afecta a todas las instituciones y se inscribe en un movimiento de individualización más amplio que rehúye la mediación institucional de cualquier forma de experiencia personal, algo que se expresa, por ejemplo, en el relajamiento de casi todas las normas sociales que regían la obligatoriedad del culto en el caso católico. Hoy más que antes todavía se puede dejar de ir regularmente a la iglesia sin contrariar la autenticidad y ni siquiera la profundidad de la creencia.

---

[25]   La "teoría de los dos niveles" ha sido desarrollada por Peter Brown a propósito del culto a los santos en la Antigüedad Tardía en *El Culto a los Santos. Su desarrollo y función en el cristianismo latino.* Ediciones Sígueme (1981, 2015).

Que la fe se pueda vivir auténtica y satisfactoriamente al margen de una comunidad de creyentes resulta evidente para la mayor parte de los católicos, incluso observantes, y hoy se debe mirar hacia los evangélicos para encontrar una valoración más estricta de la pertenencia religiosa. Con todo, el declive de la confianza en la Iglesia católica ha sido tan abrupto e inusualmente pronunciado (no tiene paralelo en las iglesias evangélicas) y, sobretodo está tan marcado por inflexiones precisas en los momentos de mayor escándalo, que puede concluirse que la crisis la ha afectado de una manera significativa. Para las cifras más decisivas de asistencia y pertenencia religiosa se ha aportado con evidencia indirecta acerca del efecto probable de la crisis en estas variables que habían iniciado su declive antes de que estallara a comienzos del nuevo siglo. En ambos casos se ha notado una aceleración de la caída, sobre todo en el declive de la identificación católica que adquiere un ritmo vertiginoso en la última década que, indudablemente, es el período más álgido de la crisis (desde su inicio con el caso Karadima en 2010 hasta su conclusión con el caso Poblete en 2019). A diferencia de la confianza, la asistencia y la identificación no muestran los puntos de inflexión en los momentos de mayor publicidad negativa, lo que indicaría que son actitudes algo menos sensibles a los vaivenes de la crisis misma. Llama la atención, además, que la caída en asistencia e identificación católica se produzca no solamente en las nuevas generaciones, sino también en las mayores, aunque se mantenga la gradiente de edad que predice cualquier teoría de la secularización que indica que la erosión de la religión se produce por cortacircuitos en la transmisión intergeneracional de las creencias y hábitos religiosos. Cada generación entra en la vida activa con niveles de identificación y asistencia algo menores que la generación anterior. Los efectos de edad, por su parte, no deberían ser demasiado relevantes en la explicación de la caídas recientes. La identificación religiosa es poco sensible a la edad de las personas y permanece relativamente estable a lo largo de la vida, salvo por los efectos de abandono e increencia que se acumulan muy temprano, en la adolescencia y luego en la juventud. Los efectos de sustitución religiosa que se producen en edades más maduras son pocos relevantes en nuestro caso. La caída en identificación religiosa católica en cohortes de mayor edad (suponiendo que el efecto de edad es constante) debe tener un importante componente de período que puede ser atribuido a la crisis. La asistencia religiosa es más caprichosa y volátil, se puede dejar de frecuentar el templo sin necesidad de perder identificación religiosa, es decir sin consecuencias dramáticas sobre la religiosidad de una persona lo que la hace más sensible a efectos de período como la crisis de los abusos. Pero a diferencia de la identificación, los efectos de edad en la participación religiosa son más pronunciados, se deja de frecuentar la iglesia cuando se es joven, antes de casarse y tener hijos, y también en edades avanzadas debido a las dificultades funcionales y cognitivas de la vejez. Con todo, mucha de la caída tanto en asistencia como en identificación debería ser atribuida a factores exógenos, como la crisis, antes que a factores endógenos como la trasmisión o la edad.

La obra social y educativa de la Iglesia católica se ha mantenido a resguardo de la crisis a pesar de que varias tropelías se han cometido en colegios y residencias de menores. La cobertura de la educación católica y las donaciones en obras sociales se han salvaguardado en su enorme prestigio social, pero también en la ausencia de alternativas plausibles de sustitución. Los efectos de sustitución son extremadamente escasos también en identificación religiosa y no existen indicaciones que muestren ventajas obtenidas por las diversas confesiones evangélicas que constituyen la principal alternativa religiosa disponible. La respuesta a la crisis ha sido el abandono del templo —al menos de la asistencia frecuente aunque probablemente no de la infrecuente o estacional— y la salida hacia la condición de ninguna religión, básicamente creyentes que no reconocen una pertenencia confesional. El abandono del templo conlleva un reproche severo hacia la mediación sacerdotal de la experiencia religiosa, pero no alcanza al principio de la gracia sacramental que se obtiene sobre todo en la participación eucarística. El estatuto del ministerio presbiteral ha quedado cuestionado en dos aspectos principales: el celibato sacerdotal (que muchos atribuyen infundadamente como causa principal de las desviaciones sexuales del clero) y su carácter exclusivamente masculino. Con todo no se aprecia una minusvaloración de la competencia religiosa del sacerdocio, salvo en el sacramento penitencial que hunde sus raíces en cambios culturales más amplios que la crisis misma. La pérdida de identificación católica, por su parte, no se dirige hacia otras confesiones lo que la vuelve más reversible, sobre todo si es el resultado de un estado de desazón, desconcierto e indignación que puede temperarse. Todos los datos muestran que rara vez se pueden recuperar los niveles iniciales de confianza, asistencia y pertenencia después de una crisis, y habrá muchos que cambiarán sus actitudes y hábitos religiosos de manera permanente, pero también existen vaivenes que mejoran los peores indicadores. Mucho depende de la respuesta que se ofrezca no a los que permanecen, sino a los que se han retirado o a los que derechamente se han ido.

Sacerdotes no ofensores frente a la crisis de abusos

Por Sofía Brahm

El daño de un abuso ocurrido en contexto eclesial se extiende no solo a la víctima directa y a su entorno familiar, sino también a los sacerdotes no ofensores quienes aparecen como un importante grupo de víctimas secundarias de la crisis de abuso por la que atraviesa la Iglesia.

A pesar de que los sacerdotes acusados de abuso sexual de menores de edad no constituyen una parte considerable del clero, tal como se desprende de todas las cifras disponibles (en el caso chileno estimado en un 3,6%)[1], la crisis ha dejado una impresión más o menos generalizada de que este es un problema que se extiende a la mayoría de ellos (el año 2018 el 35% considera que los abusos sexuales afectan a la mayoría de los sacerdotes y el 40% que afecta a algunos)[2]. La confianza en los sacerdotes ha disminuído considerablemente (para el año 2018 se estimó en torno al 19%, por debajo de la confianza en la misma Iglesia que se estimó en 33%)[3] y hoy es objeto de sospecha, dificultándose su rol como transmisor de la fe, consejero espiritual y educador.

---

[1] *Comprendiendo la crisis de la Iglesia católica en Chile,* Comisión UC para el análisis de la crisis de la Iglesia católica en Chile, 2020.

[2] Encuesta Track Iglesia, realizada el año 2018 en el contexto de investigación de la Comisión UC para el análisis de la crisis de la Iglesia católica en Chile.

[3] Ídem.

Es de esperar que los sacerdotes no ofensores sean unos de los más afectados por la crisis, pues ellos son quienes han depositado en una institución en crisis su vocación, su amor y su identidad. El año 2016 el sacerdote y psicólogo Barry O'Sullivan realizó un estudio para evaluar los efectos psicológicos, emocionales y espirituales que la crisis estaría teniendo en los presbíteros no ofensores y sus resultados revelaron la vivencia de una crisis existencial profunda, en su sentido del sacerdocio, su ministerio e identidad. A su vez estos informaron cambios fundamentales en la forma en que veían a otros sacerdotes y en cómo se percibían a sí mismos al ser vistos por los laicos católicos dentro de la Iglesia, sintiéndose a sí mismos como profanados y contaminados por los escándalos. El asunto afectó seriamente su confianza como sacerdotes tanto en ellos mismos como en la institución[4]. Otros estudios han mostrado implicancias en la relación entre sacerdotes y obispos, tales como disociación entre ambos a nivel pastoral, pérdida de confianza y miedo a ser víctimas de falsas acusaciones[5]; al mismo tiempo que se constata su pérdida de estatus, número, credibilidad y certezas[6]. Con todo, los sacerdotes no ofensores podrían considerarse como "víctimas secundarias" de los abusos sexuales cometidos por otros sacerdotes[7].

Este capítulo pretende profundizar en el impacto de la crisis en la vida ministerial de los sacerdotes no ofensores y conocer las impresiones de estos sobre la misma. En el año 2019, año de plena vigencia de la crisis de abusos en la Iglesia chilena, en el marco del proceso de trabajo de la Comisión UC para el análisis de la crisis de la Iglesia, se realizaron 13 entrevistas a once sacerdotes, una religiosa y un diácono[8] para indagar en cuatro temas: el impacto de la crisis en su ministerio, las opiniones que ellos tienen sobre la crisis,

---

4   O'Sullivan, Barry; "Priest under Pressure - the less-heard voices". *The Furrow*, Vol. 67, N° 6, 2016, pp. 337-345.

5   Connolly, Patrick; "Priest and Bishop - implications of the abuse crisis". *The Furrow*, Vol. 57, N° 3, 2006, pp. 131-141.

6   Egan, Kevin; "Being a Priest". *The Furrow*, Vol. 67, N° 4, 2016, pp. 195-200.

7   Hopkins, 1991 y Rubin, 2004 en: Kline, Paul M.; McMackin, Robert & Lezotte, Edna; "The Impact of the Clergy Abuse Scandal on Parish Communities". *Journal of Child Sexual Abuse*, 17:3-4, 2008, pp. 290-300.

8   Las entrevistas fueron realizadas por Belén Becerra, Florencia Osorio y Sofía Brahm.

su envergadura y el caso chileno, sus opiniones sobre la reacción de la Iglesia y, finalmente, las vías o propuestas de salida que plantean como necesarias. De los sacerdotes entrevistados, cinco eran diocesanos y seis pertenecían a alguna orden religiosa; a su vez, siete trabajaban en parroquias, dos en colegios, uno en un seminario (aunque otro se ha dedicado gran parte de su vida sacerdotal a la formación de sacerdotes) y dos de ellos se desempeñan dentro de sus respectivas órdenes religiosas. La religiosa entrevistada trabajaba en un colegio. Sus edades estaban comprendidas entre los 35 y los 71 años. Todos cumplían funciones en Santiago, excepto uno en Valparaíso y otro en San Felipe. Los sacerdotes y religiosos/as entrevistados se seleccionaron utilizando dos criterios, la facilidad para acceder a ellos y la diversidad en cuanto a posiciones y carismas. Las entrevistas fueron en su mayoría grabadas y luego transcritas para su análisis, transcripciones que han sido utilizadas para el presente capítulo. Antes de comenzar la entrevista se les entregó una carta de consentimiento informado con toda la información sobre el estudio y se le aseguró la confidencialidad de sus respuestas.

Impresiones sobre la envergadura y la especificidad chilena de la crisis

Sin tener mucha claridad sobre la envergadura de la crisis, existe entre los entrevistados el sentimiento generalizado de que esta ha sido importante y que los casos de abusos han sido más de lo que se habrían imaginado ("antes no existía la palabra abuso"). Algunos de los aspectos que destacan de la especificidad chilena es su transversalidad ("afecta en magnitudes similares a distintas congregaciones y diócesis"), el nivel de involucramiento de autoridades religiosas (incluyendo algunos obispos), la influencia que los sacerdotes implicados tenían en la sociedad chilena, el prestigio que había alcanzado la Iglesia en el período anterior al develamiento de los abusos y el contexto socio-político-religioso en que se dio la crisis. Sobre esto último se destacó cómo los casos emblemáticos tienen una relación directa con este mismo contexto ("Pinochet, Sodano, Precht, Karadima, Silva Henríquez…"), donde "se juntó mucho la realidad eclesial, la realidad política y económica", que produjo "una convivencia adúltera entre la clase alta y la Iglesia", y donde la Iglesia tuvo un rol muy importante durante el gobierno militar lo que le otorgó un "poder, credibilidad e influencia", considerable. Algo que se destaca como factor que ha sido fundamental en la especificidad chilena y lo que hace de Chile un caso emblemático, fue la presencia del Papa cuya venida detonó la crisis y puso a Chile en el centro de la atención mundial en este aspecto. Los entrevistados aseguran no tener muy claro en qué momento de la crisis se encuentra la Iglesia, mientras algunos consideran que la mayoría de los casos ya salió a la luz, que se está "dentro del túnel, pero camino a salir". Otros sospechan que se trata tan solo de "la punta del iceberg". "Chile es un «país de volcanes», el tema del abuso está muy reprimido. Se dice que hay una cifra negra que puede ser demasiado grande. Tanto, que cada abuso denunciado habría que multiplicarlo por 10 para conocer los abusos no denunciados", una cifra probablemente exagerada según las estimaciones vigentes.

La Iglesia chilena y las causas de la crisis

Cultura clericalista

De acuerdo con la encuesta *track Iglesia* realizada el año 2018 en el contexto de trabajo de la Comisión UC, hay un porcentaje cada vez mayor de la población chilena que considera que la Iglesia católica tiene "demasiado poder" en el país (53%) y se cree que está posicionada cada vez más cerca de los ricos, los adultos y la derecha. Como contracara, se considera que, a la hora de tomar decisiones públicas, se la debería tomar menos en cuenta. La opinión de los sacerdotes, religiosos y religiosas encuestadas no dista mucho de ello. Fue generalizada la impresión de que existe un fuerte clericalismo y un poder desmedido dentro de la Iglesia chilena y que esto ha sido uno de los factores que más afectó en el surgimiento de la crisis. Existiría un laicado infantilista, poco formado, que "prefiere que el sacerdote decida por él". Los sacerdotes conocen este poder y aquiescencia ilimitada que le otorga el laicado y saben que todo lo que digan se tomará como verdad irrefutable: "Con el endiosamiento, el sacerdote realmente siente que con la persona que tiene al frente puede hacer lo que quiera". Al sacerdote, así como al obispo, no solo no se lo cuestiona, sino que se asiente en, prácticamente, todo lo que diga. Esto explica aquella frecuente actitud entre los laicos de acusar como enemigo a quien acusaba a un sacerdote por abuso, porque el sacerdote estaba en tal posición que nada malo podía esperarse de él.

Este clericalismo, esta "omnipotencia del cura", este "poder divino", puede devenir fácilmente en abuso. "El sacerdote deja de entenderse como servidor, se cree dueño", "se apropia indebidamente de la conciencia del otro". A nivel de autoridades, tanto episcopales como dentro de las congregaciones, esta situación habría llevado a una práctica recurrente de encubrimiento, a realizar cambios y renombramientos, mantener secretos y generar redes de protección: "Yo creo que ese prestigio que tenía la Iglesia la hizo querer proteger a toda costa esta dignidad. Nos volvimos ciegos", "entonces se empezó a proteger a ciertas personas, había que evitar que esto se supiera para que no se desprestigiara la Iglesia y se dañara su credibilidad".

Factores institucionales

A la situación anteriormente descrita, muy propia de la sociedad y de la Iglesia chilena, se le sumarían ciertos factores propios de la institucionalidad de la Iglesia que tornarían el panorama aún más complejo y que, en algunos casos, sostendrían estas malas prácticas. Entre los factores mencionados debe contarse, ante todo, la presencia de un Derecho Canónico "excesivamente garantista" que provocaría "que no se pueda juzgar realmente a nadie". También se atribuye responsabilidad al hecho de que en la figura del obispo se junten funciones incompatibles entre sí, la de pastor y juez al mismo tiempo. Finalmente, se menciona la presencia del "temor al escándalo" en diversos cánones, categoría que hoy estaría matizada por otros elementos que son también importantes. Para dos entrevistados, sin embargo, si se hubiera vivido la institucionalidad tal como la Iglesia la propone, con las normas dictadas en torno a la materia y considerando las propuestas del Concilio Vaticano II y las directrices de la Santa Sede, esto no habría pasado. En ese sentido, no culpan a la institucionalidad, sino a la forma cómo se implementaba y la capacidad de vulnerarla.

Falta de sinodalidad

Otro factor mencionado se refiere a la falta de sinodalidad, la que se tematiza como "aislamiento", "falta de acompañamiento", "falta de consulta y discernimiento". "Alguien solo no tiene filtro, no lo ayudan". Un sacerdote, un obispo, que se deja acompañar, tiene contrapuntos, muestra que "no tiene todas las vistas y no toca todas las teclas del piano". Durante la misma crisis algunos sacerdotes afirman no tener la posibilidad de compartirla con otros, de mostrar sus debilidades y dejarse guiar. Con esta falta de "caminar juntos" se refieren tanto al caminar con otros sacerdotes iguales, como a la falta de acompañamiento y consulta desde y hacia la autoridad. En cambio, "una buena autoridad, una autoridad que abre, posibilita canales de prevención. ¿Con quién habla el sacerdote? ¿A quién le cuenta lo que está sintiendo?".

Rol del celibato y de la homosexualidad

En la encuesta *track Iglesia* el 57% de los encuestados considera que la mayor parte de los abusos sexuales se debe al celibato de los sacerdotes, algo en lo que ningún sacerdotes entrevistado concuerda. No hubo ninguno que le atribuyera al celibato algún papel dentro de los abusos sexuales, en definitiva no consideran que exista alguna relación entre celibato y abuso. Para ellos, los abusos provienen de una psicología desequilibrada, la que no se genera por el celibato. Pero, aunque no se le atribuya al celibato la causa de los abusos, se cree, no obstante, que sobrellevar una vida célibe es "difícil", y que debe formarse al sacerdote para que lo "comprenda bien" y lo asuma "con convicción personal", para poder vivirlo realmente en gracia y madurez, como un don recibido y no como una carga. También hubo entrevistados que, sin considerar que el celibato sea causa de los abusos, consideran, sin embargo, que este debe reconsiderarse. "El tema del celibato, aunque no es la causa, es incomprensible en el siglo XXI, porque no tiene mérito teológico, es un tema puramente disciplinar. La falta de vocaciones se debe a que hoy hay una mirada a la vida, a la sexualidad y a la familia que es distinta. Actualmente, es muy difícil que los jóvenes puedan optar por la vía del celibato".

También, respecto a la homosexualidad como causa de los abusos se puede hacer un contrapunto entre la opinión pública y los entrevistados. Según el *track Iglesia* la homosexualidad se menciona algo menos que el celibato (41% de los encuestados creen que este es causa de los abusos), pero entre los católicos se le atribuye mayor importancia (50% incluso más que al celibato que solo suma 47% en la lista de atribuciones posibles). Entre los entrevistados las opiniones son discordantes, no existe consenso y hay dudas sobre su rol en esta crisis. Asimismo, hay algunas interrogantes sobre la posición que ha tomado la Iglesia en el asunto: "La Iglesia ha dicho que es algo muy pecaminoso, pero a la vez los ha recibido en grandes cantidades. La percepción de que la "proporción de homosexuales es mayor en la Iglesia que en la sociedad en general" es bastante común. De acuerdo con uno de los entrevistados, el clero chileno tiene fama internacional de ser un clero donde hay mucha homosexualidad. Mientras algunos se sorprenden con la alta presencia de homosexualidad dentro del clero chileno y la consideran incompatible con el ejercicio del sacerdocio pues sería "un aspecto patológico grave", "un desorden afectivo", otros no ven en esta inclinación ninguna vinculación con la conducta abusiva, ni ninguna incompatibilidad con el ejercicio del ministerio: "Si el cura homosexual es fiel, da lo mismo", "si una persona homosexual puede ser célibe, no tiene por qué ser excluido", "si la persona es homosexual equilibrada, no tendría por qué ser pedófilo".

Algunos consideran que el factor que explicaría la relación entre homosexualidad y abuso es la represión. Se cree que muchos entrarían al seminario para esconder su homosexualidad, encontrando "un lugar de protección, donde va a ser acogido, donde va a poder estudiar". Sin embargo, la represión en algún minuto generaría un desahogo: "Hay una condición que como debe ser reprimida te hace vivir una doble vida, no lo puedes expresar, vives bloqueado y eso de alguna manera estalla"; "el tema es que con el destape de la homosexualidad la gente que entró escondiendo su orientación se descuadró".

Rol de la formación y de la selección en los seminarios

A la formación se le atribuyó un rol fundamental. "Nosotros no podemos seguir hoy con la formación que le estamos dando a nuestros seminaristas". De acuerdo con los entrevistados, esta ha descuidado los aspectos socio-afectivos, sexuales y humanos. "Primero te hacían religioso y después persona", "no se abordan las relaciones humanas, cómo vivir una vida célibe, la castidad, la sexualidad". No obstante, se tiene en general bastante esperanza en los cambios que se han llevado a cabo en los últimos años dentro de los seminarios. Al problema de la formación se le suma el de la selección. Algunos entrevistados afirman que la selección fue descuidada por la falta de vocaciones y se primaba el número antes que no que fuera una persona para el ministerio. La selección se habría tomado con laxitud y se basaba en un sistema manipulable. A ello se le suma que muchas veces "un candidato que fue rechazado en un seminario o en una congregación postulaba a otra diócesis u orden y quedaba aceptado, a pesar de sus antecedentes". Por otra parte, algunos entrevistados mencionaron lo positivo que sería la inclusión de un mayor número de mujeres en el proceso formativo. "Tiene que haber una mano femenina en los seminarios, mucho más presente. Si tuviéramos profesoras o acompañantes mujeres en el seminario vamos a darle a los jóvenes la posibilidad de que afectivamente puedan relacionarse con una mujer".

Causas culturales de la crisis

En abril de 2019 Benedicto XVI publicó el texto *La Iglesia y los abusos sexuales*[9], en el que ofrece algunas reflexiones sobre la actual situación eclesial. En el texto el Papa Emérito considera que en la revolución sexual de los 60 se encuentran las raíces culturales de los abusos. Al respecto, la opinión de los entrevistados se encuentra matizada. Mientras algunos ven en el relajamiento moral una causa directa de la crisis ("esta cultura erotizada hacía despertar

---

[9]   Benedicto XVI; "La Iglesia y los abusos sexuales". Publicado en español por ACI Prensa el 14 de abril de 2019. En: https://www.aciprensa.com/noticias/el-diagnostico-de-benedicto-xvi-sobre-la-iglesia-y-los-abusos-sexuales-35201

comportamientos que en otros contextos no se despertarían"), otros creen que esta cultura hipersexualizada es un signo de los tiempos, pero de ella no se desprende la crisis ("creo que los abusos son más antiguos", "vienen desde mucho antes", "los abusos son de 50, 60, 70 años atrás, cuando no había ninguna sociedad laxa"). Otros aspectos culturales pueden ser más importantes como el abandono de la fe y una cultura del bienestar y de la felicidad que elimina el sacrificio. "Esta falta de formación también pasa por el clero, al clero también le falta interioridad. El clero tiene miedo a la Cruz, porque a veces evangelizar trae Cruz".

La respuesta de la Iglesia

La respuesta de los obispos

La crisis de la Iglesia de Chile se ha visto agravada en forma importante por el rol que han tenido los obispos en ella. La visita apostólica de Francisco en enero de 2018 estuvo marcada por la polémica presencia de Juan Barros en los actos oficiales, obispo acusado de haber encubierto a Fernando Karadima. Tras leer el informe de una investigación encomendada al Arzobispo de Malta Charles Scicluna y a Jordi Bertomeu, oficial de la Congregación para la Doctrina de la Fe, el Papa tomo conciencia de una actitud reiterada de omisión y falta de respuesta de la Iglesia chilena ante denuncias de abusos. Luego, en una carta enviada el 8 de abril a los obispos de Chile[10], asegura sentir "dolor y vergüenza", convocándolos a Roma para dialogar sobre las conclusiones del mencionado informe. Durante tres días, del 14 al 17 de mayo, los 34 obispos chilenos en ejercicio acudieron al Vaticano para escuchar y evaluar los resultados. Francisco les entregó un documento de 10 páginas y, el último día, le dio una carta a cada uno de ellos. Al día siguiente, los prelados presentaron en bloque su dimisión a Francisco, dejando los cargos a su disposición. En un comunicado de la Conferencia Episcopal, detallaron que un documento entregado por el sumo pontífice «indica con claridad

---

[10] Carta del Santo Padre Francisco a los obispos de Chile tras el informe de S.E. Mons. Charles J. Scicluna, Vaticano, 8 de abril de 2018.

una serie de hechos absolutamente reprobables que han ocurrido en la Iglesia chilena». Se trata de «inaceptables abusos de poder, de conciencia y sexuales, y que han llevado a que ella haya disminuido el vigor profético que la caracterizaba».

La respuesta de los obispos de Chile a la crisis de abuso sexual fue catalogada por los entrevistados como lenta y tardía ("Errázuriz falló en que fue lento para investigar", "desde la Iglesia de Santiago no se actuó con la celeridad debida"). Sin embargo, los entrevistados le atribuyen distintos grados de responsabilidad a las autoridades. Mientras algunos catalogan como "escandalosa", "brutal" y "negligente" la respuesta que han dado los obispos, donde se buscó proteger a la institución "por sobre las personas, y por encima del real bien de la Iglesia", "ninguneando a las víctimas" y "sin escucharlas", otros creen que los obispos no actuaron de mala fe, sino con miedo y torpeza y, por lo mismo, no los juzgan:

> "Creo que la autoridad de la Iglesia se vio sobrepasada. Me cuesta creer que… bueno fueron cómplices, pero no de mala fe. Nuestros pastores solo vieron la punta del iceberg no se imaginaron lo profundo de esto. Tampoco vieron el daño que se le hacía a la Iglesia. Además, es complicado dado que los obispos fueron muchas veces compañeros de las personas que tenían acusaciones, debe haber sido difícil".

> "Uno quizás tiende a juzgar, con cierta injusticia creo, a los responsables anteriores, por ciertas medidas que tomaron o que no tomaron en su momento. Digo injustamente porque yo encuentro injusto juzgar el pasado con parámetros del presente. […] Yo creo que algunas reacciones fueron porque no se sabía, había ingenuidad".

> "La respuesta ha sido lenta, pero bien intencionada, quieren que el problema se solucione. Pensemos cómo se hacían las cosas antes… hace 20 años estos temas en la sociedad se trataban así, lo que está mal, se ocultaba, por tratar de defender a la institución, a la familia".

Asímismo, se cree que actuaron con ignorancia:

"La mala consciencia que tenían del abuso los obispos, sacerdotes y religiosos, fue el reflejo de que lo hicieron todo mal. Cuando empezaron a ocurrir los abusos, la Iglesia fue negligente. Yo he conversado con obispos eméritos, ellos me expresaron que no sabían que la pedofilia tenía esa fuerza, ni sopesaban la gravedad de delito".

Por otra parte, se mencionó en dos entrevistas una forma frecuente de silenciamiento: la defensa corporativa. "Si tu hablas y dices esto de mí, yo también como cura se cosas que has hecho y que podría contar", "si el superior ha estado metido en algo, ¿cómo lo voy a investigar? Él también conoce mis propias heridas…".

De todas formas, hubo entrevistados que reconocen cambios positivos: "En esta diócesis, por ejemplo, están todos los protocolos funcionando, hay un equipo de profesionales a los que se les puede hacer una denuncia, pueden recibir acompañamiento […] Hoy día si un cura abusa en esta diócesis de un niño…nadie se va a quedar callado"; "en el último tiempo ha ido cambiando. Todos hemos hecho un aprendizaje".

La respuesta de los sacerdotes

En cuanto a la respuesta del clero, los entrevistados consideran que ha sido igualmente lenta pues, aseguran, ellos también forman parte de esta cultura clericalista. "Nos ha faltado asumir que estábamos todos metidos en esta visión de lo que era la Iglesia. Nuestra ceguera era la misma que tenían las autoridades", "el sistema clerical lo hemos entendido mal desde la eclesiología. Le hemos dado el poder de elegir mal a otros. Sabíamos que la autoridad tenía que decir algo. Pero el sistema es muy infantil, entonces los terceros no decíamos nada. No nos atrevíamos a hablar. Es parte también de esta cultura que nos cuesta hacernos cargo. Responsabilizamos al jefe, a la autoridad, incluso a Dios", "Nosotros también lo hemos hecho mal, […] Ha sido más fácil tirar piedras". Se mencionan algunos factores que influyen en esta falta de respuesta de parte de los sacerdotes: la "camadería" o complicidad, una cultura nacional que no se atreve a enfrentar los problemas ni quiere meterse en líos, y finalmente, la existencia de temor hacia sacerdotes influyentes.

La respuesta de los laicos

Respecto a los laicos, consideran que no se quedan atrás. Ellos no habrían tenido ningún rol de denuncia pues, metidos en esta cultura clericalista, no se habrían atrevido a cuestionar al sacerdote y fueron casi siempre muy indulgentes con él. "En mi opinión la responsabilidad de los laicos es menor; si bien creo que la Iglesia es un cuerpo, la Iglesia se encargó de hacerle creer a los laicos que ellos no eran una parte tan importante". Se reconoce que dentro de los laicos hay un movimiento, una toma de consciencia de que tienen que empoderarse. Algunos ven este movimiento con cierto temor, otros, sin embargo, con esperanza. "El Espíritu Santo habla a través de la gente que está en la Iglesia y fuera de ella, estas opiniones reconstruyen la Iglesia. Yo veo todo este escenario como algo sanador. Se va a construir una nueva Iglesia parecida a la que era antes en términos de fe". "Yo creo que en los laicos hay un poco de todo, hay intentos que comparto más, otros que comparto menos. Me ha tocado escuchar mucha rabia, a veces muy justificada, otras veces por desinformación o incomprensión".

De cara a las víctimas

De cara a las víctimas se considera que la respuesta de la Iglesia fue mala, en esto hay consenso, y también en reconocer que esa actitud ha ido cambiando. Los entrevistados consideran que los abusados "no fueron prioridad", no se les escuchó y, si se les escuchó, no se les creyó, contribuyendo a una revictimización deshumanizante. "Nos ha faltado sufrir y llorar con ellos", "la Iglesia no ha sido madre". Por otra parte "con los años se han ido dando espacios para ayudarlas", "hay un vuelco profundo en la Iglesia para creerle a las víctimas", "este es el mayor cambio que tenemos que hacer y que se está haciendo", "ha habido un aprendizaje".

Las consecuencias de la crisis: ser sacerdote y religioso/a hoy

El cardenal Ouellet ofrece un panorama sombrío de la situación del sacerdote católico en el mundo de hoy:

> los sacerdotes se sienten incómodos en su papel, más que nunca incomprendidos, e incluso a menudo bajo sospecha a priori de conducta indebida o de doble vida, en un mundo que no valora la castidad y no cree en un compromiso de amor definitivo. Muchas comunidades parroquiales ven envejecer a sus sacerdotes y constatan que están sobrecargados, desbordados, incluso agobiados por sus tareas y por el ambiente general que los rodea. En los países de raíces cristianas todavía se ofrecen los servicios esenciales, pero los efectivos disminuyen, el ánimo decae, las perspectivas pastorales son bastante sombrías[11].

¿Cómo comprende y vive el sacerdote hoy su vocación en medio de la crisis? De las respuestas a las entrevistas se pueden extraer algunas impresiones. Lo primero que llama la atención es que para la mayoría de los encuestados su vocación no ha cambiado, siguen optando, como antes, por la vida sacerdotal o religiosa, no obstante se dan cuenta que aquella figura que antes despertaba confianza, que se apreciaba socialmente, hoy es una que despierta sospecha: "Se han modificado los mitos al respecto de esta opción de vida, de la idealización que se hacía de ella". Todo esto se tematiza en muchos casos como "desafiante", "enriquecedor" y como una oportunidad para "bajar el moño", para ser verdaderos "testigos de Jesús", para "profundizar en lo que significa el ministerio", para "mirar la vida con un realismo más profundo", para poder "tematizar de mejor manera ciertas cosas, no eludir preguntas, saber acompañar y contener" y " ver otras cosas, captar otros puntos de vista, crecer de otra manera, confrontarme con otros temas". En ese sentido, la herida la viven, en general, afirmando su vocación y haciéndola una "opción más madura".

---

[11]   Cardenal Ouellet, 2019, citado en el informe *Comprendiendo la crisis de la Iglesia católica en Chile*, Comisión UC para el análisis de la crisis de la Iglesia católica en Chile, 2020.

Sin embargo, hay algunos que afirman sentirse cansados, la crisis de abusos ha significado tener que tratar el tema constantemente, "como si uno tuviera que hablar de eso, como si fuera el tema en que uno es experto", "nadie quiere escucharnos hablar de otra cosa". "Esta crisis, tiñe las relaciones, los temas de conversación, y la saturación que muchos tienen, es algo permanente". Se lamenta que se deban dejar de lado otros aspectos del ejercicio ministerial, como la comunicación del Evangelio, el servicio, el acompañamiento, todos ellos aspectos que, afirman y le dan verdadero sentido a su vocación. Al mismo tiempo, algunos afirman sentir dolor y "orfandad espiritual". Dolor porque aman a la Iglesia, porque no es la Iglesia con la que soñaban y aquella que los atrajo para la vida sacerdotal.

Más allá de la propia experiencia y vivencia que se ha tenido frente a los abusos, los sacerdotes perciben que sus hermanos sacerdotes han sufrido muchísimo, se encuentran cansados, asustados, debilitados, les cuesta hablar, sienten vergüenza, pesimismo y dolor. Este es un tema que se habla constantemente, hay desgaste y se han generado conflictos ideológicos.

> "Yo veo los ánimos decaídos, se percibe en el ambiente, ya no hay la efervescencia de la comunidad de sacerdotes, de reunirse, de conversar." "El ambiente en general en los sacerdotes es depresivo. Está la sensación de que la Iglesia lo ha hecho mal, que no saben cómo arreglarlo, hay cierto pesimismo. También hay rabia contra la autoridad pues han actuado mal y lento." "Los curas están asustados, debilitados. Por eso a veces les cuesta hablar también." "Estamos en una situación de estancamiento, de desánimo evangelizador".

En particular han visto diversas reacciones a la crisis: negación, rabia, perplejidad. Algunos prefieren evitar el tema, otros quieren conversarlo constantemente, unos desconfían de las víctimas, otros optan por apoyarlas.

> "Esto ha generado rabia, hay enojo, molestia, indignación y junto con esto, se han generado movimientos de búsquedas, unos con los que compartiré más, otros con los que compartiré

menos, pero lo que tengo muy claro es que esta no es una Iglesia muerta, es una Iglesia en crisis, pero que se está moviendo, que se está buscando".

Los sentimientos divididos se perciben especialmente dentro de las congregaciones que se han visto afectadas por algún caso, y la negación e incomprensión lo notan más entre los sacerdotes mayores.

"Algunos actuaron en negación, pensaban que esto no estaba pasando, lo invisibilizaron. Otros reaccionaron con rabia. […] Pero la rabia fue mutando, desde las personas hacia las víctimas, después a los victimarios y a los responsables de los posibles encubrimientos. También en otros hay perplejidad, porque se ha conocido que ha habido sacerdotes que también fueron víctimas. Empezaron a aflorar desde el clero pensamientos sobre si ellos eran parte de un sistema victimario, con ciertos patrones de conducta".

"Hay muchos con sentimientos de rabia y frustración. Algunos lo ven como un tema que va a pasar, pareciera que no le han tomado el peso".

Todo esto ha generado que los diálogos sean más permanentes, se percibe la necesidad de conversar más, de compartir los sentimientos e impresiones, hacerse acompañar y contener, tanto por otros sacerdotes como por los laicos. Para los entrevistados existe un sentimiento generalizado de que la crisis mostró algo que ya existía. "Bendita crisis, porque se ha obligado a enfrentar un tema que ya estaba presente".

Percepción respecto a los laicos

Los sacerdotes perciben, en general, una frustración y desilusión muy grande de parte de la sociedad en general y, en particular, de los laicos católicos. "La gente se siente burlada, siente que le mintieron, que le vendieron una pomada que no es", "los laicos están afectados, tienen temor". La religiosa, en cambio, percibe que la miran más que como sospechosa, como víctima, la desconfianza no las ha tocado tanto a ellas. La mayoría de los encuestados hizo una distinción entre los laicos "de siempre", los que conocen personalmente a los sacerdotes, aquellos que participan en las parroquias y en las comunidades, y los laicos "de afuera", los que no conocen, los que no tienen "formación" ni "raíces. En ese sentido, se considera que los laicos de siempre han continuado cerca de la Iglesia, están dolidos pero "siguen ahí":

> "Hay fieles convencidos que tienen una experiencia de fe que ha sido intocable. El que llora y está con nosotros". "Ha sido un tiempo lindo de poder conocer y tener experiencias de muchos laicos que en este momento toman una bandera y conscientemente dicen que quieren ayudar, que quieren apoyar, poner lo que son, su servicio, sus competencias académicas, nuestro trabajo, nuestro criterio, porque estas personas en su vida han tenido una linda experiencia de fe", "hay un laicado bien formado que ha tomado más conciencia de su misión".

Los otros laicos, en cambio, los que nunca habían tenido una relación cercana con la Iglesia, se percibe que están dolidos y resentidos, que han dejado de ir a misa y que tienen una actitud de mayor desconfianza respecto a los sacerdotes. Se percibe que la asistencia a misa no ha disminuido, porque los de siempre no han visto modificada su fe, sobre todo los mayores. Sin embargo, dos aspectos se mencionaron como impacto de la desconfianza: por una parte la disminución en las contribuciones monetarias y, por otra, la disminución en las confesiones y en el acompañamiento espiritual.

Como respuesta a la crisis los sacerdotes han debido tomar nuevos hábitos y conductas frente a los laicos: se evitan los abrazos, se respetan los límites, usan lugares abiertos o transparentes para conversar. "En general yo ahora estoy más atento a lo que los demás puedan percibir. Antes no me preocupaba tanto lo que pensaba la gente, sin embargo ahora incorporé otro código".

Finalmente, se percibe que está comenzando un nuevo tiempo en la Iglesia, donde el laico tiene que ocupar un rol más importante, donde el sacerdote debe "dejar de tomar decisiones por los laicos" y, en vez, "rezar por el propio discernimiento de cada persona". Se considera positiva, en cierto sentido, la nueva actitud de cuidado y de sospecha como primer paso para derribar el clericalismo y para poder comunicar mejor le identidad del sacerdote, como una forma de tener una relación más abierta, más cercana a la realidad y menos inocente:

> "Creo que estamos profundizando lo que dice el Concilio Vaticano II o al menos esa es mi esperanza. Evitar el clericalismo y darle más protagonismo a los laicos". "Una de las cosas lindas que tiene esto es que nos permite establecer un diálogo de identidades mucho más cercano a la realidad. La gente se está dando cuenta que el sacerdote se equivocó, que dijo una brutalidad, que está cansado o que necesita un apoyo".

Sin embargo, se reconoce que este proceso llevará tiempo, "porque los sacerdotes están acostumbrados a ser ellos el centro y esto no es fácil de cambiar", "porque para varios esto ha sido pasar de un lugar especial a la crítica o al sentirse apuntados con el dedo" y "a los sacerdotes no les gusta que se metan en sus cosas". Respecto a la fe de los laicos, se percibe la necesidad de que esta se replantee y se centre en la figura de Cristo, verdadero centro de la fe. Sin embargo, hubo sacerdotes que percibieron que esto se ha traducido en muchos casos en una validación de la fe sin intermediarios y en una demanda por deshacerse de la jerarquía. A pesar de que se ve la necesidad de una transformación de la fe del laico, un recentramiento y una nueva responsabilidad, varios perciben que el laico tiene aún una fe muy infantil e inmadura. "Creo que la gente no ha hecho una gran reflexión o al menos no una reflexión profunda, no se ha preguntado qué es la Iglesia, el rol de los sacerdotes, cuál es mi espacio para participar como laico. Si existiese esa reflexión pasarían cosas muy lindas".

Relación con obispos y superiores

Una relación cercana debería existir entre un sacerdote y su obispo, en cuanto el sacerdote actúa bajo la agencia del obispo. Afirma el catecismo:

> Los presbíteros, como colaboradores diligentes de los obispos y ayuda e instrumento suyos, llamados para servir al Pueblo de

Dios, forman con su obispo un único presbiterio, dedicado a diversas tareas. En cada una de las comunidades locales de fieles hacen presente de alguna manera a su obispo, al que están unidos con confianza y magnanimidad; participan en sus funciones y preocupaciones y las llevan a la práctica cada día» (LG 28). Los presbíteros solo pueden ejercer su ministerio en dependencia del obispo y en comunión con él. (N. 1567)

Una particularidad de la Iglesia de Chile es que a la crisis de abuso se le sumó una extendida crisis por encubrimientos o diligencias cometidas por obispos y superiores. Para muchos sacerdotes, todo esto ha afectado su relación y su actitud frente a los obispos. Hoy son más críticos, les importa menos lo que piensa el obispo, hay una relación más clara, pero también distante, se sabe qué esperar y qué exigir. La figura del obispo, para el sacerdote, ha perdido esa envoltura de dignidad y sabiduría, en cambio, se los percibe como equívocos, torpes, asustados, desautorizados.

Dentro de las congregaciones se ha dado algo diferente, se percibe, en general, mayor autonomía, cercanía y menor jerarquía respecto a las autoridades. Sin embargo, para aquellos sacerdotes de comunidades afectadas, los casos de abuso generaros divisiones y distintas posiciones frente a la autoridad y las formas en que se trataron los casos:

> "A algunos esto le ha significado una revelación que trae como consecuencia el ataque, después ha habido otros que dicen ya, yo apoyo porque creo en la persona y creo que esto no ha estado tan bien, pero creo en la persona entonces apoyo y me quedo callado. Ha habido otros que han hablado más en grupos, pero eso no le ha llegado a la autoridad, mucho desahogo y yo creo que ha habido otros que han ejercitado esfuerzos de franqueza y de conversación que son al final los que más funcionan".

La crisis ha generado, además, un replanteamiento en la forma en que se comprende el poder. Tres de ellos afirmaron que en general las autoridades nunca consultan a nadie o bien, nunca nadie las corrige, lo que genera cierta ceguera, no se dan cuenta de si lo que están haciendo está bien o está mal, porque nadie se los dice. En ese sentido esto también es para ellos un llamado a tener una relación con la autoridad "más franca y dialogante, porque eso es una ayuda para la autoridad". Mientras algunos entrevistados perciben a los obispos como torpes y demasiado aferrados al poder, otros afirman tener una relación cercana, de confianza con ellos, lo que no ha cambiado con la crisis.

Hacia el futuro

Prevención

Al hablar de prevención los entrevistados abordaron diferentes niveles. En primer lugar, se mencionaron algunos aspectos de contexto para crear ambientes seguros, como la implementación de protocolos: "Que las catequistas para niños sean mujeres adultas o jóvenes", "nunca dejar solos a adultos con niños", "poner cámaras". Por otro lado, se propone un empoderamiento de los laicos en general y, en específico, de los niños, generando ambientes más transversales:

> "Se le debe transmitir a los laicos, sobre todo a los niños, que ni la palabra del catequista ni la del sacerdote es palabra de Dios", "respecto a los niños, se deben considerar sus opiniones y propuestas", "generar relaciones más sanas, más horizontales, haciendo uso del poder porque es necesario, pero sabiendo bien como lo entendemos, relaciones más humanas".

Se mencionó también la formación de laicos y agentes pastorales para generar posibilidades de cuidado mutuo:

> "Nos han recomendado hacer cursos en que se va hablando del tema de abuso y de la personalidad del abusador. Dicen que eso ha resultado muy bien. Hay ciertos parámetros que se repiten, al poner el antecedente en la comunidad, el que está con mala intención se va a sentir identificado y va a arrancar".

En ese sentido se menciona como indispensable "incorporar el pensamiento de las víctimas. La víctima sabe cuáles son las alarmas, ellos deberían participar de los organismos preventivos, además deberían participar en los espacios de toma de decisión. Deberían ser un agente más vital de lo que ahora son sobre todo en temas de asesoramiento". También se menciona la importancia de ir generando una cultura del cuidado y del respeto mutuo.

> "Los niños y jóvenes en nuestro país están abandonados, al primer adulto que les entrega cariño ellos se van con él. En el fondo hay una combinacion entre niños y jóvenes vulnerables y adultos en crisis", "otro punto es que los niños están súper poco amparados y acompañados, creo que habría que ayudar más en este sentido, captar los casos de niños vulnerables y no dejar que esta población corra riesgos".

A su vez se señala la importancia de estar atentos a todo tipo de manifestaciones. Por ejemplo, "uno tiene ojo al elegir a los agentes, pidiendo opiniones, captando situaciones sospechosas, como un agente que solo quiera trabajar con acólitos, eso es raro". Finalmente, se menciona la importancia de crear una red de apoyo para el clero.

Reparación y sanación

Respecto a la reparación se propone, en primer lugar acompañar. Realizar un acompañamiento humano, que tenga en cuenta la originalidad de la persona ("cada una de ellas tiene sus procesos") y que integre la dimensión psicológica, psiquiátrica, espiritual, porque "lo humano implica lo espiritual, va unido, y va unido desde la humanidad". El acompañamiento, señalan, debe partir por una escucha empática y por una internalización de las dinámicas del abuso y sus daños.

> "Hay que escuchar a las víctimas, manifestarles que entendemos su dolor, que aceptamos su dolor. Se trata de acompañarlas, sufrir con ellas, ayudarlas a denunciar lo que han estado sufriendo. Hoy día debemos centrar la mirada en ellas".

"Falta que las víctimas sientan que la Iglesia llora con ellas, que se sientan consoladas porque están sufriendo algo que nunca debieron sufrir. Tenemos que conmovernos y mostrar nuestro sufrimiento".

Respecto a la reparación espiritual, se advierte que no debe quedarse ahí, "a lo espiritual le falta patas", tiene que aterrizarse. "Más allá de sacramentalizar, tenemos que ayudar a superar el trauma porque de lo contrario nos volvemos ritualistas". Además de acompañar, algunos proponen incentivar la denuncia, pues es "un camino que libera y clarifica". "La misericordia es distinta a la justicia. La víctima requiere justicia y perdón".

Conclusión

Los sacerdotes han vivido la crisis de los abusos sexuales con particular desazón y dolor tratándose de una comunidad vocacional que los involucra en particulares relaciones de fraternidad y comunión. Fueron sorprendidos por abusos que no conocían y quedarán asombrados por la cantidad de sacerdotes comprometidos, que aunque estadísticamente representa una cifra menor, es mucho más de lo que la profesión sacerdotal puede tolerar. El abuso se atribuye demasiado a antecedentes psicopatológicos o trastornos de personalidad, algunos de los cuales pueden deberse a errores de selección y relajamiento de los criterios de selección para la vida sacerdotal que provienen de una época de penuria vocacional (particularmente aguda en nuestro país) o de ciertas condiciones de la vida sacerdotal que han sido mal llevadas. Se descarta enteramente el celibato como causa de cualquier trastorno, aunque se admite que en determinadas condiciones de inmadurez emocional y afectiva puede ocasionar problemas y se reconocen ampliamente los desafíos que plantea una vida célibe. Muchos consideran que el celibato ahuyenta a los jóvenes de la vocación sacerdotal y constituye un escollo insalvable para elegir la profesión. La homosexualidad es materia de mayor controversia. No les deja de llamar la atención la sobrerrepresentación de personas con orientación homosexual dentro del clero chileno, algo que se atribuye a condiciones sociales de discriminación que impedían manifestar abiertamente una orientación semejante por lo que se utilizaba la vida sacerdotal para soslayarla.

La respuesta de las autoridades religiosas ante la crisis ha agregado más leña al fuego. Todos reconocen la torpeza con que se actuado frente a las denuncias, que fueron por lo general poco acreditadas, investigadas lentamente y sancionadas con poco rigor. La mayor parte considera, sin embargo, que las autoridades reaccionaron con la misma sorpresa e incredulidad de los sacerdotes y que subestimaron severamente la magnitud y gravedad del problema, pero rara vez actuaron de mala fe. Muchos indican que los obispos y superiores se encontraban en la posición imposible de juez y parte, cuyos términos no pudieron conjugar satisfactoriamente.

Se reconocen ampliamente los estragos que provocó el clericalismo en medio de la crisis que explica buena parte de las dificultades en acreditar a las víctimas y en reconocer los delitos cometidos por sacerdotes, sea porque se llegó al extremo de encontrarlos inverosímiles entre profesionales de la santidad, sea por defender el prestigio social de una profesión a la sazón moralmente intacta.

Todos se manifiestan ampliamente abiertos y disponibles para una reconsideración de las relaciones entre sacerdotes y laicos, que incluya un mayor balance en la estima y consideración mutua y en la participación en la vida de la Iglesia. También las relaciones con los superiores y obispos se han remecido en este tiempo y se resiente sobre todo la distancia que guardan los obispos respecto de sus propios sacerdotes, como la dificultad de hablar sinceramente con ellos. La capacidad de los sacerdotes de intervenir o evaluar las decisiones de los obispos y superiores es muy limitada y todo termina en un corrillo y murmuraciones que causan todavía más daño. La fraternidad sacerdotal no aparece particularmente resentida, pero la crisis ha provocado algunas distancias y divisiones que pueden perdurar.

Todos nuestros sacerdotes y religiosos(as) resienten la hostilidad pública que ha provocado la crisis de los abusos y el desprestigio que ha recaído sobre la condición sacerdotal, una condición que —como se sabe— apenas puede hacer la distinción entre persona y rol (la mayor parte de las personas jamás ha visto a un sacerdote sin su indumentaria sacerdotal). Pocos advierten, sin embargo, el vaciamiento de los templos estadísticamente registrado en las encuesta y por el contrario, resaltan la fidelidad de los que han permanecido en medio de la tormenta. El anillo de los fieles más seguros y confiables que rodea al sacerdote ha seguido en pie sosteniendo su labor y entregando el apoyo que se necesita. Se percibe un profundo cansancio y hastío con el tema de los abusos que ha estado omnipresente en todas las conversaciones de los últimos años y la disposición a dar vuelta la página es muy aguda. Se confía ampliamente en las medidas de prevención que se han puesto en marcha y se presume que se ha aprendido lo suficiente de la crisis para que nada de esto se repita por lo menos en la escala de lo que hubo anteriormente. Algunos sopesan, sin embargo, que las víctimas —y quizás los mismos fieles que han sido afectados por la crisis— no han sido satisfactoriamente reparadas para dar tan pronto por superado el problema.

Sofía Brahm: Licenciada en Sociología, Pontificia Universidad Católica de Chile, y editora de la revista *Humanitas*. Entre sus publicaciones destaca la edición de dos libros que recopilan la obra de Pedro Morandé en antropología y universidad. Miembro de la Comisión UC para el análisis de la crisis de la Iglesia como asistente de investigación.

Daniela Bolívar: Licenciada en Psicología y magíster en Psicología social-comunitaria por la Pontificia Universidad Católica de Chile. PhD en ciencias criminológicas KU Leuven (Bélgica), profesora asistente Escuela de Trabajo Social, Facultad de Ciencias Sociales UC; miembro Centro Justicia y Sociedad UC; coordinadora Programa Justicia Restaurativa y Paz Social; investigadora en temas de victimología y justicia restaurativa. Autora del libro *Restoring Harm: a Psychosocial approach to victims and restorative justice* (2019, Routledge), y coeditora del libro *Victims and restorative justice* (2015, Routledge); además de otras publicaciones en el área de la victimología y la justicia restaurativa. Miembro de la Comisión UC para el análisis de la crisis de la Iglesia.

Pamela Chávez: Doctora en Filosofía mención Ética, Universidad de Chile. Profesora asociada del Instituto de Filosofía, Facultad de

Filosofía UC. Miembro del Centro de Estudios Interdisciplinarios en Edith Stein, Facultad de Teología UC. Miembro de la Comisión UC para el análisis de la crisis de la Iglesia. Autora de diversas publicaciones en bioética y en el pensamiento de Agustín de Hipona y Edith Stein.

Cristóbal Emilfork sj: Licenciado en Información Social y Periodista, Pontificia Universidad Católica de Chile. Bachiller en Filosofía, Universidad Alberto Hurtado. Licenciado en Teología, UC. Magíster en Sociología, UC. Actualmente, cursa un máster en Estudios de la Religión, en la Universidad de Oxford, Inglaterra.

Pilar Larroulet: Doctora en Criminología y Justicia Criminal de la Universidad de Maryland-College Park, profesora asistente del Instituto de Sociología, Facultad de Ciencias Sociales UC. Investiga temas relacionados a reinserción post penitenciaria, continuidad intergeneracional en el delito, y violencia intrafamiliar. Su trabajo ha sido publicado en distintas revistas en la materia. Miembro de la Comisión UC para el análisis de la crisis de la Iglesia.

Claudia Leal: Doctora en Teología Moral Fundamental, Accademia Alfonsiana de Roma. Profesor asistente de la Facultad de Teología UC; directora de Formación General de la Facultad de Teología; miembro de la Comisión UC para el análisis de la crisis de la Iglesia. Autora de diversas publicaciones en el ámbito de la ética cristiana.

Rodrigo Mardones: Licenciado en Historia, Pontificia Universidad Católica de Chile. Máster en Administración y Políticas Públicas de Columbia University, máster y doctor en Ciencia Política de New York University. Es profesor asociado del Instituto de Ciencia Política UC e investigador asociado del Instituto Milenio para la Investigación en Violencia y Democracia (VioDemos). Fue director del Instituto de Ciencia Política UC (2010-2016). Actualmente, es miembro del Centro Estudios de Políticas y Prácticas en Educación (CEPPE UC) y de la Red Universitaria para el Estudio de la Fraternidad (RUEF). Sus principales intereses de investigación son la política chilena, políticas públicas, política educacional y ética de las políticas públicas. Dentro de sus publicaciones más importantes está la edición del libro *Fraternidad y Educación. Un Principio para la Formación Ciudadana y la Convivencia Democrática* (2012), además de la coedición (con J.P. Luna) del libro *La Columna Vertebral Fracturada: Revisitando Intermediarios Políticos en Chile* (2017). Recientemente publicó el capítulo "The politics of citizenship education in Chile" en el volumen *The Palgrave Handbook of Citizenship and Education* (2020). Miembro de la Comisión UC para el análisis de la crisis de la Iglesia.

Enrique Muñoz: Doctor en Filosofía, Albert-Ludwigs Universität Freiburg, Alemania. Docente asistente en la Facultad de Filosofía de la Pontificia Universidad Católica de Chile sobre filosofía y ética. Miembro del Consejo de Santiago del Intercambio Cultural Alemán-Latinoamericano (ICALA) y del Katholischer Akademischer Austausch-Dienst (KAAD), del que es presidente. Miembro del Círculo Latinoamericano de Fenomenología (CLAFEN), de la Sociedad Iberoamericana de Estudios Heideggerianos (SIEH), de la Asociación Chilena de Filosofía (ACHIF) y de la Asociación Chilena de Fenomenología (ACHF). Entre sus publicaciones destacan dos libros como autor, *Der Mensch im Zentrum, aber nicht als Mensch. Zur Konzeption des Menschen in der ontologischen Perspektive Martin Heideggers*, Editorial Ergon, Würzburg, Alemania (2008) y *Heidegger y Scheler. Una relación olvidada*, Cuadernos de Filosofía, Universidad de Navarra, España (2013). Es también coautor del libro *Aproximación a una fenomenología de la migración*, Editorial Aula de Humanidades, Colombia (2019). Miembro de la Comisión UC para el análisis de la crisis de la Iglesia.

Alejandro Reinoso: Doctor en Ciencias Sociales, Pontificia Università Gregoriana, Italia. Licenciado en Psicología UC, profesor titular de la Escuela de Psicología, Facultad de Ciencias Sociales UC. Autor de numerosas publicaciones en psicoanálisis. Miembro de la Comisión UC para el análisis de la crisis de la Iglesia.

María Elena Santibañez: Máster en Derecho LLM, Pontificia Universidad Católica de Chile. Profesora de Derecho Penal, Procesal Penal y Clínica Jurídica, y directora del Departamento de Derecho Procesal, UC. Encargada de la Oficina Penal en la Clínica Jurídica de la Facultad de Derecho y coordinadora técnica del Proyecto Niñez. Directora del Diplomado de Derecho Penal Sustantivo. Jefa del programa del diplomado en niños, niñas y adolescentes víctimas de delitos sexuales, impartido en conjunto por la Pontificia Universidad Católica de Chile y Fundación Amparo y Justicia. Miembro del Directorio del Instituto de Ciencias Penales, integrante del Consejo Directivo del Observatorio judicial y Consejera de Codeni (Fundación Ciudad del Niño) y de la Fundación Amparo y Justicia. Está a cargo del Programa Jurídico de Apoyo a Víctimas de Violencia Sexual de la UC. Cuenta con numerosas publicaciones en políticas públicas, infancia y delitos sexuales. Miembro de la Comisión UC para el análisis de la crisis de la Iglesia.

Cristián Villalonga: Doctor en Jurisprudence and Social Policy, University of California, Berkeley. Profesor asistente y Secretario Académico de la Facultad de Derecho, Pontificia Universidad Católica de Chile, donde imparte cursos sobre Teoría del Derecho, Historia de las Instituciones Jurídicas y Sociología del Derecho. Su principal línea de investigación está centrada en el papel de la profesión jurídica (jueces y abogados) en los procesos políticos y económicos de Latinoamérica. Es autor del libro *Revolución y ley. La teoría crítica del derecho de Eduardo Novoa Monreal* (2da edición 2018), y de diversos artículos y capítulos de libros en el área de su especialidad. Miembro de la Comisión UC para el análisis de la crisis de la Iglesia.

Eduardo Valenzuela: Licenciado en Sociología, Pontificia Universidad Católica de Chile. Profesor titular del Instituto de Sociología, Facultad de Ciencias Sociales UC, profesor de la Escuela de Gobierno UC, Decano de la Facultad de Ciencias Sociales (2013-2021), director de la revista *Humanitas* y de la Encuesta nacional Bicentenario, Coordinador de la Comisión UC para el análisis de la crisis de la Iglesia. Autor de numerosas publicaciones en sociología de la cultura y de la religión.

Larry Yévenes sj: Master of science en Pastoral Counseling, Loyola University, Baltimore EEUU. Director del Diplomado en Acompañamiento Psicoespiritual de la Facultad de Psicología de la Universidad Alberto Hurtado. Integra el Consejo Nacional de prevención de abusos y acompañamiento de víctimas de la Conferencia Episcopal de Chile. Miembro del Centro de Prevención de abusos y reparación de la Compañía de Jesús. Autor de publicaciones sobre acompañamiento espiritual y la crisis del abuso sexual en la Iglesia católica.